OS MEXICANOS

COLEÇÃO POVOS & CIVILIZAÇÕES

Coordenação Jaime Pinsky

OS ALEMÃES *Vinícius Liebel*
OS AMERICANOS *Antonio Pedro Tota*
OS ARGENTINOS *Ariel Palacios*
OS CANADENSES *João Fábio Bertonha*
OS CHINESES *Cláudia Trevisan*
OS COLOMBIANOS *Andrew Traumann*
OS ESCANDINAVOS *Paulo Guimarães*
OS ESPANHÓIS *Josep M. Buades*
OS FRANCESES *Ricardo Corrêa Coelho*
OS INDIANOS *Florência Costa*
OS INGLESES *Peter Burke* e *Maria Lúcia Pallares-Burke*
OS IRANIANOS *Samy Adghirni*
OS ITALIANOS *João Fábio Bertonha*
OS JAPONESES *Célia Sakurai*
OS LIBANESES *Murilo Meihy*
OS MEXICANOS *Sergio Florencio*
O MUNDO MUÇULMANO *Peter Demant*
OS PORTUGUESES *Ana Silvia Scott*
OS RUSSOS *Angelo Segrillo*

Proibida a reprodução total ou parcial em qualquer mídia
sem a autorização escrita da editora.
Os infratores estão sujeitos às penas da lei.

A Editora não é responsável pelo conteúdo deste livro.
O Autor conhece os fatos narrados, pelos quais é responsável,
assim como se responsabiliza pelos juízos emitidos.

Consulte nosso catálogo completo e últimos lançamentos em **www.editoracontexto.com.br**.

Sergio Florencio

OS MEXICANOS

Copyright © 2014 do Autor

Todos os direitos desta edição reservados à
Editora Contexto (Editora Pinsky Ltda.)

Foto de capa
Hilary Perkins/CCBY

Montagem de capa e diagramação
Gustavo S. Vilas Boas

Coordenação de texto
Carla Bassanezi Pinsky

Preparação de textos
Lilian Aquino

Revisão
Tatiana Borges Malheiro

Dados Internacionais de Catalogação na Publicação (CIP)
(Câmara Brasileira do Livro, SP, Brasil)

Florencio, Sergio
Os mexicanos / Sergio Florencio. – 1. ed., 1ª reimpressão. –
São Paulo : Contexto, 2022.

Bibliografia.
ISBN 978-85-7244-872-7

1. Características nacionais mexicanas 2. Mexicanos – História
3. México – Cultura 4. México – História 5. México – Política
e governo 6. México – Vida social e costumes I. Título.

14-08157   CDD-972

Índice para catálogo sistemático:
1. México : História 972

2022

EDITORA CONTEXTO
Diretor editorial: *Jaime Pinsky*

Rua Dr. José Elias, 520 – Alto da Lapa
05083-030 – São Paulo – SP
PABX: (11) 3832 5838
contexto@editoracontexto.com.br
www.editoracontexto.com.br

SUMÁRIO

INTRODUÇÃO	9
TIPICAMENTE MEXICANO	15
Sombrero e roupas coloridas	16
Ranchera e *mariachis*	17
Tequila	20
Fiesta	22
Chile (pimenta)	29
Cantinflas	31
Telenovelas	32
Devoção à Nossa Senhora de Guadalupe	33
VIVER NUM PAÍS DE CONTRASTES	41
A terra	41
O estado de Chiapas	45
A magia do povoado de San Juan Chamula	49
"Museus a céu aberto"	51
ANTES DA CONQUISTA ESPANHOLA	63
Teotihuacanos	64
Maias	66
Astecas	68
A Conquista do México segundo Octavio Paz	74

A ÉPOCA COLONIAL	81
Os primeiros tempos	81
A Nova Espanha no século XVIII	87
A GUERRA DE INDEPENDÊNCIA	89
Os sinuosos caminhos do movimento de independência	91
Os *criollos* assumem o comando	95
Processos de independência no México e na América Latina	98
O SÉCULO DOS CAUDILHOS	101
A REVOLUÇÃO MEXICANA	109
Algumas reflexões sobre a Revolução Mexicana	114
Três arquétipos	116
A REVOLUÇÃO "INSTITUCIONALIZADA" POR UM PARTIDO POLÍTICO	133
A tentativa de reconstrução nacional nos anos 1920	134
Guerra dos *Cristeros*	138
Estabilidade e governabilidade: o PRI no poder	139
Frágil democracia	140
ECONOMIA MEXICANA	145
1929-1970	149
1970-meados dos anos 1980	151
1983-dias de hoje	153
MÉXICO E ESTADOS UNIDOS	157
OS MEXICANOS NOS EUA	163
A outra face da imigração	166
CINEMA	169
Os primeiros anos	169
Cinema e Revolução	170
Os Anos de Ouro	173
A produção recente	176

CULINÁRIA	179
A MULHER E A FAMÍLIA MEXICANA	187
Mulheres ícones	190
A família mexicana	195
FUTEBOL E OUTROS ESPORTES	197
Baseball	200
Boxe	201
Luta livre mexicana	202
Pelota basca	203
OS "DEZ MAIS" DO MÉXICO	205
Os cinco mais amados	205
Os cinco mais odiados	209
MEXICANOS E BRASILEIROS	217
Semelhantes, mas diferentes?	222
CRONOLOGIA	225
BIBLIOGRAFIA	233
O AUTOR	235
AGRADECIMENTOS	237

 # INTRODUÇÃO

Meu primeiro encontro com o povo mexicano foi aos 29 anos, acompanhado de minha mulher, a caminho do Canadá, então meu destino como diplomata de carreira. Na ocasião, ficamos ambos fascinados com o prazer que os mexicanos demonstravam em visitar sua rica história (da qual fazem parte as civilizações maia e asteca), sentimento tão presente no Museu de Antropologia da Cidade do México. Nunca havíamos visto nada comparável àquela profusão de vestígios culturais reunidos em um só lugar. Daí fomos a Guadalajara, onde testemunhamos a paixão popular pelo "Escrete Canarinho" do Brasil. Estávamos em 1974, mas parecia que a Copa de 1970 (quando a seleção brasileira jogou a semifinal no Estádio Jalisco, em Guadalajara) havia sido ontem. Descobrimos então que, em Copas do Mundo, quando o time do México perde, todo mexicano vira torcedor do Brasil.

Aprofundei minhas ligações com os mexicanos na época inesquecível em que atuei como embaixador do Brasil no México, onde vivi por três anos e fiz grandes amigos. Foi dessa experiência, que resultou em grande fascínio pelo povo mexicano, que nasceu este livro.

Escrevê-lo foi uma aventura rica de ensinamentos. Descobri muitas coisas sobre o México e sobre mim mesmo. Constatei que teria sido muito mais fácil escrever um livro sobre o México do que sobre os mexicanos. Como diplomata, passei muitos anos de minha vida a analisar países – economia, política interna e externa, cultura. Sempre vi esse ofício de tentar entender um país como a dimensão mais fascinante do trabalho diplomático. Isso eu sei fazer. Outra coisa é escrever sobre um povo. Mas aceitei esse desafio com a intenção de estimular o leitor a comungar comigo o prazer do encontro com um povo que surpreende o mundo sob muitos aspectos: o esplendor das civilizações mesoamericanas, sobretudo a maia e a asteca; o resultado da interação entre nativos e europeus no momento marcante da Conquista; o inesperado vigor da Revolução Mexicana; a arte da mexicanidade, visível na pintura monumental de seus muralistas; o gênio de ensaístas-poetas como Octavio Paz e Carlos Fuentes; e, sobretudo, a inescapável determinação atual de se manter e se preservar como povo dotado de identidade cultural e valores próprios.

Os mexicanos são um povo cheio de contrastes. Têm um sentimento arraigado de nacionalismo, mas há milhões deles que sonham em cruzar a fronteira e viver nos EUA. Construíram civilizações que figuraram entre as mais avançadas do planeta, mas sucumbiram em menos de dois anos à Conquista espanhola. Demonstram uma alegria esfuziante na *fiesta*, traço tão distintivo da cultura mexicana. Mas há uma melancolia escondida na transparência da tequila, nos sons estridentes e metálicos dos *mariachis* e no saudosismo da letra de "Cielito lindo". A religiosidade católica no México está estampada em cada casa, em cada esquina e nas demonstrações dos milhões de romeiros que todo mês de dezembro rumam em direção à Basílica de Guadalupe, na Cidade do México. Mas há um sincretismo evidente nos milhares de xamãs que são consultados nas ruas e protegem as pessoas dos maus espíritos.

Os mexicanos são conhecidos pelo forte machismo. Mas o México é também a pátria de mulheres geniais que se revelaram grandes precursoras do feminismo. Uma delas – sóror Juana Inés de la Cruz – viveu no século XVII, era freira no Convento dos Jerônimos e escrevia contra o absurdo da condição feminina, denunciando a hipocrisia dos homens. Outra, Frida Kahlo, pintora e esposa do grande muralista Diego Rivera, nunca se conformou em viver à sombra do monstro da pintura mexicana. Apaixonada por ele, não se resignava com o comportamento do marido "Don Juan". Para horror de uma elite conservadora e preconceituosa, ela própria tinha amantes – homens e mulheres –, vários deles retratados em suas telas. Nessa sede de amor e de vingança, chegou a seduzir o próprio Trotski, quando então, numa miscigenação entre Eros e Marx, nasceu e se consumou a sedução.

Na dinâmica e industrial cidade de Monterrey ou em outros centros urbanos do Norte, onde proliferaram as maquiladoras especializadas em exportar manufaturas para os EUA, vamos encontrar mexicanos pragmáticos e preocupados com seu *status* econômico. Se nos mudarmos para o extremo Sul, no estado de Chiapas, aí veremos um povo amante da terra, da natureza, com tradições milenares que remontam aos tempos maias. É sintomático que, no mesmo dia em que o governo mexicano celebrava a assinatura do Nafta – importante acordo de livre comércio com os EUA e o Canadá –, em Chiapas foi deflagrada uma rebelião inspirada na Revolução Mexicana de 1910, que pregava a justiça social, o autogoverno e se opunha ferozmente à modernização e à globalização.

Na história mexicana, diversidade, criatividade e "fator surpresa" se revelam marcas registradas. Já no remoto fenômeno da Conquista espanhola, em 1519, emerge o primeiro grande assombro da história: o imperador asteca Montezuma II hospeda com honras em seu palácio o invasor Cortez.

O período da Conquista permeou a história mexicana e a alma do povo com figuras que se transformaram em ícones do bem e do mal: a índia Malinche, intérprete e amante de Cortez, é a representação da traição ou da mulher impotente e violada; e Cuauhtémoc, sobrinho do imperador Montezuma II, que, ao contrário deste, se insurgiu contra o invasor, foi torturado, mas não se rendeu e acabou morto, tornando-se herói mexicano.

O papel das ordens católicas – franciscanos, dominicanos, jesuítas – também nos revela grandes surpresas. Enviados à colônia para consolidar o poder da Coroa espanhola no Novo Mundo, alguns religiosos que poderíamos hoje chamar de vanguardistas – como Bartolomé de las Casas – se revelaram grandes defensores dos povos autóctones e convenceram a Igreja a reconhecer os indígenas como seres humanos. Em lugar de ser apenas a ponta de lança do Império Espanhol, a Igreja emergiu como símbolo e força espiritual que ajudou os indígenas a superar a condição de "órfãos de deuses" e de sentido para a vida, após a destruição de suas divindades originais e a decadência de sua cultura. A Virgem de Guadalupe, morena como o povo e, segundo a tradição, revelada ao índio Juan Diego, representa o fenômeno religioso-cultural mais emblemático dos mexicanos. Ao observar extasiado as grandes romarias, com seus cânticos e ladainhas, eu me descobri pensando: antes de serem cristãos, os mexicanos são guadalupanos.

A Revolução Mexicana, iniciada em 1910, também nos remete a um surpreendente imaginário coletivo. Um imaginário rico de personagens de grande dimensão humana, fontes de um folclore saboroso e inesgotável, como Zapata, Pancho Villa e Francisco Madero, o presidente místico. A Revolução Mexicana subverteu um regime autoritário de mais de 30 anos, liderado por Porfirio Díaz, sob a égide do que poderíamos chamar hoje de crescimento econômico com exclusão social. Em sua primeira década, o banditismo imperou em todo o país e, segundo alguns analistas, mais de um milhão de pessoas teriam morrido. A Revolução destruiu o antigo regime, realizou uma reforma agrária radical, trouxe um sentimento efêmero de dignidade ao camponês espoliado, mas não foi capaz de construir novas estruturas sólidas e sustentáveis.

O Partido Revolucionário Institucional (PRI), que ficou no poder durante 71 anos, até a virada do século em 2000, é outro paradoxo mexicano. Se, para alguns, deixou de lado os ideais revolucionários e "domesticou" a Revolução, para outros, foi o vetor político que conseguiu amalgamar os diversos setores sociais, econômicos e culturais e refundou o Estado mexicano. Era um partido de direita na política interna e de esquerda na política externa de não alinhamento e de aproximação com o Terceiro Mundo. Ao longo de todo esse tempo no poder, eleições presidenciais eram realizadas a cada seis anos, sempre com a vitória do candidato escolhido pelo PRI. Por isso, o escritor Vargas Llosa chamou o México de "a ditadura perfeita".

Somente a partir da derrota do PRI e da vitória do Partido da Ação Nacional (PAN), em 2000, o México experimentou uma alternância de partidos no poder. A experiência durou pouco e em 2011 novamente o PRI voltou à presidência. Com isso, houve um sentimento nacional de frustração democrática, mas – como a surpresa é um dos marcos da identidade mexicana – o novo presidente, logo ao assumir, anunciou reformas que antes eram anátemas para seu partido: reforma educacional, combate aos oligopólios e ampla reforma energética, com a abertura do setor petrolífero e a modernização da Pemex, essa última vista pelos críticos como "desnacionalização".

Se o "homem traz a marca dele e de sua circunstância", no repisado dito de Ortega y Gasset, os mexicanos são profundamente marcados por sua fronteira geográfica. Daí a frase célebre atribuída ao presidente Porfirio Díaz: "Pobre México. Tão longe de Deus e tão perto dos EUA". Essa relação sempre difícil com o vizinho do norte se transformou em tragédia nacional em meados do século XIX, quando o México perdeu metade de seu território para os EUA.

Passada essa cicatriz histórica, o chamado "fator estadunidense" na política e na vida dos mexicanos continuou uma constante. A relação complexa e difícil de um país latino-americano com a maior superpotência do planeta inevitavelmente encerra um misto de amor e ódio. Isso fica claro hoje no visível antiamericanismo no seio da população e, ao mesmo tempo, na aspiração de milhões de mexicanos de migrarem para os EUA. Estima-se que, entre mexicanos e seus descendentes, lá viva hoje uma imensa diáspora de cerca de 30 milhões de habitantes de origem mexicana. Um dos resultados disso parece ser certa afirmação cultural latina que se consolida, cresce e ganha visível peso político nos EUA.

Embora na política, mexicanos e brasileiros sejam diferentes e, na economia, sigam modelos distintos, é inegável que ambos os povos guardam muitas semelhanças. Mexicanos e brasileiros são parecidos no caráter gregário e no prazer de exteriorizar a alegria. Mas nos sentimentos profundos podem ser distintos. Talvez no seu interior seja o mexicano mais pessimista e o brasileiro tenha mesmo uma visão mais esperançosa do mundo.

Somos também parecidos na repulsa popular aos políticos tradicionais, ao clientelismo e à corrupção. Mas nunca tivemos nem chegamos perto de ter uma Revolução Mexicana – a primeira grande revolução do século XX. Ao contrário, fomos o último país a abolir a escravidão. Somos mais inclinados a gradualismos que a revoluções. Infelizmente, nos igualamos no baixíssimo padrão educacional, assim como nas grandes diferenças econômicas e sociais existentes na população, apesar dos inegáveis progressos feitos por ambos os países nas duas últimas décadas.

Talvez esse conjunto de aproximações e distanciamentos entre nossos dois povos possa ser visto como uma modalidade de diferenças aparentes, mas de semelhanças subjacentes. O brasileiro tem orgulho da miscigenação, das praias, da beleza da mulher, do samba, do "*país más grande del mundo*". O mexicano tem orgulho do passado, da exuberância das igrejas barrocas, da beleza de suas cidades com muitos sítios considerados Patrimônio Cultural da Humanidade, da arquitetura de palácios coloniais, dos ídolos revolucionários (Pancho Villa e Zapata), do esplendor das culturas pré-colombianas. O brasileiro ama sua geografia. O mexicano venera sua história. Mas, se a história é a geografia no tempo e a geografia, a história no espaço, somos complementares e temos muita coisa em comum. Por isso, vale a pena conhecer os mexicanos.

TIPICAMENTE MEXICANO

Os mexicanos são um povo de muita personalidade. Como disse um amigo: "No México tudo é *over*. Tudo é abundante, visceral, extravagante, extremo!". Pensando nos símbolos mais evidentes da mexicanidade – *sombrero*, *mariachis*, *fiesta*, *rancheras*, tequila, devoção à Virgem de Guadalupe –, acabamos dando razão a meu amigo.

Podemos dizer que nenhum país gosta de se parecer com o vizinho. Argentino não gosta de ser chamado de brasileiro. Paquistanês não gosta de ser tomado por indiano. Canadense não gosta de ser confundido com norte-americano. Mas, no México – o "país do *over*" –, isso é muito mais profundo, visceral e colorido.

O que é típico do México? Pode ser tudo. Aquilo que não é típico, acaba se tornando. A identidade nacional é tão forte que mesmo os hábitos mais distantes, mais estrangeiros, vão se mexicanizando. Em certo sentido, nós, brasileiros, também somos assim. Importamos o futebol – esporte bretão –, mas, para nós, o "país do futebol" é o Brasil. Importamos os cultos religiosos africanos, mas a umbanda é nossa. Incorporamos boa dose de *jazz* na nossa música, mas criamos a bossa nova. É a "síndrome da jabuticaba", isto é, achar que no Brasil é tudo único, diferente e original. Os mexicanos também têm sua "síndrome da jabuticaba". Importaram dos espanhóis o Dia de Finados e misturaram com uma boa dose de rituais indígenas maias e de outras culturas e criaram o *Día de Muertos*, algo tipicamente mexicano.

Portanto, como os brasileiros, os mexicanos também têm orgulho da nacionalidade, de seus usos e costumes. Entretanto, num breve paralelo, existem algumas diferenças. A primeira delas é que o mexicano é mais assumidamente mexicano. Sobretudo nas manifestações culturais, há um prazer em valorizar sua identidade. Eles querem ser e parecer mexicanos. Por quê? Entre outras coisas, para marcar a grande diferença em relação aos EUA. Migrar para os EUA pode ser o sonho de muitos mexicanos em razão das condições econômicas. Mas virar gringo? Jamais! Usar vestido ou camisa com grife norte-americana? Sim. Mas abdicar do colorido alegre característico das roupas mexicanas? Nunca!

SOMBRERO E ROUPAS COLORIDAS

O presidente do México, Felipe Calderón, em visita oficial ao Brasil em 2009, vestia nos encontros informais uma elegante *guaiabera* alegremente tricolor, com as cores da bandeira e outros emblemas nacionais. A *guaiabera* é parecida com uma camisa larga ou blusão de manga comprida, com dois bolsos de cada lado na parte de baixo e com adornos, coloridos ou não. É traje típico da América Central, do Caribe e dos países andinos. Na época, eu o acompanhava na condição de embaixador do Brasil no México e não pude deixar de notar certo ar crítico de alguns compatriotas com a profusão de cores da roupa do presidente do México.

Outro exemplo dessa naturalidade mexicana em assumir as marcas de sua identidade é a preferência nacional por cores vivas, o que no rosto das mulheres se traduz no uso de muita maquiagem e adereços. Mesmo as mais bonitas, quando podem, não abrem mão de usar uma carga imensa de cosméticos, muitas vezes acompanhados de cílios postiços, apliques ou flores no cabelo, sombra verde intenso e batom vermelho.

É óbvio que as mulheres dos bairros mais ricos da Cidade do México usam roupa sofisticada, de grifes internacionais e, assim, pouco diferem das congêneres brasileiras. Mas em ocasiões mais informais, num almoço de fim de semana com amigos, por exemplo, as mexicanas optam por blusas muito coloridas e saias rodadas que lembram trajes típicos regionais, ou usam vestidos cheios de cores no chamado "estilo Frida Kahlo", ou surgem ainda vestidas de branco como as camponesas e as indígenas de Veracruz costumam usar nas festas populares. (Isso é difícil de se ver no Brasil, especialmente entre as mulheres de classe média ou alta.)

Uma das marcas registradas do México é o *sombrero,* um chapéu grande, vistoso e de abas bem largas. Muita gente não sabe, mas *sombrero* vem de "sombra" e é a proteção usada pelos camponeses mexicanos contra o sol escaldante do país. Nos dias de hoje, a população mais pobre ainda usa regularmente o *sombrero;* os homens de classe média e alta usam esse chapéu em festividades ou em encontros de fim de semana com amigos íntimos. A presença do *sombrero* quebra o ar solene de qualquer recepção e a torna mais carregada de mexicanidade.

A aparência do *sombrero* também revela a hierarquia social. O tipo usado pelos camponeses é de palha e muito barato. Já o mexicano de classe média invariavelmente usa um *sombrero* de feltro, como os *mariachis.* Foi o cinema americano que fez esse chapéu ficar mundialmente conhecido, em geral associado não ao trabalho ou à festa, mas à *siesta* dos camponeses mexicanos (seu descanso após o almoço), feita ao ar livre em uma paisagem desértica marcada pela presença do

Sombreros em mercado na Cidade do México, no início do século XX. O *sombrero* é uma marca registrada do México e está presente ainda hoje tanto na alegria da *fiesta* como no descanso da *siesta*.

cacto. Os mexicanos frequentemente são acusados de americanização, mas em matéria de chapéu o inverso é verdadeiro: o "chapéu de *cowboy*" é uma adaptação gringa do *sombrero*.

Uma vez provoquei um amigo mexicano: "Por que vocês precisam de um chapéu tão grande, para que tanta sombra?". Ele não teve dúvida: "É porque somos muito iluminados! Nascemos com muita luz!".

Qualquer comemoração de mexicanos – em seu país ou no exterior – tem sempre *sombreros*. Mas também tem música, a *ranchera*; bebida, a tequila; e comida apimentada. Se for à noite ao ar livre, poderá ser abrilhantada por fogos de artifício.

RANCHERA E MARIACHIS

Quem não se lembra da *ranchera* "Cielito lindo", cantada em final de festa? Tem até tradução para o português.

Ai, ai, ai, ai
Tá chegando a hora
O dia já vem
Raiando meu bem
Eu tenho que ir embora!

A temática da perda é comum nas *rancheras*, especialmente a da tristeza de não mais contar com a paisagem idílica do campo, embora poucos hoje tenham tido essa experiência da vida nas fazendas. A ideia de viver ou morrer de amor, como nas telenovelas mexicanas, é outra constante em suas letras. A honra aparece como valor supremo ao lado do amor. Morrer pela honra também é louvável. Aliás, o tema da morte é recorrente na cultura mexicana. Será o México um país de muita vida, mas com fascinação pela morte? O fato é que, nas *rancheras*, a morte é sempre revisitada, como no lamento do "Cavaleiro", do famoso compositor José Alfredo Jimenez:

Nas montanhas distantes segue o cavaleiro
Vagando sozinho e querendo morrer
Em seu peito carrega uma ferida,
sua alma está destruída
Ele quer acabar com sua vida
e voltar a unir-se com sua amada
Ele a amava mais que sua própria vida
e a perdeu para sempre
Por isso está ferido, por isso quer morrer

Mas, afinal de contas, o que tem a *ranchera* a ver com festas? Tem tudo a ver. Porque a *fiesta* não é só alegria. Ela pode parecer isso para um estrangeiro – que está fixado na ideia da grande barulheira, movimentação, balbúrdia – mas, em sua essência, a *fiesta* é bem mais do que isso, é uma manifestação de liberdade, de desregramento, de impulsividade. Tem muita alegria e muita tristeza também. Em suma, não é uma coisa só e, por isso, a *ranchera* é obrigatória na *fiesta* mexicana.

Quem fala em música mexicana não pode omitir os sons estridentes e melódicos produzidos pelos *mariachis*. A origem da palavra é imprecisa. Segundo a versão mais difundida, *mariachi* estaria ligado ao francês *marriage*. Durante a intervenção francesa na década de 1860, os soldados invasores passaram a utilizar a palavra não só para designar o evento, mas a música e seus intérpretes nas cerimônias de casamento. Entretanto, segundo outros, o termo se origina dos cânticos marianos (devotos da Virgem Maria), entoados inicialmente pelos habitantes da pequena vila de Cocula, no estado de Jalisco.

Mariachi é ao mesmo tempo um gênero musical – com ritmo e harmonia originários da Europa e da África – e o nome dos grupos musicais que o interpretam. Em um conjunto de *mariachis*, o vocalista é acompanhado de vários músicos e seus respectivos instrumentos: violino, violão, trompete, *guitarrón* (violão grande) e *ihuela* (violão pequeno). Nos anos 1930, antes do desenvolvimento da indústria do cinema no México, eles se vestiam como camponeses. Com o cinema, passaram a usar vestimentas elegantes de *charro* (cavaleiro), com bordados de prata sobre terno preto ou branco.

Os grupos de *mariachis* se originaram entre os peões de fazenda. Depois, se espalharam pelo país. Eles atuavam como menestréis, tocavam e cantavam em diversas regiões do México, que visitavam transportados por mula, cavalo ou trem. Apresentavam-se nos lugares mais variados: coretos de praça, cafés, fazendas de proprietários ricos, festivais locais, celebrações nacionais, batizados, casamentos e velórios. Ficaram conhecidos também por fazer serenatas para as jovens a pedido dos enamorados.

Já houve um tempo em que os *mariachis* eram malvistos pela Igreja; suas canções pícaras exasperavam muitos padres. Mas isso foi só no início, pois logo foram aceitos pelas autoridades eclesiásticas e passaram a participar de missas e festas religiosas, inclusive em homenagem à Virgem de Guadalupe.

O mexicano tem orgulho dos *mariachis*? Sem dúvida, tem muito orgulho. Isso começou há pouco mais de um século, com a Revolução Mexicana de 1910, que teve como uma de suas diretrizes valorizar as expressões populares consideradas representativas da cultura mexicana. Na década de 1930, o presidente Lázaro Cárdenas, até hoje querido pelo povo mexicano como o executor do projeto revolucionário de dar terras aos camponeses, apoiou muitos grupos de *mariachis* que acabaram migrando do campo para as cidades. Vários deles ganharam popularidade através dos programas de rádio e no pujante cinema mexicano, passando a ter admiradores até mesmo no seio da elite mexicana. Com o tempo, o som dos *mariachis* atravessou fronteiras e, há várias décadas, é presença constante nas festas da diáspora mexicana em grandes cidades americanas, como Los Angeles, Miami, Chicago, entre outras.

Na Cidade do México, o lugar antológico dos *mariachis* é a praça Garibaldi. Embora o nome da praça seja homenagem ao revolucionário italiano, a estátua destacada é a de Alfredo Jimenez – cantor e compositor mexicano visto como figura expressiva do patrimônio musical do país. Com o crescimento da cidade, a praça perdeu muito de sua aura boêmia, mas *mariachis* continuam tocando por lá, com muita alegria à moda mexicana.

TEQUILA

Tequila é mais que uma bebida. É uma introdução ao México. Quando você conhece um mexicano e ele o convida para sua casa, pode preparar o estômago, porque nas mãos do anfitrião inevitavelmente virá uma garrafa de tequila ou um copo com duas pequenas doses. Nessas ocasiões, recusar a bebida nacional mexicana é dizer não ao novo amigo.

Os mexicanos acreditam que as verdadeiras amizades surgem da descontração, da conversa franca e sem formalidades. E é a tequila que abre o caminho.

Agave, uma espécie de cacto, é a matéria-prima para a fabricação da tequila. Muito cultivado no estado de Jalisco, terra do famoso agave-azul.

A tequila é uma bebida destilada feita do agave-azul que surgiu inicialmente na cidade de Tequila, no estado de Jalisco, a 65 quilômetros de Guadalajara. Seu teor alcoólico em geral varia de 38% a 40%, mas pode chegar a 55%. O agave-azul é uma planta com o aspecto de um abacaxi enorme e se desenvolve unicamente em solos vulcânicos e áridos. Para produzir um litro de tequila, são necessários sete quilos de agave. Graças ao solo propício, a produção na região de Guadalajara é de 300 milhões de plantas de agave-azul por ano.

Tipicamente mexicano | 21

Tequila é a bebida nacional do México. Há três tipos de tequila definidas pelo tempo de maturação: *blanca* (mais nova), *reposada* (levemente marrom) e *añeja* ou velha (marrom-escuro).

A fabricação começa ao assar o fruto do agave-azul, que, depois, é resfriado e tem suas fibras transformadas em açúcar líquido, que é extraído e chamado de *aguamiel*. A esse líquido se adiciona levedo natural e a fermentação transforma as moléculas do açúcar em álcool. O resultado é um vinho de agave que, destilado duas vezes, vira a tequila *plata* ou *blanca*, que é imediatamente engarrafada. A bebida apresenta diferentes cores, sabores e aromas, dependendo do tempo de maturação em barris de carvalho. As mais conhecidas são a *reposada* (um pouco marrom, com menos de um ano de maturação) e a *añeja* (com mais de um ano, mas menos de três, de maturação, com cor marrom-escura). As *extra añeja* são aquelas que ficaram mais tempo maturando. Tomar uma ou outra é apenas questão de gosto. A *reposada* é a minha favorita e a de muitos de meus amigos pelo gosto menos intenso que a *plata* e por não ter ainda absorvido muito do sabor do carvalho, como a *añeja*. Assim como os franceses têm a Rota do Vinho, os visitantes de Guadalajara podem apreciar boas tequilas ao visitar fábricas nas cidades circundantes. Mas quem ficar apenas na Cidade do México pode se dedicar à degustação no Museu da Tequila, na praça Garibaldi, com a vantagem de poder ouvir os *mariachis*.

FIESTA

Outro traço marcante do povo mexicano é seu evidente caráter gregário.

Eu tinha um amigo brasileiro que vivia no México e gostava de tirar as manhãs e tardes de sábado para ficar lendo em casa. A jovem mexicana que trabalhava na casa dele certo dia perguntou à dona da casa qual era a doença de seu marido. Depois de algum tempo de conversa, ficou claro que o sintoma de "doença" ao qual a moça se referia era "ficar em casa".

Quem já viveu no México ou morou nos Estados Unidos ou no Canadá certamente sabe que os mexicanos adoram uma *fiesta*. A festa mexicana tem sempre uns ingredientes infalíveis: *sombrero*, *mariachis*, fogos, tequila e, ao final, a canção "Cielito lindo".

A princípio poderíamos pensar que os mexicanos têm alguma coisa de baiano – "aquele que não nasce, estreia" –, em razão da mesma vontade de aproveitar a vida com festas, mas também com uma bonomia temperada de ócio e uma noção do tempo independente do relógio. Porém, um olhar mais acurado revela algumas diferenças na maneira de festejar e de expressar alegria. As festas mexicanas têm um quê de tristeza, de drama. E, mesmo festejando muito, os mexicanos não demonstram aquela "alegria contagiante do baiano" ou um grande otimismo diante da vida.

O caráter gregário mexicano está presente também nos frequentes encontros familiares. Nos fins de semana, é muito comum a família se reunir. Mas não se trata apenas da família nuclear, como nos Estados Unidos, no Canadá e na Europa. É a família ampliada, com tios, primos, sobrinhos, netos. Em megalópoles, como a Cidade do México, as distâncias (e o trânsito infernal!) muitas vezes impedem essas reuniões familiares, mas elas são substituídas por encontros com vizinhos (muito apreciados), sendo que os homens se reúnem para jogar futebol em praças ou terrenos baldios e as mulheres, para conversar.

Os mexicanos também costumam se reunir nas celebrações religiosas, na frequência significativa das missas de domingo e nas diversas atividades coletivas em torno da devoção, como quermesses e novenas em que participam os membros da paróquia. No México, ainda é comum as pessoas rezarem o terço em conjunto após a missa das seis horas da tarde (algo difícil de vermos na Europa, nos EUA ou no Canadá, por exemplo). Nos domingos, é frequente encontrar nas igrejas e nas praças da Cidade do México garotas muito maquiadas, usando vestidos coloridos, acompanhadas dos pais, parentes e amigos da escola ou do bairro. São as *quinzeañeras*, isto é, as debutantes de 15 anos. Antes da festa, em casa ou em algum clube, há sempre uma cerimônia na igreja.

Além da concorrida festa de quinze anos, algumas cerimônias religiosas, como o batismo e a primeira comunhão, se transformam em grandes eventos sociais. São considerados acontecimentos marcantes na vida das crianças, de seus pais, parentes e amigos. Se você for convidado para alguma delas e não comparecer, prepare-se, porque pode até chegar a perder o amigo que o convidou. Faltar a essas festas é considerado uma grande desfeita. Os preparativos tomam meses e as famílias mais pobres se sacrificam economicamente para realizá-las.

A *fiesta* (os diversos tipos de comemoração que levam esse nome) é algo tão importante na cultura mexicana que mereceu a atenção do genial ensaísta Octavio Paz, para quem ela é um momento de liberação dos instintos. Por isso mesmo, não pode faltar tequila. Os mexicanos acreditam que, sem tequila, você não entra no "clima de festa". Isso se aplica até mesmo às festas religiosas. O mexicano faz suas orações, acende as velas, segue a procissão com seu santo de devoção, mas também come, bebe, grita, solta foguetes, briga, dá tiros e até "mata em honra da Virgem de Guadalupe ou do general Zaragoza".[1]

A *fiesta* também é o momento em que o mexicano se abre ao diálogo, com parentes, amigos, divindades. A noite fica toda habitada de música, canções, poemas, gritos. Muitas vezes, isso acaba mal, porque, segundo Octavio Paz "o mexicano não se diverte: quer se superar, pular o muro da solidão que no resto do ano o impede de comunicar-se".[2]

Para alguns observadores, a *fiesta* é um gasto ritual pelo qual a coletividade se impõe excessos, sacrifícios e oferendas que, desde tempos imemoriais, teria por função acalmar a eventual ira dos deuses. Mas essa explicação não é satisfatória para Octavio Paz (um dos maiores "explicadores" do México), para quem a *fiesta* faz desaparecer a noção de ordem, dissolve a sociedade, desmonta hierarquias, inverte sexos. Portanto, ela é uma revolta. É um banho de caos que purifica o grupo e faz cada mexicano comungar com seus semelhantes. "Se na vida diária nos ocultamos de nós mesmos, no redemoinho da *fiesta* nos disparamos. Mais que nos abrir, nos desgarramos."[3]

Esse desgarrar-se é uma ruptura: rompemos conosco mesmos, com a família, com a sociedade, com o presente e com o passado. E qualquer ruptura gera um sentimento de solidão, de orfandade. O solitário transcende sua solidão, pois a vive como prova e como promessa de comunhão. Mas isso não se passa na mente

24 | Os mexicanos

do mexicano; segundo Octavio Paz, "o mexicano não transcende sua solidão. Ao contrário, se fecha nela. Habitamos nossa solidão".[4]

De todo modo, Octavio Paz conclui – e pelo menos nisso podemos concordar com ele:

> Em poucos lugares do mundo se pode viver um espetáculo parecido com as grandes festas religiosas do México, com suas cores violentas, amargas e puras, suas danças, cerimônias, fogos de artifício, trajes insólitos e a inesgotável cascata de surpresas dos frutos, doces e objetos que se vendem esses dias nas praças e nos mercados.[5]

Isso tudo pode ser visto, por exemplo, nos dias que precedem o 12 de dezembro, dedicado à Virgem de Guadalupe. É uma época em que os mexicanos parecem se esquecer do amanhã para viver intensamente um presente de muita dança, comilança e comunhão com aquela que dizem ser a grande protetora do México. Nas belas palavras do poeta: "O tempo deixa de ser sucessão e volta a ser o que foi e é originariamente: um presente onde passado e futuro ao final se reconciliam".[6]

Passada a primeira semana de dezembro, já podemos ver nas ruas longas procissões de devotos – a maioria durante a noite – que caminham em direção à Basílica de Guadalupe. Cada grupo de peregrinos carrega um altar com a imagem de Nossa Senhora de Guadalupe. A subida até o santuário situado atrás da basílica, local onde a Virgem teria aparecido para o índio Juan Diego, é concorrida, fica repleta de gente.

Outros santos também são festejados, em comemorações menores, mas igualmente animadas, como as do padroeiro de um *pueblo* (povoado) ou de um bairro.

Día de Muertos

O mexicano tem uma relação muito peculiar com a morte. Cultiva uma visão de que a morte não é apenas o mundo das trevas, pois pode ser também uma fonte de iluminação da vida. O mais incrível é que, no México, a morte pode ser até inspiração para o humor, para a brincadeira, para a diversão, como ocorre nas festas com música estridente e dança animada que comemoram o *Día de Muertos* (Dia dos Mortos).

O culto do *Día de Muertos* é uma das expressões mais significativas da fascinação dos mexicanos pelas *fiestas* e reuniões públicas. "Tudo é ocasião para reunir-se. Qualquer pretexto é bom para interromper a marcha do tempo e celebrar com festejos e cerimônias homens e acontecimentos. Somos um povo ritualístico."[7]

Tipicamente mexicano | 25

Segundo a crença, o *Día de Muertos* é a única data do ano em que os mortos visitam os vivos e reencontram seus familiares. Nas casas são preparados altares com santos, flores, retratos dos antepassados e bebida e comida por eles apreciadas. São muito comuns também as representações de caveiras.

É muito provável que esse comportamento, tão exótico para nós, brasileiros, tenha suas raízes nas origens indígenas. A cultura asteca, por exemplo, aceitava com naturalidade a ideia da vida após a morte, pois tomava como exemplo a própria natureza: o sol é engolido pela noite quando "morre" no final da tarde, mas no dia seguinte surge uma "nova vida"; as estações do ano também "morrem" em sequência para dar lugar a "outra vida". Assim, a morte nada tem de eterno; é, antes, um momento efêmero que abre caminho para nova fase de um ciclo infinito. Essa cosmovisão dos indígenas contrasta com a crença cristã no inferno eterno, mas se aproxima da ideia cristã de ressurreição.

As celebrações do *Día de Muertos* refletem muito a ideia de que a morte acompanha a vida e deve ser vista com naturalidade, fatalismo e otimismo ao mesmo tempo. Isso explica, por exemplo, a popularidade do escultor Guadalupe Posada, que fez uma famosa série de esculturas de La Calavera Catrina. Elas representam o esqueleto de uma mulher, com um vestido elaborado e sensual, um chapéu alegre e florido, pernas que são só ossos e um farto peito onde ressaltam as costelas. Reproduções da Catrina proliferam no México, sobretudo na proximidade do *Día de Muertos*.

Nesse dia especial, as lojas colocam à venda uma grande variedade de objetos ligados à morte: pequenas ou grandes caveiras, reproduções em diversas dimensões da Catrina, pequenos caixões fúnebres feitos de chocolate, cabeças de caveira feitas de açúcar...

Essa atitude tão mexicana no *Día de Muertos* revela um comportamento muito singular diante da morte, que contrasta com a de outros povos, como mostra Octavio Paz: "Para o habitante de Nova York, Paris ou Londres, a morte é a palavra que jamais se pronuncia, porque queima os lábios. O mexicano, ao contrário, frequenta a morte, a engana, a acaricia, dorme com ela, a festeja, é um de seus brinquedos favoritos e seu amor mais permanente".[8]

Antes do advento dos espanhóis, os indígenas já celebravam o Dia dos Mortos e usavam simbolismos muito parecidos com aqueles que os europeus trouxeram para o México, ou seja, colocavam oferendas para os mortos e acendiam velas. Além disso, já havia culturas indígenas que acreditavam na reencarnação.

Até hoje se diz no México que o *Día de Muertos* é o único dia do ano em que os mortos retornam à Terra e visitam os vivos. Segundo a crença, nesse dia os mortos voltam à casa de seus familiares. Portanto, a ocasião exige muitos preparativos. É preciso guiar os falecidos em seu caminho de volta; para isso, são feitos arcos, cobertos com flores *marigold,* que simbolizam um pórtico de entrada da casa e servem também como sinal de boas-vindas. Diversos tipos de comida são preparados "para os mortos" (e comidos pelos vivos): pamonha, espigas de milho cozidas, sal, açúcar, doces variados e o famoso *pan de muerto,* que em geral é um pão doce bastante mole e delicioso. São também servidas as bebidas mais apreciadas pelos que morreram, como, por exemplo, coca-cola, cerveja e tequila. Também há sempre bastante água, porque, segundo se diz, os mortos chegam de sua longa jornada sempre com muita sede.

Na cidade de Morelia, capital do estado de Michoacán, algumas ruas exibem altares especialmente preparados para o *Día de Muertos.* São sofisticados trabalhos de escultura, pintura e arranjos florais que celebram esse dia e têm relação com algum tema relevante, como a condição dos imigrantes mexicanos nos EUA ou a das vítimas da violência associada ao narcotráfico. Exposições desse tipo também são feitas em muitas outras cidades do México, com concursos destinados a eleger os altares mais bonitos.

Na ilha de Janitzio, no lago de Pátzcuaro, o *Día de Muertos* é comemorado pela comunidade indígena que lá vive com uma grande festa religiosa. Na véspera, os sinos dobram a partir das seis horas da tarde até o sol raiar. Antes da meia-noite, as pessoas se unem em família e partem em direção ao cemitério. As mulheres usam suas "roupas de domingo" (as melhores vestes) e todos seguem com velas na mão, para iluminar o caminho. É impressionante a sensação de recolhimento e de religiosidade das famílias que lotam os cemitérios para velar seus mortos durante toda a noite. Ao chegar às sepulturas, os homens se ajoelham, enquanto as mulheres permanecem sentadas. Os homens entoam cânticos e orações fúnebres aos mortos, enquanto os sinos da igreja continuam a tocar. De vez em quando, as mulheres se levantam, tiram pétalas de cravos e as jogam sobre os túmulos. Depois, juntam-se aos demais membros da família e entoam cantigas tristes em língua indígena. São várias gerações amontoadas em torno das tumbas dos falecidos; as pessoas rezam, conversam, comem, bebem, fumam, dormem, todas muito próximas.

A melancolia do indígena no cemitério de Pátzcuaro é a antípoda da celebração ruidosa dos bailes de máscaras, com imagens da Catrina nas discotecas repletas de jovens das cidades. De fato, em vários lugares do México, o *Día de Muertos* não é só de lamento, é também de exaltação.

Datas cívicas

As *fiestas* incluem ainda comemorações cívicas, como a da Independência do México. Durante todo o mês de setembro, as praças públicas ficam decoradas com imensas bandeiras tricolores. E o Dia da Independência propriamente dito, 15 de setembro, é realmente uma festa do povo – não se resume a um desfile militar, como no Brasil e em tantos outros países latino-americanos.

Essa comemoração traz um novo visual para as cidades mexicanas, que ficam ainda mais coloridas. Até a culinária muda: setembro é o mês para se comer *chiles en nogada*. Preparados com uma cobertura com as três cores da bandeira mexicana, esse é o prato patriótico por excelência, pois foi criado pelas monjas do Convento de Santa Mônica, para receber o general Iturbide, quando acabava de proclamar a Independência do México. Se você for convidado por uma família mexicana para um jantar no mês de setembro, prepare-se para um belo prato tricolor, saborosíssimo, composto de carne de porco ou bovina moída, queijo de cabra, cebola, alho, tomate, passas, amêndoas, frutas (como laranja, pera, maçã) e sementes de romã que cobrem o prato como ornamento. A quantidade de ingrediente pode variar de 20 a 50, dependendo do requinte gastronômico ou do grau de patriotismo do anfitrião (ou do convidado).

Essa data nacional é também chamada Festa do Grito, pois é a ocasião para o grito tradicional de "Viva México e morte aos *guachupines*" (nome dado aos estrangeiros espoliadores, numa referência aos colonizadores espanhóis). Animados pela ocasião, os mexicanos também gritam os nomes dos seus grandes heróis nacionais e muitas outras coisas durante um bom tempo, sempre com uma carga emocional com poucos paralelos no mundo. É a manifestação ruidosa do nacionalismo visceral dos mexicanos.

A importância dessa data nacional para os mexicanos foi potencializada no ano de 2010, o bicentenário da Independência e o centenário da Revolução Mexicana. As celebrações deixaram muito clara a ligação intensa dos mexicanos com seu passado histórico, real ou elaborado.

A questão dos significados a serem dados às comemorações na ocasião foi objeto de intenso e recorrente debate nacional, nos jornais, nas emissoras de TV, no rádio e nas redes sociais.

O governo promovia eventos em todo o país em honra das figuras que teriam feito parte de uma história heroica e patriótica. Era um esforço concentrado para revisitar o passado, tornando-o motivo de orgulho.

Alguns analistas questionavam essa diretriz de elevar a autoestima dos mexicanos com os louros do passado. Os mais duros recorriam à imagem do espelho retrovisor para refletir esse "vício nacional" de concentrar tanto o olhar sobre a história pretérita que não abre espaço para uma visão de futuro.

Houve também muita condenação de uma "história oficial", com o argumento de que ela conduzia ao escapismo, com a idolatria de "heróis de bronze" cujo papel histórico real fica muito distante da versão consagrada nos livros didáticos e ensinada nas escolas. Para esses críticos, as comemorações baseadas nessa história oficial seriam, na verdade, manipulações da memória a serviço da política de hoje, com a intenção de conduzir os mexicanos a não reivindicar as reformas necessárias ao avanço do país na atualidade.

Os liberais, por sua vez, aproveitaram para investir contra o que consideravam monopólios improdutivos, como a Pemex (a estatal mexicana de petróleo), e contra o Estado que seria "refém de sindicatos", que "só enxergam seus próprios interesses e não veem as urgentes necessidades do país".

E os críticos mais à esquerda apontaram os vícios da "partidocracia" – segundo eles, a responsável pelo adiamento das reformas sociais tão necessárias tanto no campo quanto nas cidades. Eles também criticaram o Estado por desenvolver "políticas que beneficiam apenas poderosos grupos econômicos e que defendem os interesses do grande vizinho do norte (os EUA)".

Apesar das críticas, as celebrações do bicentenário, na noite de 15 de setembro de 2010, foram organizadas para servir como síntese apoteótica da mexicanidade. A união de todos os mexicanos. O grande momento em que se materializavam os vários espíritos que povoam a alma dos mexicanos. O vigor patriótico. A valorização dos símbolos nacionais.

Promoveram-se incontáveis comemorações até nos mais distantes recantos do país. A vibração popular foi intensa.

Eu estava lá em 2010. Naquele ano, como embaixador do Brasil no México, participei com minha esposa da grande noite da celebração na sede do Palácio Nacional. Testemunhei os festejos majestosos na capital. No Zócalo (praça principal) da Cidade do México, sob os olhares do presidente da República e das autoridades nacionais e estrangeiras reunidos no palácio e diante da imensa multidão que tomara conta da praça desde o início da manhã, se desenvolveu um desfile que tentava recriar "toda a grandeza e a multidimensionalidade do espírito e do corpo mexicano". Para isso, haviam sido criadas alegorias que representavam as culturas olmeca, tolteca, teotihuacana, maia e asteca (que povoavam a praça de divindades, sonhos, batalhas, calendários, invenções), mostrando que os mexicanos de hoje são herdeiros legítimos de todas essas tradições. Obviamente, também fizeram parte do desfile as figuras dos heróis tradicionais da Independência e da Revolução.

A imagem da infindável diversidade das regiões do México passeava pela praça como uma nuvem, num espetáculo-síntese do mosaico mexicano. Os fogos de artifício – uma paixão mexicana – modulavam o perfil dos edifícios, com as torres da catedral em primeiro plano. Duas presenças eram hegemônicas: a bandeira branca, verde e vermelha da pátria e a imagem da Virgem de Guadalupe, "padroeira dos mexicanos".

Nesse dia, o México (ou uma determinada visão dele) era parte do espetáculo para ricos e pobres, fazendeiros e camponeses, conservadores e liberais. Os significados envolvidos nas comemorações pode não ter sido "o melhor para o futuro dos mexicanos", mas uma coisa ficou clara para todos os presentes: aquela foi uma legítima *fiesta*.

CHILE (PIMENTA)

Os mexicanos têm justificado orgulho da sua culinária, extremamente rica e com numerosos pratos regionais. Um prato mexicano bem famoso em todo o país, e especialmente no estado de Oaxaca, é o *mole*, que é muito *exquisito*, ou seja, delicioso, aliás, essa palavra da língua espanhola causa muito embaraço àqueles que se aventuram a falar português.

30 | Os mexicanos

Embora multifacética, a alma da comida mexicana é a pimenta (ou *chile*), usada em abundância nas suas diversas manifestações. Verdes, vermelhas ou amarelas, são conservadas, em geral, embebidas em azeite. A pimenta em pó é considerada mais comedida e, por isso, é "coisa de gringo".

Tenho um grande amigo que gosta de brincar sobre a notável quantidade de pimenta usada na culinária do México. Ele costuma dizer: "Comida mexicana é um esporte radical".

A importância da pimenta por lá fica evidente neste famoso *corrido* (correspondente mexicano da nossa literatura de cordel), em que o mexicano assim se define: "Sou como um *chile* verde: picante, mas saboroso". Assim, muito mais que mero ingrediente, a pimenta é parte do caráter nacional.

A pimenta é consumida em toda a América Latina. Mas no México ela dá especificidade à cozinha, ao mesmo tempo que define fronteiras culturais. Como é muito estranho ao paladar do gringo – pelo menos na quantidade consumida no México –, comer muita pimenta também caracteriza o mexicano.

Além de dar sabor a qualquer prato, no México pimenta é também temperatura. Quando você pede uma comida, a primeira pergunta é sempre: *Caliente* (quente)? O prato pode até vir frio; mas, se você não entendeu o signo, sua boca vai ficar pegando fogo, porque *caliente* significa "muito apimentado". Aí, a receita para a salvação passa por ingerir imediatamente um pouco de leite, banana ou pepino. Na falta disso, cerveja para apagar o fogo!

No México, a pimenta é considerada afrodisíaca. É também signo de virilidade. Por isso, os homens comem muito mais pimenta que as mulheres. Eles gostam de morder a pimenta verde inteira e têm prazer em "se mostrar" quando começam a suar. Na gíria e em vários dialetos indígenas (sobretudo entre os maias de Chiapas), o *chile* é também sinônimo de orgão sexual masculino.

A pimenta guarda uma relação direta com o calor do corpo e é signo sexual não só por sua forma fálica, mas também por ser uma comida "quente" tanto no âmbito real como no simbólico. Os mexicanos acreditam que ela contribui para o "calor vital", dá energia, aumenta o apetite sexual e estimula a procriação. Chegam até a dizer que "pimenta é o Viagra dos pobres".

Enfim, na culinária multidiversa, com enorme variedade de sabores regionais, a pimenta onipresente tem grande peso na identidade nacional.

CANTINFLAS

O povo mexicano exibe admirável criatividade em diversas expressões artísticas: pintura muralista reconhecida mundialmente; arte popular com riqueza de formas e cores; poesia precocemente feminista, já no século XVIII produzida pela sóror Juana Inés de la Cruz; prosa poética que valeu o Nobel de literatura para Octavio Paz; e o talento inconfundível de Cantinflas, que transformou o cinema numa divertida sociologia de seu povo.

Até hoje, Cantinflas é o maior nome do cinema mexicano, cômico inigualável e figura legendária. Batizado com o nome de Mario Moreno, começou sua carreira nos anos 1930 e se transformou em um dos mais populares atores na América hispânica. Ficou mundialmente conhecido por seu papel em *A volta ao mundo em 80 dias*, baseado na obra de Júlio Verne, que lhe valeu um Oscar.

Cantinflas é considerado o "Chaplin mexicano". No entanto, algumas distinções são claras. Chaplin carrega, ao retratar a pobreza, o sofrimento, a utopia de um mundo melhor. Cantinflas, diferentemente, está feliz com a vida que leva, não tem aspirações. Está muito distante do "novo homem" associado à Revolução Mexicana e retratado pelos pintores muralistas. É destituído de energia, agressividade ou força vital. Mas comove, faz rir e inspira. É, simplesmente.

Seus personagens foram tão marcantes que Cantinflas passou a ser identificado como o arquétipo do mexicano. A sua fala é rica em rodeios, perífrases e sempre insinua mais de uma interpretação. Um dos recursos mais usados por Cantinflas é a ridicularização de personagens poderosos, o que o povo sente como uma crítica às injustiças sociais. Segundo muitos analistas, essa mensagem implícita seria uma das razões da enorme popularidade de Cantinflas. Mas há lugar para numerosas outras interpretações.

Para uns, sua linguagem evasiva denota falta de compromisso com qualquer causa ou projeto. Não afirma nem nega, oscila entre uma coisa e outra. Embora tenha essa conotação de denúncia social, o discurso de Cantinflas reflete, sobretudo, uma atitude de crítica conformista. Assim, há uma preferência pela evasão em lugar da luta, pelo escapismo em lugar da confrontação. A simulação e o simulacro estão sempre muito presentes, desnorteiam o público, tornam indefinidas as fronteiras entre o trágico e o cômico.

Na minha opinião, o discurso desconexo, costurado e descosturado pelo improviso genial, é a grande marca de Cantinflas, a mais admirada e reconhecida pelo povo. Essa dimensão encerra uma denúncia, mas de forma oblíqua e contraditória, bem ao gosto dos mexicanos. O cômico muitas vezes se manifesta por

32 | Os mexicanos

meio da inversão de papéis. Assim, o vigoroso toureiro vira um ladrão vulgar; a fala empolada de policiais ou juízes acaba se transformando no discurso desconexo e sem sentido de Cantinflas. É como se os poderosos virassem despossuídos e o povo se transformasse em governo. Nesse labirinto de contradições, sua denúncia do sistema político fica menos explícita.

Mario Moreno é muito mais que um ator: é a alma do cinema mexicano. De origem muito humilde, de uma família com 12 irmãos, em sua vida ele foi engraxate, aprendiz de toureiro, motorista de táxi e pugilista. Esse itinerário biográfico megadiverso combina bem com a inquietação dos personagens que encarnou. Sua primeira chance de interpretar surgiu por acaso. Quando trabalhava num teatro, foi obrigado a substituir sem prévio aviso o apresentador do espetáculo, que havia faltado. Na ocasião, Moreno inventou frases, trocou palavras, abusou do improviso e o resultado foi um sucesso estrondoso. Em sua estreia, portanto, já estava a marca do comediante imortalizado no arquétipo do "*pelado*", um personagem pobre, picaresco, capaz de inesperados neologismos, gestos desconcertantes e criador de uma profusão de expressões sem nexo e sem destino.

No cinema, Cantinflas protagonizou momentos inesquecíveis em *O circo* (1943), *O supersábio* (1948) e *Se eu fosse deputado* (1950), entre outros filmes de que participou. Embora tenha ficado conhecido por sua atuação em *A volta ao mundo em 80 dias* (premiado com o Oscar de Melhor Filme em 1957), sua genialidade é muito mais visível no hilariante papel de deputado mexicano.

TELENOVELAS

No Brasil, telenovela mexicana é sempre identificada com um dramalhão, uma história piegas e até machista. O sucesso junto ao público brasileiro de algumas novelas mexicanas, como *Simplesmente Maria* (1989), contribuem para reforçar esse estereótipo.

A verdade é que, durante muito tempo, novela mexicana era realmente sinônimo do triângulo amoroso tradicional, em que a jovem pobre, bonita e honesta se apaixona por um homem de classe social mais elevada e enfrenta todo tipo de perseguição e sofrimento causados por uma terceira pessoa.

Esse triângulo era a imagem televisiva do que prevalecia no cinema e na música mexicana a partir dos anos 1940. A personagem central era a moça frágil, ameaçada por um homem perverso e sem escrúpulos, mas protegida por um jovem forte que enfrentava o perigo sem medo, pois tinha ao lado a figura feminina, apresentada como companheira fiel.

O amor do casal protagonista precisava enfrentar muita adversidade, sofrimento e dor antes de se afirmar, se legitimar e se consolidar no casamento. Amor e casamento eram retratados como as grandes forças hegemônicas de integração e coesão social.

Esse mundo já passou. As telenovelas mexicanas atualmente se constroem em torno de temas ligados muito mais a sexo do que a casamento, muito mais a relações extraconjugais ou pré-conjugais do que à virgindade, muito mais ligados à violência ou ao narcotráfico. O mundo de hoje, tão desagregado, não encontra "salvação" na estabilidade da família como instituição, nem o caos econômico se resolve apenas com o trabalho árduo.

Isso não significa que as telenovelas mexicanas tenham abandonado a fantasia e a ficção. Ainda hoje carregam muito mais nisso do que, por exemplo, as telenovelas brasileiras. Por sua vez, as nossas abordam, com mais frequência e intensidade, questões como homossexualismo, impunidade, corrupção e emergência de uma nova classe média. Contudo, atualmente, há maior diversidade de temas e tipos humanos nas telenovelas mexicanas, que abrangem tanto um público exigente em busca de mais realismo como uma audiência popular à procura de romantismo e ficção.

Apesar da evolução e da modernização, a telenovela mexicana ainda reflete muito do que poderíamos chamar de núcleo da identidade cultural mexicana. Em outras palavras, muitas telenovelas espelham o que boa parte dos mexicanos acham que eles próprios são: personagens pobres, honestos, que sofrem injustiças cruéis praticadas por uma elite egoísta. Um traço marcante do caráter nacional é esse sentimento de vítima de um sistema injusto e dominado pelos ricos. Aliás, muito da força simbólica da Revolução Mexicana no imaginário nacional vem dessa espécie de complexo de inferioridade analisado de forma recorrente por autores como Octavio Paz. Mas, como se trata de novelas, no final vence o amor.

Como a brasileira, mais recentemente, a telenovela mexicana se globalizou, conquistou corações e mentes em outros países. Uma demonstração disso ocorreu em junho de 2013, durante visita oficial ao México do presidente da China e de sua esposa. Na ocasião, a primeira-dama da China fez um pedido pessoal: queria ver mais novelas mexicanas em seu país.

DEVOÇÃO À NOSSA SENHORA DE GUADALUPE

O 12 de dezembro, dia de Nossa Senhora de Guadalupe, é a maior data religiosa do México. Mais importante até que o Natal. As procissões que se fazem na véspera em sua homenagem na Cidade do México são quilométricas, um oceano humano. Os romeiros carregam imagens da Virgem, seus retratos em várias dimensões, esculturas representando Jesus ou santos, estandartes, bandeiras, faixas... É muito impressionante a visão noturna de uma série de altares que parecem se mover no ar, como se estivessem levitando, mas que na realidade são sustentados por grupos de quatro pessoas que seguem caminhando no cortejo.

As noites de dezembro são muito frias na Cidade do México. Isso parece não ter a menor importância para os devotos da Virgem que saem às ruas. A distância a ser percorrida pela procissão também não parece ser empecilho. Muitos romeiros vêm de cidades a mais de 30 quilômetros de distância da Basílica de Guadalupe. E, entre eles, há de tudo, até bebês de colo e velhas senhoras que só andam com ajuda ou se deslocam em cadeiras de rodas improvisadas.

Rezas, ladainhas e cânticos ecoam ao longo de todo o percurso. Velas e lâmpadas de diversos tamanhos iluminam o interior dos altares com imagens da Virgem. O Paseo de la Reforma e o Paseo de las Palmas – duas grandes artérias da Cidade

A Basílica de Guadalupe, na Cidade do México, atrai anualmente cerca de 2 milhões de peregrinos de diversas regiões do país. Construída em 1976, com capacidade para 10 mil pessoas, chega a abrigar 40 mil.

Sergio Florencio

do México – transformam-se em grande nave de uma mesma igreja. "O fim da procissão é a Basílica. Ou o céu." – como explicou um devoto.

Uma noite eu conversava com um físico mexicano, Ph.D. em Astronomia pela Stanford University. Quando ele abriu a carteira para me entregar seu cartão, pude ver dentro dela uma imagem da Virgem. Se eu estivesse no Canadá, provavelmente a conversa pararia aí. Mas estávamos no México. E veio então a inevitável pergunta: "Você não fica em dúvida entre a ciência e a fé?". Sua resposta não demorou: "De maneira alguma! Eu nunca teria chegado aos astros sem a Virgem!".

Posso estar cometendo uma heresia; mas, para mim, antes de cristãos, os mexicanos são guadalupanos, ou seja, devotos fervorosos de Nossa Senhora de Guadalupe. É óbvio que nem os próprios guadalupanos vão concordar comigo, pois estariam cometendo grave pecado aos olhos da Igreja. Porém, eu vivi três anos no México, onde conheci pessoas de diversos estratos sociais, visitei inúmeras igrejas e constatei a onipresença da imagem da Virgem no cotidiano dos mexicanos.

Para os que creem, a Virgem de Guadalupe, com sua pele morena como a dos índios, teria aparecido pela primeira vez em 12 de dezembro de 1531,[9] em um local que hoje é um bairro da Cidade do México, perto do santuário da deusa indígena Tonantzin, em Tepeyac. Juan Diego, um indígena humilde, foi quem teve a visão da Virgem, que lhe teria pedido que uma igreja fosse construída naquele local. Impressionado com aquela aparição, Juan Diego relatou o ocorrido ao arcebispo da Cidade

Library of Congress, Prints & Photographs Division. c. 1848

Nossa Senhora de Guadalupe ou Virgem de Guadalupe é a padroeira do país e objeto de devoção de quase todos os mexicanos. No seu dia, 12 de dezembro, os devotos convergem para a Basílica de Guadalupe. É a maior festa religiosa do México.

do México, frei Juan de Zumárraga. O sacerdote ordenou que o indígena regressasse ao local e solicitasse à aparição algum sinal milagroso que pudesse provar sua identidade divina. A Virgem então teria dito a Juan Diego que recolhesse no monte Tepeyac rosas de Castilha, flores muito raras na região e mais ainda naquela época do ano. Em novo encontro com o arcebispo, o indígena retirou e abaixou o manto que vestia, de onde caíram inúmeras rosas e no qual se pôde ver gravada a imagem da Virgem.

Muitos estudiosos creditam a aceitação dessa história por parte dos missionários católicos europeus (cuja tarefa era cristianizar os nativos) à necessidade de se mesclar a religião católica com as tradições religiosas dos indígenas e, com isso, facilitar as conversões. Ao longo do período colonial, numerosos santos católicos passaram a ser identificados com deuses pré-hispânicos. Estava aberto o caminho para o sincretismo religioso, que também foi facilitado pela pompa das cerimônias, característica tanto da religião cristã como a dos indígenas, e pelos preceitos de castigo e recompensa, também comuns aos dois universos culturais.

A história do México registra que, de fato, entre 1519 e 1521, os espanhóis destruíram um templo asteca dedicado à deusa-mãe Tonantzin, localizado em Tepeyac, e sobre as ruínas construíram uma capela dedicada à Virgem Maria. Era comum a construção de igrejas católicas exatamente no local de antigos templos religiosos astecas ou maias. O objetivo era catequizar os indígenas, ao mostrar-lhes que novas divindades haviam surgido. Os indígenas da região convertidos ao catolicismo continuaram a frequentar o monte Tepeyac e passaram a dirigir suas orações à imagem da Virgem Maria, do mesmo modo que antes faziam para a deusa indígena Tonantzin. Esses foram os primeiros sinais do sincretismo religioso que seria tão difundido no México. Aliás, nesse sentido, os mexicanos se parecem muito com os brasileiros. No nosso sincretismo, foram as divindades da umbanda que receberam nomes de santos católicos.

Autoridades da Igreja aprofundaram estudos sobre a vida de Juan Diego, que levaram, já no século XX, a sua beatificação. Foi o próprio papa João Paulo II, em missa celebrada na Cidade do México em 1990, que, no anúncio da beatificação, declarou Juan Diego "protetor e advogado dos povos indígenas" e estabeleceu o 9 de dezembro como seu dia festivo. Em 2002, o índio foi declarado santo: São Juan Diego Cuauhtlatoatzin.

Alguns teólogos e historiadores chegaram a questionar os dados oficiais relativos à vida de Juan Diego. As anotações do arcebispo Zumárraga não fazem menção ao evento da aparição nem a Juan Diego. Os arquivos da investigação eclesiástica de 1556 tampouco a eles fazem referência. O historiador e biógrafo de Zumárraga, do século XIX – Juaquín Garcia Icazbalceta –, foi um dos que hesitou em confirmar a versão oficial. Entretanto, o jesuíta Xavier Escalada apresentou, em 1995, um conjunto de dados que satisfizeram as exigências da Igreja e serviram de base para a canonização.

Independentemente, porém, do reconhecimento oficial, a Virgem de Guadalupe é o grande ícone da religiosidade mexicana. Se a Conquista espanhola destruiu as divindades astecas que davam aos indígenas um sentido para a vida, a Virgem de Guadalupe tomou no coração dos nativos o lugar antes reservado à deusa da fertilidade, Tonantzin. Veio, portanto, preencher o vazio resultante da morte dos deuses astecas.

Ao longo dos séculos, tornou-se o símbolo da miscigenação racial, cultural e religiosa: a "primeira mestiça", a "primeira mexicana", o denominador comum que une a maioria dos mexicanos. "Você não pode na verdade ser considerado um mexicano se não acredita na Virgem" – afirma o renomado romancista Carlos Fuentes, no livro *El alma de México*.

Para Octavio Paz, o culto da Virgem é uma centralidade no catolicismo mexicano. O escritor destaca que se trata de uma Virgem índia e também uma Mãe (Guadalupe-Tonantzin, como a chamam ainda alguns peregrinos índios), cujo atributo principal é ser o refúgio dos desamparados. A situação do poder da divindade mudou:

> [...] não mais se trata de assegurar as colheitas, mas de oferecer um regaço, um colo. A Virgem é o consolo dos pobres, fracos e oprimidos. Em suma, é a Mãe dos órfãos. Todos os homens nascemos deserdados e nossa condição verdadeira é a orfandade, mas isso é particularmente verdadeiro para os pobres do México.[10]

O monte Tepeyac fica na parte sul da Cidade do México, ao lado e acima da gigantesca Basílica de Guadalupe, onde ocorrem as cerimônias católicas em louvor da Virgem. Dentro da Basílica fica o "manto sagrado da Virgem de Guadalupe" e a imagem da Virgem nele impressa, datados, segundo a Igreja, de 1531. O bom estado de conservação de ambos em pleno século XXI já é um milagre, acreditam os fiéis. Por isso, numerosos sacerdotes, teólogos e cientistas de diversos países se dedicaram ao estudo da história e da química do manto para demonstrar ou negar sua origem sagrada.

O primeiro registro da existência do manto com a imagem da santa ocorreu quando o arcebispo dominicano do México, Alonso de Montúfar, recomendou a seus paroquianos que se tornassem devotos de Nossa Senhora de Guadalupe.

38 | Os mexicanos

Referiu-se então a uma pintura sobre o manto na capela da Virgem de Tepeyac, onde diversos milagres teriam ocorrido. Poucos dias depois, o franciscano Francisco de Bustamante, em sermão na presença do vice-rei, acusou o dominicano de promover práticas supersticiosas:

> A devoção na capela [...] a que eles deram o nome de Guadalupe, era prejudicial aos indígenas, porque eles acreditavam que era a própria imagem que fazia milagres, contrariamente ao que nossos frades missionários lhes estavam ensinando, e porque muitos ficavam decepcionados quando os milagres não ocorriam.[11]

A polêmica prosseguiu com os franciscanos acusando de superstição o uso da imagem pelos dominicanos e denunciando que ela havia sido forjada, pintada por um indígena. Decidiu-se finalmente que o manto e a imagem nele impressa seriam levados a uma igreja maior. Foi então permitida e estimulada sua adoração pelos fiéis e, assim, cresceu o interesse em torno do fenômeno da aparição da Virgem.

Há ainda uma vasta bibliografia sobre a Virgem de Guadalupe, e grande parte dela é dedicada à demonstração de que a imagem fixada no manto não foi pintada, mas sim resultado de um milagre divino. Francis Johnston, historiador inglês, autor de vários livros e devoto da Virgem, por exemplo, em *El milagro de Guadalupe* (1981), sustenta que os diversos estudos do manto concluem que suas propriedades são inexplicáveis em termos humanos e que a imagem teve origem sobrenatural:

> Através dos séculos, a imagem sagrada foi exposta a infindáveis exames e estudos detalhados por especialistas em arte e cientistas, com o objetivo de determinar se pode haver alguma explicação natural para sua existência. No entanto, até esta data [1981], todas as pesquisas microscópicas, por radiação infravermelho ou por aumento computadorizado da fotografia comprovaram sua origem sobrenatural. [...] O ganhador do Prêmio Nobel de química, o alemão Richard Kuhn, examinou as fibras [do manto] com seu costumeiro cuidado e depois fez um anúncio incrível. Não existia coloração de nenhuma espécie nas fibras. Os materiais utilizados para produzir o que pareciam ser cores eram desconhecidos da ciência, uma vez que não se tratava de tintas animais, nem vegetais, nem minerais. A utilização de coloração sintética foi descartada, pois já se haviam passado mais de três séculos desde a criação da imagem sagrada.[12]

Várias outras histórias (ou lendas) cercam o manto e a imagem, por exemplo, a de que um exame microscópico feito em 1946 teria comprovado não existirem pinceladas no manto, confirmando que se tratava de um objeto sagrado. Carlos

Salinas Chávez, em 1951, teria examinado o rosto estampado no manto "com lente de grande precisão" e feito uma fotografia ampliada do que via. "Quando a lente se deslocou através da pupila do olho direito da imagem", Chávez se surpreendeu ao encontrar dentro dela "as feições e o busto de um homem barbado" identificado "como o de Juan Diego".[13]

Outro relato nos remete aos anos 1920, durante a chamada Guerra Cristera, resultante da radicalização das divergências entre católicos e laicos. Johnston se refere da seguinte forma a esse período:

> Durante a terrível perseguição que sofreu a Igreja no México sob o regime do [presidente] Plutarco Elías Calle nos anos 1920, as igrejas eram fechadas, sacerdotes e monjas eram martirizados, incluindo o piedoso padre Miguel Pro, que em frente ao pelotão de fuzilamento gritou: *Viva Cristo Rei!* Apesar disso, [as autoridades] não se atreveram a fechar o santuário de Nossa Senhora de Guadalupe, com medo de provocar uma violenta insurreição.[14]

Johnston relata que, em lugar de fechar o santuário, os anticlericais "trataram de arrancar a fé do coração dos mexicanos por meio de um diabólico estratagema".[15] Esconderam uma bomba-relógio embaixo do manto e da imagem sagrada da Virgem de Guadalupe. Ao explodir, a bomba teve efeito devastador, quebrou enormes pedaços de mármore, destruiu todas as esculturas do santuário e transformou em migalhas os magníficos vitrais da Basílica de Nossa Senhora de Guadalupe. Mas uma única peça permaneceu incólume à devastação: "a venerada imagem estava completamente intacta, e o fino vidro protetor que a cobria nem sequer fora quebrado, como se um braço invisível a tivesse protegido desse monstruoso estrondo".[16]

Esses relatos podem ser interpretados mais como uma manifestação eloquente da fé dos mexicanos em Nossa Senhora de Guadalupe, que buscam justificá-la com o que defendem ser "provas irrefutáveis", do que como demonstração inquestionável da realidade da aparição ou da origem divina do manto. Em meio a tudo isso, paira o mistério: a fé tem razões que a própria razão desconhece, parodiando Pascal.

NOTAS

[1] Octavio Paz, *El laberinto de la soledad/ Postdata/Vuelta a el laberinto de la soledad*, Ciudad de México, Fondo de Cultura Económica, 2000, p. 51. [1ª edição 1950]. O general Ignacio de Zaragoza foi o herói da Batalha de Puebla, de 1862, quando comandou o Exército mexicano, que derrotou as tropas francesas nessa cidade. Em sua honra, passou-se a denominar Puebla de Zaragoza.

[2] Idem, p. 53.

[3] Idem, pp. 57-8.

40 | Os mexicanos

[4] Idem, p. 70.

[5] Idem, p. 51.

[6] Idem, p. 52.

[7] Octavio Paz, *El laberinto de la soledad*, edición de Enrico Mario Santí, Catedra, Madrid, Letras Hispánicas, 2008, p. 182.

[8] Idem, p. 193.

[9] Há controvérsia sobre a data precisa do aparecimento (9 ou 12 de dezembro), mas a data comemorativa é 12 de dezembro.

[10] Octavio Paz, *El laberinto de la soledad*, edición de Enrico Mario Santí, Madri, Catedra, Letras Hispánicas, 2008, p. 222 (tradução nossa).

[11] D. A. Brading, *Mexican Pheonix: Our Lady of Guadalupe*, Cambridge, Cambridge University Press, 2001, p. 60. (tradução nossa)

[12] Francis Johnston, *El milagro de Guadalupe*, Ciudad de México, Verdad y Vida, 1981 (tradução nossa).

[13] Idem, p. 113. (tradução nossa)

[14] Idem, p. 110. (tradução nossa)

[15] Idem. (tradução nossa)

[16] Idem, p. 111. (tradução nossa)

VIVER NUM PAÍS DE CONTRASTES

De muitos pontos de vista – geográfico, econômico, religioso, cultural –, podemos dizer que os mexicanos vivem em um país de contrastes. Paisagens diferentes compõem o cenário em que eles habitam, sobrevivem, sofrem, trabalham, produzem; os mexicanos sabem que o terreno fértil também pode ser perigoso. Em seu país, passado e presente se entrelaçam. O fervor católico divide espaço com manifestações exóticas de religiosidade. A modernidade econômica é desafiada por problemas sociais arraigados e bandeiras revolucionárias. Abundantes riquezas econômicas convivem com uma profunda pobreza social.

A TERRA

O território mexicano, com cerca de 2 milhões de km², tem o formato de um triângulo invertido, com a parte superior bem larga (a fronteira com os EUA tem mais de 3 mil km) e a base com um terço dessa largura. Dizem que, quando perguntaram a Cortez como era o novo território, ele pegou uma folha de papel, amassou e disse: "Assim é o México". De fato, visto do céu, essa é a imagem que salta aos olhos em razão das montanhas monumentais e dos numerosos rios que delas descem, percorrendo cânions e vales.

A versão mais difundida da geografia mexicana consagra a existência de três grandes regiões: Norte, Centro e Sul.

O México Central, que tem como eixo uma megalópole com mais de 20 milhões de habitantes – a Cidade do México –, é o espaço mais emblemático do país. A região inclui cidades importantes na história mexicana, como Puebla (antiga capital do país), Toluca (capital do estado do México), Guanajuato (berço da Independência, cortada por um labirinto de túneis que reproduzem os caminhos das minas abertas durante o fausto da prata no início do século XIX), Morelia (a mais elegante

42 | Os mexicanos

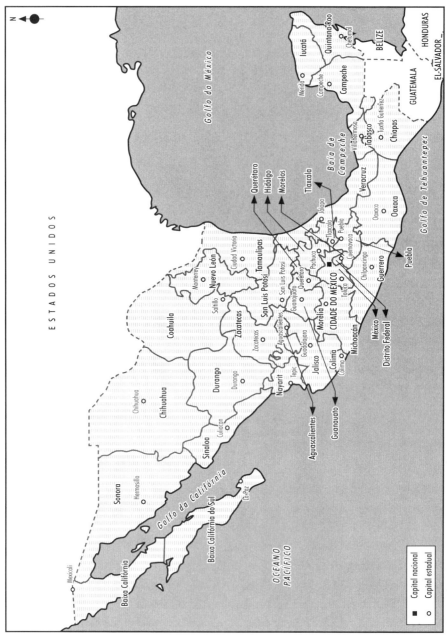

Mapa do México com os estados e principais cidades.

e harmoniosa das cidades mexicanas) e Guadalajara (terra natal de intelectuais brilhantes e da tequila). A região Central ainda engloba a chamada "Vertente do Golfo", com a tropicalidade do clima quente da portuária cidade de Veracruz, local onde desembarcaram Cortez pela primeira vez, as tropas francesas chegadas da Europa para fundar o Império Mexicano (com Maximiliano de Habsburgo) nos anos 1860 e soldados dos EUA durante a guerra que reduziria o território do México à metade. Na época colonial, Veracruz abrigava o único porto atlântico do México. Foi a partir dele que, mais tarde, se construíram as ferrovias que ligam o leste do país à Cidade do México.

A região Norte cobre vasta extensão que vai do Golfo do México, a leste, até o Pacífico, a oeste. Por ela passaram os colonizadores espanhóis, que cruzaram o Rio Bravo pelo antigo Paso do Norte e chegaram até o atual estado americano do Novo México. Nas três últimas décadas do século XIX uma ferrovia reproduziu essa rota e, no século XX, foi construída a rodovia que liga o norte ao centro do país. O Norte abriga cidades economicamente importantes: Aguascalientes, Zacatecas, San Luis Potosí, Monterrey (um dos mais dinâmicos centros industriais do país), Ciudad Juárez (bem próxima à fronteira e famosa, nos anos 1960 e 1970, pelas *maquiladoras* e, a partir dos anos 1990, pela violência e criminalidade associadas ao narcotráfico), Cabo San Lucas e La Paz (duas cidades da Baixa Califórnia) e Durango.

Se o Centro foi o berço da Independência (1810), o Norte é que alimentou as grandes demandas da Revolução Mexicana um século mais tarde, sendo ainda o palco das batalhas decisivas e a terra natal de protagonistas de vulto, como o comandante da Divisão do Norte, Pancho Villa, e o presidente Francisco Madero.

O Sul abriga os estados de Chiapas, Tabasco, Campeche (onde fica a cidade de Villahermosa) e a península do Iucatã (que se transformou na grande região turística do México pelas belas praias, como Cancun e Cozumel, e pelos sítios arqueológicos maias, como Chichén Itzá e Uxmal). No extremo sul fica a famosa cidade de Chiapas (não confundir com o estado de Chiapas).

O território mexicano é coberto de montanhas elevadas, situadas a leste e a oeste, e de um imenso planalto de norte a sul. As duas principais cadeias de montanhas são a Sierra Madre Ocidental, situada ao longo da costa do oceano Pacífico, e a Sierra Madre Oriental, próxima ao Golfo do México. A primeira é uma continuação da cordilheira da Sierra Madre, localizada na fronteira entre México e Estados Unidos. A segunda é a continuação das Montanhas Rochosas, que cobrem a Califórnia. Essas duas cadeias se juntam na região próxima à Cidade do México, formando uma espécie de "v" geográfico. No meio desse "v", fica o grande Planalto Central Mexicano.

O pico mais alto do México se situa na montanha Orizaba (5.747 metros). Próximos à Cidade do México, estão os vulcões Popocatépetl (5.452 metros), ou "Montanha que Fuma", cuja erupção mais recente ocorreu no ano 2000, aterrorizando a população; e o Iztaccíhuatl (5.386 metros), também conhecido como "Mulher Dormindo", por sua forma longitudinal. As montanhas mais elevadas do México – normalmente com picos cobertos de neve – têm vulcões, alguns deles ativos. No país há hoje cerca de 12 vulcões sendo constantemente observados por parte de cientistas pelos riscos de erupção. Em 1982, no sul do México, um deles provocou a morte de 187 pessoas.

Essa geografia vulcânica tem numerosas consequências na agricultura, na economia, na psicologia do povo e até mesmo na arena política. Os solos vulcânicos constituem terras extremamente férteis, que permitem grande variedade de cultivos e alta produtividade da terra. A produção da tequila – símbolo nacional e bebida exportada para praticamente todo o mundo – se dá graças aos solos vulcânicos da região de Guadalajara.

A convivência íntima com os vulcões também impregnou a alma do povo. As antigas civilizações mesoamericanas homenageavam divindades com poderes de controlar a natureza. Os abalos sísmicos que afetam de forma impiedosa diversas regiões do país contribuíram para certo fatalismo diante da vida, tão presente em populações indígenas do México.

O terremoto de 1985 (de 8.1 graus na escala Richter) provocou centenas de mortes e a destruição de numerosos prédios e até de áreas inteiras da Cidade do México, por exemplo, e é até hoje lembrado com tristeza e temor pela população. Qualquer *tremblor* (tremor de terra) ou mesmo um terremoto com o epicentro distante e de pouca intensidade provoca entre os mexicanos um medo muitas vezes maior que o dos visitantes, pois despertam nos habitantes as lembranças da destruição provocada pela tragédia de 1985. Na ocasião, a destruição incidiu muito mais sobre as casas precariamente construídas na periferia da Cidade do México do que sobre os bairros ricos, como Lomas, Polanco e Chapultepec. Aquele terremoto também deixou evidente o fenômeno da corrupção da máquina pública mexicana: nas artérias principais da cidade, a maioria dos edifícios que caíram e foram destruídos de forma irrecuperável eram construções (mal)feitas pelo governo – em visível contraste, prédios de empresas privadas localizados nos mesmos terrenos pouco sofreram.

As terras de solo vulcânico – onde se cultiva com sucesso milho, feijão, abóbora, batata e pimenta – estão localizadas na metade sul do Planalto Central. Na metade norte do Planalto Central Mexicano, encontramos áreas desérticas, mas principalmente áreas de vegetação rasteira, ocupadas por grandes fazendas de gado e intensa atividade mineradora (prata, ouro, zinco, carvão e ferro).

O México tem duas grandes penínsulas: a do Mar de Cortez e a do Iucatá. A primeira é a maior do mundo, situa-se entre o continente e a Baixa Califórnia (região de grande beleza pelas falésias e por suas águas azul-turquesa, visitada por cerca de 2 milhões de turistas por ano, a maioria americanos e canadenses) e é também conhecida como Los Cabos. A península do Iucatá fica na costa do Caribe, tem lindas praias (como Cancun e as da ilha de Cozumel) propícias à pesca submarina e ao mergulho contemplativo em razão de seus recifes de coral e de suas águas cristalinas, sendo muito visitada por turistas de diversas partes do mundo.

Historicamente, houve uma migração da corrente turística da costa oeste, no Pacífico, para a extremidade leste, no Caribe. Entre os anos 1950 e os anos 1970, Acapulco era a grande atração turística, com suas enseadas, seus morros verdejantes, suas praias plácidas. Hollywood namorava Acapulco. O "Tarzan" Johny Weissmuller tinha ali sua bela mansão, Elvis Presley cantava e filmava nessas praias. Depois dessa época, Cancun tornou-se a queridinha dos turistas, que a procuram por suas praias, mas também por sua proximidade com santuários maias interessantíssimos, como o sítio arqueológico de Tulum. Por lá é possível tomar um "banho de mar cultural", pois basta sair do mergulho, levantar os olhos e se deparar com admiráveis edificações da cultura maia.

O ESTADO DE CHIAPAS

Para os que conhecem a história do México, visitar o estado de Chiapas pode causar forte emoção (como ocorreu comigo), pelo fato de ser o lugar onde viveu o bispo Bartolomé de las Casas, o grande defensor dos indígenas no século XVI, época em que parte da Igreja Católica achava que eles não eram seres humanos. Las Casas insurgiu-se contra aqueles que sustentavam que os indígenas deveriam ser sumariamente escravizados por serem pagãos e selvagens e, assim, contribuiu para o fim da escravidão indígena no México.[1] Em sua homenagem, a capital do estado tem o nome de San Cristóbal de las Casas e ainda hoje é uma graciosa cidade, bastante visitada por turistas, com edificações em estilo colonial (que exibem paredes brancas de estuco, telhados vermelhos e arcadas harmoniosas) e praças arborizadas. Nessa cidade, há uma rua de pedestres com o sugestivo nome de Andador Eclesiástico, que une o Templo de São Domingo, a mais bela igreja da cidade (sua fachada barroca cor-de-rosa ganha um colorido mágico nos finais de tarde), ao Arco de Carmem, construído no mais puro estilo mourisco em 1680. Nas adjacências de San Cristóbal há vários vilarejos habitados por indígenas que ainda hoje falam línguas maias, exibem vestimentas e costumes de seus ancestrais. Nas últimas décadas, San Cristóbal recebeu um grande influxo de indígenas originários do chamado "Cinturão da Miséria", um conjunto de colônias instaladas próximas ao perímetro urbano, local de extrema pobreza e violência.

Chiapas foi também palco da primeira grande cultura (a "cultura mãe" do México, segundo alguns antropólogos) que povoou as terras mexicanas, a olmeca. Aos olmecas é atribuída a instauração de padrões que, mais tarde, iriam pautar outras civilizações da Mesoamérica, como a maia, a teotihuacana e zapoteca: o uso do calendário, da escrita, de sistemas numéricos e de determinados princípios de arquitetura urbana; o culto ao jaguar como divindade; a dimensão divina atribuída à pedra jade; e o papel sagrado dos jogos de pelota.

A civilização olmeca atingiu seu auge no período de 800 a.C. a 400 a.C., em Chiapas, depois de ter ocupado por um longo período a região de Veracruz (no Golfo do México). Os olmecas nos legaram esculturas colossais de cabeças humanas com chapéu de guerreiro, esculpidas em pedra de basalto, que chegam a três metros de altura. No Museu de Antropologia da Cidade do México, podemos encontrar algumas dessas cabeças gigantescas realmente impactantes. São rostos arredondados de aspecto infantil (tipo *baby face*), com nariz achatado e lábios saltados para cima, que lembram também a figura do jaguar.

Chiapas ainda abrigou o esplendor da cultura maia, em especial na região onde se encontra a cidade de Palenque, ainda hoje admirada pela harmoniosa beleza arquitetônica e por seus objetos arqueológicos. Palenque foi edificada no século VII, sob a liderança de Pakal (cujo túmulo, descoberto apenas em 1952, guardou por séculos um valiosíssimo tesouro). Seu conjunto arquitetônico era muito rico e elaborado, com edificações enfeitadas com baixos relevos em vermelho, azul e amarelo. Os exemplares das edificações que restaram, chegando até nós, parecem incrustados na exuberante floresta que ainda cerca a cidade.

No período clássico maia, Palenque chegou a ser uma das cidades mais poderosas, sendo a sede da notável dinastia Pakal. Ao final desse período, a cidade foi abandonada por seus habitantes e invadida pela selva. Perdeu-se toda referência sobre sua existência. Quando Cortez chegou ao local, não identificou a cidade. Palenque ressurgiu no final do século XVIII graças a pesquisas empreendidas por intelectuais *criollos* (o termo *criollos* designa os descendentes de espanhóis nascidos nas Américas). E, com o tempo, tornou-se um significativo centro turístico. Atualmente, Palenque chega a receber cerca de 7 mil visitantes por dia nos meses de verão.

O estado de Chiapas, além de guardar enorme riqueza histórico-cultural, fornece mais da metade da energia hidrelétrica do México, possui importantes reservas de petróleo e gás e tem grandes plantações de café. Apesar de tudo isso, Chiapas é o estado mais pobre do México, com a mais alta taxa de analfabetismo e uma população de origem indígena com renda média correspondente a apenas um terço da renda da população branca.

O paradoxo da convivência de abundantes riquezas econômicas com uma profunda pobreza social esteve na raiz dos fenômenos que marcaram a evolução de Chiapas e causaram forte impacto no México, desembocando na chamada Rebelião de Chiapas, ocorrida nos anos 1990.

Rebelião

Em primeiro de janeiro de 1994, o México assinou com os EUA (e o Canadá) o Nafta (Tratado de Livre Comércio da América do Norte), um grande marco na aproximação política e econômica entre os dois países. Depois de vários anos de negociações complexas e delicadas, tanto internamente como junto aos EUA, o governo mexicano finalmente celebrava o que considerava um enorme avanço para o país. Em contraste com essa atmosfera de júbilo, naquele mesmo dia explodiu em Chiapas uma rebelião de grandes proporções. Era um levante de camponeses, em sua grande maioria indígenas, e alguns *mestizos* (fruto da união de indígenas com brancos) que formavam o Exército Zapatista de Libertação Nacional (EZLN), sob a égide de uma figura enigmática e sempre mascarada – o subcomandante Marcos.

Naquele momento, a insurreição causou enorme surpresa. Afinal de contas, em grande medida, com o término da Guerra Fria, muitos movimentos revolucionários de cunho socialista haviam perdido vigor e uma nova ordem econômica, de inspiração liberal, parecia prevalecer em muitas partes do globo. O Nafta, de inspiração liberal, simbolizava esse novo mundo globalizado. Para o presidente da República, Salinas de Gortari, que havia sido o grande arquiteto do Nafta e inaugurava seu mandato naquele mesmo dia, o México dava um enorme passo em direção à modernização e ao crescimento econômico. O setor empresarial comungava dos mesmos ideais.

Apesar disso, o sul do México, especialmente Chiapas, vivia uma realidade bem diferente. Os camponeses se sentiam vítimas de exclusão social prolongada durante décadas. Eles haviam tido um surto de esperança com a Revolução Mexicana de 1910, que se afirmou sob o lema "Terra e Liberdade", cunhado pelo líder Emiliano Zapata. Mas o alento teve curta duração e a espoliação dos camponeses voltou a imperar. Nos anos 1930, os ventos de mudança derivados dos *ejidos* (terras comunitárias, na tradição indígena) criados pelo presidente Lázaro Cárdenas, um grande líder popular, foram fruto de uma verdadeira reforma agrária, que fez com que os camponeses assumissem o efetivo direito ao uso da terra em proveito da comunidade. O sistema funcionou bem até meados dos anos 1960. Mas o acelerado crescimento demográfico, com famílias mais numerosas, gerou subdivisão das pequenas propriedades (minifúndios), com consequente queda de produtividade e pressões para mudanças na estrutura fundiária.

Nos anos 1980, as reformas liberalizantes abriram a economia, e o setor agrícola foi bastante afetado. O primeiro impacto ocorreu com o mais tradicional e importante produto mexicano, o milho, que passou a ser importado dos EUA, juntamente com o arroz e o trigo, a preços bem mais baixos. No México, a partir daí, esses cultivos cederam lugar ao agronegócio dedicado à exportação de frutas e verduras para o mercado norte-americano. O comércio exterior de produtos agrícolas entre México e EUA, no período posterior à assinatura do Nafta (1994-2006), apresentou resultados equilibrados, sem saldos comerciais expressivos para qualquer uma das partes.[2] Porém, o grande problema foi o impacto social dessa abertura de mercado. A agricultura de subsistência e os minifúndios sofreram com a crescente competição externa e, portanto, os camponeses pobres não foram beneficiados com o progresso econômico. Perderam suas terras e tiveram que migrar para as cidades, onde fizeram aumentar os índices de desemprego, exclusão social, marginalidade urbana e violência.

Foram esses enormes contingentes de camponeses, excluídos dos benefícios da modernização e da abertura da economia, que conformaram o EZLN. A rebelião que provocaram seria um trauma na vida política e social do México.

Evidentemente, a data para a eclosão do movimento rebelde não foi gratuita. Enquanto o governo e o empresariado mexicanos exultavam com as celebrações do Nafta, os rebeldes zapatistas deflagraram uma rebelião em quatro cidades do estado mais pobre da federação. A cidade de San Cristóbal foi um dos centros tomados pelos revoltosos, que saquearam prédios do governo, ocuparam instalações industriais, amedrontaram empresários e subverteram a ordem local. A rebelião gerou conflitos violentos e desiguais entre insurgentes e forças regulares do Exército. O presidente Salinas chegou a decretar um cessar-fogo unilateral, mas suas negociações não avançaram. Finalmente, já no ano 2000, os zapatistas e seu líder concordaram em marchar rumo à Cidade do México e negociar com o Congresso.

Muitas de suas propostas, porém, foram de cara consideradas irrealistas ou utópicas, não sendo sequer discutidas. Entre elas estavam: autorização para os povos indígenas organizarem governos autônomos; reconhecimento oficial de todas as línguas faladas pelas distintas etnias; reconhecimento de que a terra deve pertencer aos povos indígenas que nela trabalham, e não aos latifundiários; caracterização de todos os grupos defensores de direitos humanos como não governamentais (já que aqueles ligados a governos "apenas escondem suas ações arbitrárias").[3]

De fato, a luta dos zapatistas se aproximou da utopia. O próprio subcomandante Marcos parecia um herói saído de livros de aventura. Sua imagem mais conhecida: um guerrilheiro fumando seu cachimbo com o rosto escondido por uma máscara de esqui. Quando a enigmática identidade foi finalmente revelada, viu-se que o líder zapatista era um professor catedrático de Desenho da Universidade Autônoma de Xochimilco, na Cidade do México. Inspirado prosador e poeta, o sonho do subcomandante era ganhar as mentes e os corações mexicanos para uma cruzada contra doutrinas neoliberais inspiradas na hegemonia do mercado.

Contudo, o movimento rebelde não deixou de ter uma dimensão legítima que refletia as profundas injustiças sofridas por camponeses (indígenas e *mestizos).* A parte final do documento de demandas do EZLN era um inspirado libelo contra a injustiça social.

> Para nós, os menores dessas terras, sem face e sem história, armados com a verdade e o fogo, saídos da noite e da montanha, os homens e mulheres de verdade, os mortos de ontem, hoje e sempre [...] para nós, nada. Para os demais, tudo. Liberdade! Justiça! Democracia![4]

Muitas de suas reivindicações – combate à miséria e à fome, construção de mais hospitais e de casas, programas de alfabetização[5] – foram reconhecidas como justas. Mas, mesmo assim, acabaram não se materializando. Embora o Exército Zapatista e sua utopia continuem a habitar o imaginário mexicano, o movimento perdeu vigor e visibilidade. A capacidade de mobilização de massas de seu líder, o subcomandante Marcos, declinou. A carta escrita por ele, porém, não deixou de surpreender: "Às duas horas e oito minutos do dia 25 de maio de 2014, na frente de combate sudeste do EZLN, declaro que deixa de existir o subcomandante insurgente Marcos, o autodenominado 'subcomandante de aço inoxidável'".

A MAGIA DO POVOADO DE SAN JUAN CHAMULA

> Por favor, tomem todo o cuidado! As pessoas daqui prezam muito os costumes e os cultos primitivos. Não tirem fotografias! Repito: não tirem fotografias. Depois eu explico melhor. Mas obedeçam, senão vocês podem ser expulsos da cidade. Fiquem sempre juntos. Evitem comentários ou risos.

Nossa guia, sempre simpática, solícita e divertida, estava preocupada e séria. Suas advertências soavam estranhas para nós que visitávamos pela primeira vez San Juan Chamula, um povoado tido como mágico, com 50 mil habitantes, situado a meia hora de carro de San Cristóbal.

Caminhávamos pela cidade acompanhados de professores e estudiosos da cultura local. Logo notamos que não havia policiais, mas alguns homens, jovens e velhos, vestidos com um estranho colete branco grosso feito de pele de carneiro, segurando um pedaço de pau na mão, pareciam ser os encarregados de manter a ordem local. Perguntei de onde vinham, se eram policiais federais. Responderam-me que eles eram dali mesmo e não tinham qualquer vínculo com o governo.

Sentimos falta de cartazes com indicação de algum prédio público ou obra governamental. A explicação que veio parecia incompreensível: aqui o Estado mexicano não entra, ou melhor, para entrar, precisa pedir licença.

Mas, e a educação, a cultura, a saúde, o transporte? Tudo só pode ser feito com a prévia autorização dos cidadãos de San Juan Chamula. Eles é que mandam.

Como são cumpridas aqui as leis do país, a Constituição? Nessa cidade vigoram leis próprias. Não há tribunais nem juízes ligados ao Estado mexicano. Os impostos federais, estaduais e municipais aqui não se aplicam.

Há muita violência e criminalidade? Não, há muito pouca. Os índices de violência são os mais baixos de todo o país. Quem faz cumprir a lei? Quem define as penas pelos crimes? São os cidadãos de San Juan. Eles têm um pequeno Conselho que julga conflitos, crimes, define as penas e dá ordem de prisão.

As respostas eram cada vez mais surpreendentes. Os latino-americanos de nosso grupo, com o peso da Coroa lusa ou espanhola nas costas e a memória do Estado patrimonialista na cabeça, eram os mais perplexos.

Finalmente eu havia descoberto um paraíso na terra? Um verdadeiro autogoverno, onde as decisões eram tomadas por votação em praça pública, *à la* Grécia antiga. Lembrei-me das comunidades de abelhas, em que tudo funciona com ordem e paz social.

Antes de entrarmos na igreja local, um dos professores resolveu dar algumas explicações:

> A igreja tem imagens de santos católicos, mas padre não entra! Ou melhor, entra uma única vez no ano, no dia do batismo coletivo. A igreja não tem bancos; dentro dela, os fiéis ficam em pé ou sentados no chão. As imagens dos santos têm cabelos e seguram um espelho para afastar os maus espíritos e desviar o mau-olhado. O chão é coberto de folhas, sobretudo de pinheiros, e está repleto de garrafas de Coca-Cola.

Quando nosso professor falou de Coca-Cola num templo que combinava ritos maias e cristãos, todo mundo ficou muito intrigado. Logo veio a explicação:

> A Coca-Cola é parte essencial dos rituais locais. Eles têm muito de adoração a divindades que são uma mescla de divindades maias e santos católicos, como São João Batista (o mais venerado), Santa Madalena ou Santa Marta. Mas são também rituais de exorcismo e de cura. Neles, os curandeiros receitam incenso, velas, flores, plumas. Tudo isso é trazido para a cerimônia pela família do doente, que se ajoelha no chão da igreja com esses objetos. Essas pessoas também trazem o *potash*, uma bebida muito forte extraída da cana, e Coca-Cola. Todos então tomam Coca-Cola para, em seguida, arrotar. Com isso, consideram-se livres dos maus espíritos! Nos casos de cura mais difíceis, os fiéis levam para a igreja uma galinha viva. Sentam-se no chão e após beberem Coca-Cola e arrotarem, sacrificam a galinha. Abençoadas então pelo curandeiro, as pessoas se retiram sentindo-se livres do mal.

Assim são a vida e as crenças em San Juan Chamula. Paradisíaco ou aterrador? De qualquer forma, é mais um exemplo da complexidade que é o México.

"MUSEUS A CÉU ABERTO"

Assim podem ser chamadas, entre outras, as cidades mexicanas de Guanajuato, Guadalajara, além da própria Cidade do México. Vejamos por quê.

Guanajuato: a cidade onde todos se perdem

Na primeira vez que visitei Guanajuato com minha mulher, paramos na entrada da cidade espantados com o número de jovens se oferecendo para orientar sobre como chegar até o centro. Preferimos explorar os caminhos por conta própria. Péssima decisão. Uma hora depois, resolvemos voltar à estaca zero, contratar um jovem guia e só então pudemos chegar aonde queríamos.

Se você passa numa loja, gosta de algum objeto e decide voltar depois para comprá-lo, é melhor esquecer. Vai perder sua autoestima e não vai encontrar a loja. A coisa ainda piora porque a paisagem urbana é tão irregular, pitoresca e colorida que você se distrai o tempo todo. E se perde.

A cidade está localizada onde, no passado colonial, se encontravam diversas minas de prata e uma topografia muito acidentada, com uma sucessão de colinas. As escavações foram exigindo túneis, e muitos deles passaram a se comunicar. Com

Os numerosos túneis das antigas minas de Guanajuato foram alargados e transformados em túneis para carros. O resultado é um intenso trânsito subterrâneo. Na foto, a saída de um desses túneis.

o esgotamento da produção de várias dessas minas e com a necessidade de melhorar o trânsito da cidade, o governo fez obras de recuperação dos túneis existentes e construiu novos. Assim, o trânsito da cidade hoje corre debaixo da terra. Com esse urbanismo tão peculiar, é muito fácil se perder em Guanajuato.

Fundada em 1559, Guanajuato logo ficou famosa por suas minas de prata. La Valenciana, a mais conhecida, produzia sozinha um quinto de toda a prata extraída do México. Do século XVI ao XVIII, três cidades coloniais mexicanas – Guanajuato, Zacatecas e San Luis Potosí – produziam um terço de toda a prata do mundo! Essa riqueza excepcional permitiu a edificação na região de prédios públicos, residências oficiais e igrejas monumentais preservados até hoje, o que assegurou a inclusão da cidade na lista do Patrimônio Histórico da Humanidade.

A mina La Valenciana ainda produz prata, ouro, níquel e zinco. Por isso, os visitantes não podem conhecer seu interior. Contudo, do lado de fora está o Templo La Valenciana (ou Igreja de São Caetano), construído no melhor estilo *churigueresco* – uma modalidade requintada do barroco, extremamente ornada e com muito mais detalhes que o rococó. Uma das histórias ligadas à igreja conta que o proprietário da mina, conde de Rul, bancou sua construção em 1788 como forma de expiar a culpa pela exploração desumana dos mineiros. Verdadeiro ou não, o fato é que sua fachada exuberante, seu interior ornado com folhas de ouro e suas pinturas do chão ao teto conformam um impiedoso contraste com as condições miseráveis dos mineiros mexicanos daqueles tempos.

Hoje, a cidade também se orgulha de ser o berço do grande muralista Diego Rivera; mas, no passado, as posições políticas marxistas do artista irritavam profundamente a elite conservadora local, o que fez com que, por muitos anos, ele fosse rejeitado no lugar onde nasceu. Atualmente, a casa onde Rivera passou boa parte da infância aloja um museu, onde estão expostos alguns de seus desenhos e esboços de pinturas murais. Nesse caso, os conflitos do passado foram superados em nome da preservação de um patrimônio histórico-cultural capaz de atrair turistas e divisas para a cidade.

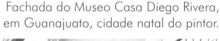

Fachada do Museo Casa Diego Rivera, em Guanajuato, cidade natal do pintor.

Pablo Fossas

Guadalajara, a mais mexicana

Os que defendem esse epíteto argumentam que diversos símbolos da mexicanidade foram criados nessa cidade: a tequila, a música dos *mariachis* (segundo alguns) e o *sombrero*. De todo modo, Guadalajara realmente conserva traços "muito mexicanos", além da arte de grandes pintores. O Teatro Degollado exibe um friso decorado com as imagens de Apolo e das Nove Musas e uma parede pintada por Gerardo Suárez com temas da *Divina Comédia*, de Dante. O Palácio do Governo tem um grande mural feito por José Clemente Orozco retratando Miguel Hidalgo, herói da Independência, que segura uma imensa tocha diante de uma multidão exaltada. O Instituto Cultural Cabañas – um complexo de 23 pátios que abrigou durante mais de 150 anos um orfanato para até 450 crianças e que hoje é um centro cultural e Patrimônio Mundial desde 1997, segundo a Unesco – exibe as pinturas mais impressionantes de Orozco, incluindo o *Homem de fogo*, no domo do edifício. Só seu centro urbano tem uma dúzia de igrejas nos mais diversos estilos; na catedral, podemos reconhecer o neoclássico, o barroco e o *churigueresco.*

Não são só a arte e a cultura mexicana que orgulham os habitantes locais e atraem turistas a Guadalajara. Seu maior campo de futebol, o Estádio Jalisco, também é muito famoso, além de despertar boas lembranças da Copa de 1970 (*El mundial*) entre brasileiros e mexicanos. Aliás, a atuação da "seleção canarinho" dessa época ainda é bastante lembrada por lá.

Estive em Guadalajara pela primeira vez em 1974. Bastava eu dizer que era brasileiro que ouvia uma declaração de amor à "equipe canarinho" do Brasil acompanhada de um sorriso de meu interlocutor. Na ocasião, achei impressionante o número de taxistas que sabiam de cor a escalação da seleção brasileira. A Copa do Mundo de 1970 foi no México. Como em Copas anteriores, quando a seleção mexicana era eliminada do torneio, os mexicanos passavam a torcer pelo time brasileiro como se fosse a sua seleção. Em 1970, essa torcida foi tão forte que, quando o Brasil jogou a semifinal contra a Inglaterra, em Guadalajara, os mexicanos fizeram vigília em frente ao hotel dos ingleses e não deixaram o time adversário dormir. Essa história ficou famosa na cidade e entre os brasileiros que vivem no México.

Voltei a Guadalajara em 2008, 34 anos depois. Fui visitar o famoso Estádio Jalisco, onde o Brasil havia se classificado para a final, ao vencer a Inglaterra na Copa de 1970. O taxista que me levou ao estádio, ao saber que eu era brasileiro, escalou a linha da "seleção canarinho"! Em seguida, desatou a falar de futebol, dos muitos craques brasileiros atuais que ele conhecia (Ronaldo, Ronaldinho, Kaká...), elogiou várias vezes nosso futebol, mas sem deixar de fazer a inevitável ressalva: "O futebol brasileiro é muito bom, mas não há nada como a equipe de 1970".

Cidade do México

Na capital do país, é fácil sentir-se personagem de um romance de realismo mágico. Ao sair para caminhar pela Cidade do México, você poderá fazer coisas insólitas, como: cumprimentar gigantescas esculturas olmecas; dar bom-dia a deuses maias; venerar a Serpente Emplumada; subir a pé até o sol e a lua, cada um com sua pirâmide, em Teotihuacan; saudar o bravo Cuauhtémoc; e lembrar-se do triste Montezuma, o imperador asteca que se rendeu ao invasor espanhol.

Em muitas cidades da América Latina e da Europa, o centro, em geral, é uma área deserta nos fins de semana. Na Cidade do México ocorre o contrário. É um mar de gente na praça principal (Zócalo), que contém, de um lado, a Catedral Metropolitana (expressão de uma instituição religiosa que durante séculos mandou

A construção da Catedral Metropolitana começou em 1573 e se prolongou por todo o período colonial. Está localizada sobre as ruínas do Templo Mayor. Na foto, vê-se a catedral e o mural que cerca as ruínas do templo asteca. Os dois monumentos estão na praça Zócalo, no centro da Cidade do México.

56 | Os mexicanos

A Cidade do México tem um dos trânsitos mais caóticos e uma das maiores redes de metrô do mundo. Apesar da grande extensão e das numerosas linhas, os metrôs estão sempre lotados.

no país e foi parte importante nas Guerras da Reforma no século XIX), de outro, o majestoso Palácio Nacional, símbolo do poder temporal durante a época colonial e na República. Entre essas edificações está o Templo Mayor, lembrança da hegemonia do Império Asteca no passado e sinal do respeito popular pelas heranças históricas. Em suas proximidades, encontramos xamãs ocupados com pessoas que lhes pedem proteção para o corpo e o espírito; para isso, oferecem "rituais de descarrego", que consistem em passar plantas e ervas pelo corpo do paciente, em meio a muita fumaça, enquanto evocam o auxílio de espíritos e divindades indígenas. Enfim, em um domingo típico, o Zócalo revela uma profusão de sons, músicas, cheiros, sabores, rituais xamânicos e danças indígenas.

    Nessa imensa metrópole do século XXI que é a Cidade do México, com todos os problemas comuns às cidades grandes (trânsito complicado, poluição, concentrações humanas...), o passado está nas ruas. A cidade o revive a todo instante. Se o México é um dos países com maior presença de arte pública, a Cidade do México é a campeã nesse quesito. O Paseo de la Reforma, avenida larga, com jardins de

O *pesero* é um tipo de micro-ônibus muito barato e utilizado pela população pobre da cidade. A palavra *pesero* é derivada de *peso*, a moeda nacional do México. Em geral a passagem custa um peso.

flores bem cuidadas ao longo de todo o ano, por exemplo, é povoado de esculturas dos mais diversos estilos. Entre outros, lá há um exemplar de arte contemporânea, o *Caballito* (uma imensa escultura abstrata de um cavalo vermelho com formas estilizadas), convivendo com esculturas convencionais de heróis e de animais, e ainda com objetos de arte puramente abstrata.

Na parte central dos vários cruzamentos ao longo do Paseo de la Reforma, há grandes monumentos, com esculturas ricamente trabalhadas, chamados *glorietas,* feitas em homenagem a personalidades históricas ou divindades: Diana, a Caçadora; Cuauhtémoc, o primeiro grande herói mexicano, um índio que resistiu ao exército de Cortez; o Anjo da Independência, o mais alto de todos. Essa presença marcante de monumentos nas ruas torna certas explicações sobre como se orientar na cidade muito saborosas: "Você passa o Cuauhtémoc, segue em frente, passa a Diana, vai reto, dobra à esquerda no Anjo e continua pela avenida Insurgentes". Mesmo assim, ninguém escapa de perder-se nessa megalópole de 20 milhões de habitantes. Quem gosta de história também fica perdido, mas se diverte.

Paseo de la Reforma – extensa avenida da Cidade do México – exibe diversas rotatórias chamadas de *glorietas*. São monumentos em homenagem à glória de divindades ou personagens históricos. Na foto, à esquerda, está *Diana, a Caçadora* e, em seguida, a *glorieta* do Anjo da Independência.

Em um curto trecho do Paseo de la Reforma, há também uma grande concentração de museus. Praticamente um ao lado do outro, estão o Museu de Antropologia, o Castelo de Chapultepec, o Museu Tamayo, o Museu de Arte Moderna, o Museu Histórico Nacional (ou do Caracol) e o Museu do Papalote. Aos domingos, quando a entrada é gratuita, esses museus são visitados por um grande contingente, dos mais diversos grupos sociais, com predominância de famílias mais pobres, com crianças acompanhadas dos pais.

O mundialmente famoso Museu de Antropologia é a "praia da cidade do México", onde, segundo um amigo meu, "estamos sempre tomando banho de História". Outro museu bastante concorrido é o de História Nacional, no Parque de Chapultepec. Nele está o castelo erguido pelo imperador Maximiliano, da casa dos Habsburgo, irmão do imperador austríaco Francisco José e sobrinho da

Viver num país de contrastes | 59

Carlos Slim, grande empresário de telecomunicações mexicano, foi considerado recentemente o homem mais rico do mundo. Em memória de sua esposa, construiu na Cidade do México o Museu Soumaya, que abriga 66 mil obras dos mais reconhecidos artistas do impressionismo, surrealismo e renascimento italiano. Sua arquitetura vanguardista se inspira em Rodin.

princesa Leopoldina, esposa de nosso D. Pedro I. De um influente grupo da elite conservadora mexicana, Maximiliano recebeu o título de imperador do México, que sustentou entre 1864 e 1867, quando morreu fuzilado pelas tropas do presidente Benito Juárez. A avenida da Imperatriz, hoje Paseo de la Reforma, é obra desse imperador inusitado. Nos jardins do Castelo de Chapultepec há um destacado monumento aos "Meninos Heróis", cadetes do Colégio Militar que morreram ao tentar defender o castelo no último grande enfrentamento da Guerra entre EUA e México, a Batalha de Chapultepec, em 1847, cuja história é ensinada às crianças mexicanas como um grande exemplo de bravura. As crianças, aliás, lotam os espaços do Museu de História Nacional, fazendo anotações e registrando os feitos dos heróis nacionais, entre os quais os da Independência e da Revolução Mexicana são os mais estudados e respeitados. As figuras humanas, os retratos, as armas e as miniatura ajudam a contar seus feitos e aventuras para os visitantes. Uma cena bastante comum nesse museu é a de um pai discursando sobre a História mexicana, com paixão, para os filhos atentos. Isso não tem paralelo nos demais países latino-americanos.

O Castelo de Chapultepec é um ícone da história do México. Palco da batalha de 1847, seria, anos depois, a residência do imperador Maximiliano de Habsburgo, que ocupou o trono do país de 1864 a 1867.

A presença significativa de obras de arte em espaços públicos, o grande número de museus e uma intensa política cultural promovida pelo Estado na Cidade do México não se dão por acaso. Uma história movimentada com reconhecidos triunfos e tragédias, a vizinhança com uma superpotência que absorveu metade do território mexicano original e o fato de ter sido berço da primeira grande revolução do século XX servem de explicação para essa característica tão marcante da capital do México.

Não é arriscado dizer que o passado é algo sempre presente na alma mexicana. É fonte de orgulho nacional e valorização do país. Além disso, para muitos, serve de contraponto à atualidade, vista, de maneira geral, como produto de um sistema político injusto, com elites egoístas, voltadas apenas para a satisfação de seus interesses particulares, esquecendo o país, explorando o povo...

Orgulho nacional e vergonha de seus problemas sociais, essa é mais uma das tantas contradições vividas pelos mexicanos em seu "país de contrastes".

NOTAS

[1] Bernardo Garcia Martinez, "La Creación de Nueva España", em *Historia General de México*, El Colégio de México, Centro de Estudios Históricos, 2008, p. 249.

[2] Enrique Krauze, "México contemporâneo (1988-2008)", em *Historia de México*, coordinación Gisela Von Wobeser, Mexico, FCE, SEP, Academia Mexicana de Historia, 2010, p. 267.

[3] Idem, pp. 641, 642 e 644.

[4] Idem, pp. 644-5.

[5] "Ejercito Zapatista de Liberación Nacional. Communiqué from the Clandestine Revolutionary Indian Committee-General Command (CCRI- CG) of the EZLN", em *The Mexico Reader*, edited by Gilbert M. Joseph and J. Henderson, New York, Duke University Press, 2002, pp. 639-42.

ANTES DA CONQUISTA ESPANHOLA

Os primeiros habitantes da região onde hoje está o México lá chegaram há cerca de 25 mil anos. Alimentavam-se de frutos silvestres e dos produtos da caça e da pesca. Bem mais tarde, passaram a cultivar *calabaza* (abóbora), pimenta, feijão, milho e a produzir cerâmica, objetos de madeira e tecidos de algodão. Com esses pioneiros da chamada Mesoamérica (região onde hoje ficam os estados mexicanos de Oaxaca e Chiapas, parte da Guatemala e a área do Golfo do México próxima a Veracruz e Tabasco), formou-se uma "cultura originária",[1] que influenciaria muitas outras.

A primeira cultura mesoamericana a florescer, entre 1200 e 500 a.C., foi a olmeca. Os olmecas, ocupando uma região muito úmida, banhada por vários rios, praticavam agricultura rudimentar, sem irrigação, avançando na floresta quando a terra se tornava improdutiva. Os olmecas também tinham seus artesãos e pessoas particularmente dedicadas a promover ritos religiosos de adoração das divindades e a ensinar crianças e jovens.[2] Eles produziram as já citadas gigantescas cabeças feitas em basalto e altares com representações de deuses. As famosas *stelae* olmecas

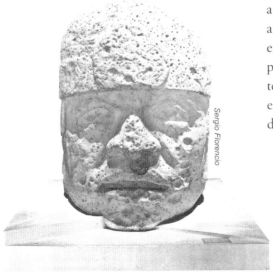

A cultura olmeca, a mais antiga do México, ficou conhecida pela representação de cabeças humanas gigantescas, como a da foto.

exibem cenas de guerra, sistemas de cálculo do tempo ou desenhos de cabeças cobertas com tecido. O sistema utilizado pelos olmecas para o cálculo do tempo revela que eles tinham rudimentos de matemática e conhecimento do conceito do zero (uma invenção erroneamente atribuída aos maias).[3]

Uma constante na arte olmeca são as representações do jaguar e do homem, ou a combinação animal-deus. Essa combinação animal-deus ocorrerá também, por exemplo, na cultura de Teotihuacan.

A difusão de símbolos e saberes da cultura olmeca entre os demais povos da Mesoamérica pode ser explicada pelo significativo comércio desenvolvido pelos olmecas em um período de relevante crescimento populacional. No contato propiciado pela troca de mercadorias, houve também troca de ideias e várias de suas crenças (como a do poder do deus jaguar) acabaram sendo adotadas por outros grupos humanos.

A civilização olmeca declinou a partir do ano 500 a.C.; entretanto, foi nessa fase que se desenvolveram duas de suas contribuições culturais decisivas: o calendário e o zero. "Aqui, como em outras civilizações, a árvore produz alguns de seus mais belos frutos quando está morrendo."[4] Causas da decadência? As hipóteses usuais: outros povos teriam suplantado os olmecas, minando sua força; líderes antes criativos teriam se tornado tirânicos, gerando rebeliões internas e perda de coesão social. Mas nenhuma certeza.

TEOTIHUACANOS

Teotihuacan é o nome dado àquela que foi, segundo alguns estudiosos, a "maior cidade do mundo" em sua época áurea, com um total calculado de 200 mil habitantes.[5] Também serve para caracterizar uma cultura mesoamericana instalada no Vale do México, cujo apogeu se deu entre 350 e 650 d.C. Resquícios desse momento podem ser vistos ainda hoje, a 50 km da Cidade do México, onde estão as pirâmides do Sol e da Lua, a pirâmide do deus Quetzalcóatl (Serpente Emplumada) e o Palácio das Mariposas.

O plano urbanístico da cidade antiga, que pode ser vislumbrado do alto da Pirâmide do Sol, é surpreendente, levando em conta a época em que foi feito. Quem conhece Brasília e a compara com Teotihuacan pode pensar que a inspiração de Lucio Costa e Niemeyer para o Plano Piloto nasceu ali no México. Teotihuacan tem formato de cruz semelhante a Brasília. Ela é cortada de norte a sul por mais de 3 km pela avenida dos Mortos, o centro cerimonial da cidade, onde ficam as grandes pirâmides. De leste a oeste também saem avenidas.

Teotihuacan é um dos sítios arqueológicos mais visitados no México. A apenas 50 km da capital, provoca encantamento pelas pirâmides do Sol (na foto) e da Lua.

Em seu livro sobre o México, Erico Verissimo, sem esconder sua admiração, descreve aquela cidade simétrica: "parece ter sido obra de arquitetos assistidos por sacerdotes, artistas, astrônomos e geômetras, pois tudo parece girar em torno da Pirâmide do Sol. Teotihuacan de certo modo reproduz o sistema solar tal como o viam".[6]

A riqueza arquitetônica reflete uma estrutura social nitidamente urbana, hierarquizada, em cujo topo estava a sociedade imperial e, na base, os habitantes mais pobres, que viviam nos *barrios*. Entre os dois polos, ficavam três grupos sociais: os comerciantes, os soldados e os sacerdotes.

As estruturas majestosas da cidade revelam também uma civilização avançada para sua época e com um raio de influência cultural muito amplo. Teotihuacan chegou a ser o centro hegemônico de vasta região que ia do Vale do México até a atual Guatemala. Porém, a cidade entrou em decadência entre os anos 650 e 700 d.C., quando foi invadida, saqueada e incendiada.

> Nós não sabemos nem as razões para esse acontecimento que abalou a Mesoamérica, nem os responsáveis pelo ataque. [...] Mas há evidência de que a principal causa [da decadência e consequente invasão] pode ter-se originado na excessiva centralização de poder na cidade que levou a população a rebelar-se contra os governantes.[7]

Uma das explicações é que esses governantes teotihuacanos, tidos como representantes dos deuses na terra, passaram a ser vistos pelo povo humilde simplesmente como opressores, perdendo paulatinamente o seu apoio. Isso fragilizou Teotihuacan, tornando-a um alvo fácil do primeiro grupo forte que ousou atacá-la.

Estudiosos da Mesoamérica colocam os teotihuacanos ao lado dos zapotecas e dos maias como povos que deram origem às grandes civilizações que atingiram o apogeu no período clássico (entre 200 a.C. e 900 d.C). Apesar das diferenças, essas três culturas desenvolveram técnicas agrícolas significativas (sobretudo para o cultivo do milho), cerâmica sofisticada (como mostram os templos e túmulos dos soberanos), conhecimentos de matemática e astronomia que lhes permitiram elaborar calendários, medir o tempo e fazer previsões. Outro ponto comum entre as três é a adoção do politeísmo, em que os numerosos deuses tinham as forças da natureza (chuva, água, sol, lua) como sua referência principal.[8]

Os zapotecas, instalados na região do monte Alban (atual estado de Oxaca), desenvolveram uma cultura bastante influente por volta de 600 a.C. Foram precursores no desenvolvimento da escrita e, entre outros deuses (do fogo, do milho, da chuva, morcego...), também cultuavam a Serpente Emplumada. Por volta de 650 d.C. chegaram a dominar povos que antes haviam sido subjugados pelos teotihuacanos.

MAIAS

A cultura maia, que começou a se desenvolver por volta do ano 300 a.C., chegou a ocupar um extenso território na região que hoje compreende a península do Iucatã, em partes dos estados de Chiapas e Tabasco, e nas atuais Guatemala e Belize e na zona fronteiriça de Honduras. Sua época áurea se deu entre 300 d.C. e 900 d.C.

Os maias distinguiram-se pela criação de cidades monumentais, como Tikal (na atual Guatemala), e pela riqueza de sua arquitetura religiosa e civil, como podemos observar ao visitar Campeche, Uxmal, Chichén Itzá e Palenque (no atual México). Eles também se preocupavam muito com a medida do tempo e as

Antes da Conquista espanhola | 67

Palenque é uma joia arqueológica do mundo maia. No seu auge (séculos VI-VIII), abrigava centenas de edificações. Por volta do ano 800, foi abandonada e a mata a encobriu. Foi redescoberta apenas no século XVIII. Hoje suas ruínas estão incrustadas na floresta.

variações das estações do ano, pois em sua base econômica estavam a agricultura e o comércio de produtos agrícolas. Desenvolveram a matemática herdada dos olmecas e a astronomia. Com isso, foram capazes de criar um calendário sem rival na Mesoamérica e, em determinado momento, até mais preciso que o calendário gregoriano. Eles também são famosos por sua escrita hieroglífica, que permitiu descrições mais ricas de eventos históricos.

O mundo maia chegou a ser composto por diversas cidades-Estado. Como nas demais culturas mesoamericanas, os maias tinham um governo formado por sacerdotes, chefes e militares. Guerras ocorriam entre membros da cultura maia, embora seu espírito bélico fosse menor do que o dos astecas, por exemplo.

A cultura maia, assim como todas as principais culturas da Mesoamérica, combinava religião, guerra e comércio. O cerimonialismo estava presente em muitos aspectos do cotidiano, da plantação do milho aos cultos religiosos, passando pelos detalhes da vida privada. Entre os maias, o deus da chuva ocupava um lugar de relevo, assim como o Senhor do Olho Solar, identificado como o responsável pela invenção da escrita, e a Senhora da Lua, relacionada ao desenvolvimento das artes e da Medicina. Kulkán é o nome maia para Quetzalcóatl, a divindade da Serpente Emplumada. Para os maias, assim como para os teotihuacanos, essa divindade chegaria do mar para guiar os governantes. Esse mito também faria parte da cultura asteca.

O período clássico dos maias terminou no começo do século X d.C. Há ainda muito mistério em torno da decadência de uma cultura tão avançada. Há quem atribua o fenômeno a conflitos internos, mudanças climáticas, epidemias ou uma crise na agricultura.[9] Mesmo assim, a cultura maia deixou heranças para muitos povos da região.

Podemos concordar com a ideia de que os olmecas tiraram a Mesoamérica da "obscuridade primitiva",[10] enquanto os maias e os astecas, nos séculos que se seguiram, conduziram-na ao seu esplendor.

ASTECAS

No Vale do México, o período pós-clássico caracterizou-se pela fragmentação do poder e pelo militarismo exacerbado, com uma espécie de "glorificação da guerra", em que a classe dos guerreiros passou a ter influência muito maior na sociedade e a religião passou a exigir cada vez mais o sacrifício de seres humanos "para satisfazer a vontade dos deuses".

Entre os povos que habitavam a região e os que por lá chegavam, em numerosas ondas migratórias, os conflitos se exacerbaram. De uma maneira geral, as guerras deixaram de ter como objetivo central a expansão territorial e passaram a ter como fim a cobrança de impostos dos povos subjugados e a captura de prisioneiros que seriam oferecidos em sacrifício para os deuses. Alianças eram feitas e desfeitas em função dos inimigos comuns e das conquistas obtidas.

No início do período pós-clássico, a metalurgia foi introduzida no Vale do México, oriunda de culturas andinas, provavelmente dos incas. Nessa época, os metais não substituíram a madeira em grande escala, mas serviram para a fabricação de objetos de luxo. Foi assim que começou a produção de joias e ornamentos em ouro, prata e cobre, atividade que contribuiu para o aperfeiçoamento dos artesãos. Por outro lado, a arquitetura passou a ter como prioridade a construção de fortificações com o objetivo de defesa.

Entre os povos da região, os toltecas, da poderosa cidade de Tula, distinguiram-se como guerreiros no século X e, com sua enorme força militar, conseguiram submeter vários de seus vizinhos. Os toltecas eram como sucessores dos teotihuacanos; criaram um império poderoso que, entretanto, começou a entrar em declínio no século XII em razão das diversas guerras em que estavam envolvidos e de um período dramático de seca e fome generalizada.

A queda desse império deu lugar a numerosos Estados que passaram a viver em constante clima de guerra uns com os outros (até o século XV). Em meio a tais disputas, às vésperas da Conquista espanhola, a cidade-Estado de Tenochtitlán, o centro da cultura asteca, dominou politicamente a Mesoamérica.[11]

Os astecas, também chamados de mexicas,[12] eram inicialmente um povo pouco numeroso que havia se instalado na região próxima à atual Cidade do México com vários outros, em uma grande onda de imigração ocorrida na época da desintegração do Império Tolteca. Estabelecidos em Chapultepec, no final do século XIII, foram logo derrotados e tomados como prisioneiros pelos culhuas (a cultura culhua era uma das descendentes da cultura tolteca). Os mexicas foram então deslocados à força para uma região próxima, infestada de cobras. Ao invés de sucumbirem, sobreviveram incorporando cobras à sua dieta. No começo do século XIV, os mexicas se instalaram em uma ilha pertencente a um arquipélago no lago de Texcoco, onde construiriam a cidade de Tenochtitlán (que corresponde aproximadamente à atual Cidade do México). Escolheram esse lugar por não ser muito disputado e pela dificuldade de acesso que oferecia a possíveis invasores. Apesar disso, acabaram submetidos aos tepanecas, até que, no final do século XIV, a monarquia mexica, com a ajuda de outros povos, finalmente derrotou seus dominadores.

A interpretação edificante do passado asteca começou a ser construída sob o governo de Itzcóatl, com a ajuda de alguns sábios, na época em que os mexicas sobrepujavam seus antigos dominadores. Aos poucos foi se consolidando entre os mexicas a ideia de que eles eram herdeiros legítimos das culturas tolteca e teotihuacana. As glórias de Teotihuacan faziam parte de seu passado, assim como a ascendência tolteca dava legitimidade aos soberanos astecas. Assim, reivindicaram em seu favor a antiga herança e transmitiram à sua cidade o prestigioso passado tolteca-teotihuacano. "Essa insistência no sangue e na história é um traço típico mesoamericano."[13] Segundo a lenda então difundida, os mexicas haviam imigrado e chegado a fundar sua cidade por ordem do deus Huitzilopochtli, que guiara seu povo até o meio de uma lagoa onde havia uma ilha que continha uma águia pousada em um nopal (espécie de cacto) devorando uma serpente, tudo conforme antigas previsões de um sacerdote. Essa ilha se chamaria México-Tenochtitlán, e, depois de nela instalado, o povo protegido por Huitzilopochtli criaria uma grande civilização. Esse mesmo deus havia sido adorado pelos toltecas, mas essa não seria a única ligação estabelecida entre eles e os astecas. Segundo outra lenda, o imperador tolteca havia designado um de seus descendentes, Acamipichtli, para ser o soberano (*tlahtoani* ou senhor supremo); Acamipichtli teria vários sucessores (Montezuma II seria o último deles).

Por volta de 1440, os mexicas eram independentes e poderosos o suficiente para empreender suas próprias conquistas e consolidar um império (que chegou até os atuais estados de Veracruz e de Oaxaca) sob a liderança de Montezuma I, conhecido pelo grande talento militar. Os povos dominados eram obrigados a pagar impostos e Tenochtitlán ganhou prosperidade e beleza arquitetônica com a construção de palácios imponentes, como o Templo Mayor. Montezuma I também se destacou como administrador e como promotor das artes e da joalheria, que mais tarde encantaria os europeus. Com seus três sucessores o império continuou em expansão.

Em 1502 assumiu o poder Montezuma II, herdeiro de uma cultura cuja hegemonia chegava à costa do golfo do México e ao oceano Pacífico. Para Montezuma II, todas as conquistas e realizações do Império Asteca eram resultado da vontade divina. A profecia atribuída ao deus Huitzilopochtli antecipava ainda uma multidão de vassalos que pagariam impostos ao imperador Montezuma II e reconheceriam seu poder em todas as partes do mundo. Montezuma II mantinha uma corte suntuosa e era a mais alta autoridade religiosa ligada ao deus Huitzilopochtli. Nos registros da época, Montezuma II foi descrito como: "Sábio, astrólogo, astuto, experiente em todas as artes e que, como nenhum de seus sucessores, chegou a ter imenso poder e majestade".[14] A Cidade do México – Tenochtitlán – tinha então 200 mil habitantes. As expressões culturais refletiam sua grandeza: arquitetura suntuosa, esculturas monumentais, metalurgia desenvolvida, arte plumária, culto religioso sofisticado e rica literatura com hinos sacros, orações, poemas e relatos históricos.[15]

O império comandado por Montezuma II ocupava um território com a extensão equivalente ao da Itália de hoje, mas, na verdade, seu comércio e sua influência cultural iam muito além. Contudo, ele seria destruído em 1521 com a chegada do conquistador espanhol Hernán Cortez.

A derrocada do Império Asteca diante dos espanhóis é considerada por muitos uma das maiores tragédias da humanidade e a de mais difícil explicação, diante da assimetria de milhões de indígenas (deve-se lembrar que só em Tenochtitlán eram 200 mil) frente a 800 espanhóis.

Inegavelmente, a superioridade militar é um dos fatores que explicam a enorme expansão do Império Asteca antes da Conquista espanhola. Por outro lado, o fato de os astecas terem subjugado muitos povos e, portanto, terem muitos inimigos, ajudou em sua derrocada, já que vários desses povos se aliaram aos espanhóis recém-chegados para combatê-los. Assim, o declínio dos astecas pode ser explicado, em última instância, pela aliança de espanhóis com tribos que haviam sido subjugadas pelos astecas e que desejavam libertar-se de seus dominadores. Essa é uma entre as muitas explicações para o ocaso da civilização asteca, mas é das mais aceitas atualmente entre os historiadores e cientistas políticos.

De fato, Cortez, embora dispusesse de armamentos mais sofisticados que os astecas (mosquetes, espingardas, canhões e arcabuzes eram armas de fogo desconhecidas pelos indígenas), tinha inicialmente sob suas ordens um contingente

O Império Asteca se notabilizou pela arte militar, pela grande extensão territorial, pela riqueza arquitetônica e pelo avanço científico. À direita, o famoso calendário asteca e, à esquerda escultura de jaguar, animal sagrado para os astecas.

pequeno de soldados. E mesmo a superioridade das armas europeias era contrabalançada por suas desvantagens: disparar sem muito controle, enguiçar com frequência e menor precisão se comparadas ao arco e flecha. Cortez também se beneficiou das doenças que os espanhóis trouxeram para o solo mexicano, que se transformavam em epidemias e dizimavam dezenas de milhares de indígenas, que não tinham qualquer defesa contra bactérias e vírus estranhos a seu hábitat (essas doenças afetavam igualmente elementos de tribos que se aliaram aos espanhóis). O conquistador aproveitou-se do efeito surpresa que sua chegada teve sobre os indígenas e do medo causado nos nativos pelos cavalos, um animal totalmente desconhecido dos indígenas mexicanos. Mas eram apenas 16 cavalos. Portanto, a constatação de que Cortez soube fazer uso inteligente da hostilidade de algumas tribos em relação aos astecas, que dominavam, tributavam e escravizavam muitas tribos inimigas, é fundamental para entender seu sucesso.

Porém, outras tentativas de explicação povoam o imaginário coletivo mexicano. Para uns, o fator decisivo foi a traição de Malinche, a índia que se tornou intérprete e amante de Cortez e ajudou os espanhóis a explorar os pontos fracos dos astecas.

Para outros, determinantes da derrota foram as crenças e o misticismo de Montezuma II, que fizeram com que ele interpretasse erroneamente a chegada dos espanhóis e não lhes oferecesse resistência. Ao saber da vinda de seres chegados do mar (na verdade, os espanhóis com suas caravelas de velas brancas e seus cavalos), Montezuma II acreditou estar diante da concretização da lenda que dizia que a próxima divindade favorável a seu povo chegaria do mar acompanhada de aves voadoras. Pensou que aqueles barbados que desembarcavam em suas terras eram enviados de Topiltzin-Quetzalcóatl[16] e lhes deu boas-vindas, chegando a convidar Cortez, confundindo-o com o próprio Topiltzin-Quetzalcóatl, para hospedar-se em seu palácio. Com isso, acabaria sendo um dos responsáveis pelo fim de um grande império e pelo nascimento da exploração colonial espanhola.

Após a chegada de Cortez e a recepção amistosa que lhe foi regalada por Montezuma II, o espanhol partiu de Tenochtitlán com destino à costa de Veracruz, para enfrentar um adversário espanhol que ameaçava sua autoridade. Ao regressar à capital asteca, Cortez teve que combater ferozmente os indígenas. O conquistador, entretanto, conseguiu com ameaças persuadir Montezuma II a ficar do seu lado e a pacificar os indígenas. Pressionado, o imperador subiu no alto de seu palácio e se dirigiu à multidão, ordenando que cessasse seus ataques aos espanhóis. Indignados com essa atitude, os astecas atiraram flechas contra Montezuma II, que caiu ferido e morreu. Pouco depois, centenas de espanhóis e milhares de indígenas seus aliados foram mortos pelos astecas, no episódio que ficou conhecido como

"Noite Triste", porque, além das muitas mortes, os espanhóis perderam o tesouro que haviam roubado dos astecas.

Após essa derrota, os espanhóis sobreviventes recuaram para a cidade de Tlaxcala, onde obtiveram mais aliados indígenas entre povos subjugados pelos astecas. Cortez voltou então a atacar Tenochtitlán com um exército composto de 100 mil indígenas. A resistência asteca era então liderada por Cuauhtémoc, o novo imperador.

Cuauhtémoc, um guerreiro de apenas 18 anos de idade, demonstrou bravura e talento militar. Conduziu o exército asteca e conseguiu deter as forças invasoras. Apesar da resistência de março até agosto de 1521, em 13 desse mês, os espanhóis conseguiram derrotar os astecas. Cuauhtémoc e seus oficiais tentaram escapar em pequenas canoas, mas, ao final, foram aprisionados.

O jovem imperador foi então submetido a torturas, como ser obrigado a caminhar sobre óleo fervendo, mas nunca revelou a localização do tesouro dos astecas, perdido pelos espanhóis após a "Noite Triste". Permaneceu prisioneiro durante vários anos, até ser enforcado por ordens de Cortez em 5 de março de 1525. Os espanhóis, então, já dominavam o México.

Aliás, defendem alguns estudiosos, *dominar* já era a intenção original de Cortez, diferenciando-se do objetivo de simplesmente explorar os recursos locais. Para o historiador Tzvetan Todorov, Cortez tornou a conquista exitosa porque assumiu uma missão verdadeiramente política.

> Pode-se descrever o comportamento desses espanhóis (anteriores a Cortez) dizendo que se dedicam a coletar a maior quantidade de ouro no menor espaço de tempo, e não procuram saber nada sobre os índios. [...] A diferença entre Cortez e os que o precederam talvez esteja no fato de ter sido ele o primeiro a possuir uma consciência política, e até mesmo histórica, de seus atos.[17]

Quando, por exemplo, em Cozumel, alguém lhe sugeriu que enviasse alguns homens armados para procurar ouro no interior, Cortez respondeu, rindo, "que não tinha vindo por coisas tão insignificantes, mas para servir a Deus e ao rei". Ao saber da existência do reino de Montezuma II, decidiu "não apenas extorquir riquezas, como também subjugar o reino".[18] Assim, ao atribuir à sua expedição uma missão que transcendia o imediatismo de explorar o ouro, Cortez precisou adquirir conhecimentos mais profundos sobre as culturas indígenas.

> O que Cortez quer, inicialmente, não é tomar, mas compreender; são os signos que interessam a ele em primeiro lugar, não os referentes. Sua expedição começa com uma busca de informação, e não de ouro. A primeira ação importante que executa – a significação deste gesto é incalculável – é procurar um intérprete.[19]

Seu primeiro intérprete, o náufrago espanhol Jerónimo de Aguilar, seria logo substituído por outra pessoa mais eficiente, a índia Malinche.

Qualquer que seja a interpretação da Conquista, não se pode negar que a civilização mesoamericana deixou um legado que ainda hoje permanece na cultura não só do México, mas de toda a América Central e brilha como um dos pontos altos da expressão artística e científica do mundo antigo. O fato de ter-se produzido intensa miscigenação entre espanhóis e indígenas mesoamericanos contribuiu para que muitos traços marcantes do universo indígena continuassem a prevalecer e, assim, a enriquecer a cultura mexicana.

A CONQUISTA DO MÉXICO SEGUNDO OCTAVIO PAZ

O escritor Octavio Paz, que procurou entender os mexicanos a partir de seus impulsos e mitos primordiais, debruçou-se sobre o tema da Conquista espanhola. Em sua obra *Labirinto da solidão*, o grande intérprete do México questiona o sentido mais profundo do encontro de Cortez com o imperador asteca Montezuma II e o significado que Malinche, a amante do conquistador, assumiu no imaginário coletivo mexicano.

Como pôde um exército com pouco mais de 800 homens dobrar um império com milhões de habitantes? Como pôde o imperador Montezuma II receber em seu palácio o invasor Cortez? Vejamos como se desenrolaram os episódios desse momento tão intrigante e tão fascinante da história mundial e, depois, quais as explicações de Octavio Paz, para quem análises objetivas se revelam impotentes para explicar o desfecho. Segundo ele, parecem mais poderosas as explicações que levam em conta os mitos e os sistemas de crenças.

Quem era o conquistador Hernán Cortez? Nasceu na província espanhola de Extremadura, recebeu educação sofisticada e, com 19 anos, ingressou numa expedição destinada ao Novo Mundo. Ao chegar à ilha caribenha de Hispaniola, recebeu doações de terras e índios e foi indicado notário. Posteriormente, juntou-se a Diego Velásquez em uma expedição a Cuba, onde se estabeleceu como colonizador e novamente recebeu terras e índios como doação. Sete anos nessa condição já tornavam incontrolável seu desejo de novas aventuras e sua ambição por riqueza. Desobedeceu então as ordens do governador Velásquez e partiu em nova empreitada com destino à costa mexicana do Iucatá.

A expedição de Cortez tinha no total 808 homens, 11 navios, 16 cavalos e um bom estoque de armas e munição. Aportaram em Cozumel, onde Cortez fez contato com um espanhol, sobrevivente de naufrágio, que se tornaria seu intérprete. Em Tabasco venceu a resistência dos indígenas e ganhou fama. Por isso, outros chefes tribais lhe deram presentes, tentando agradá-lo. O melhor presente foi uma jovem que falava as línguas náhuatl (asteca) e maia. Seu nome era Malinche, para os indígenas, ou Marina, para os espanhóis. Em pouco tempo, a moça se tornaria intérprete extremamente valiosa a Cortez e também sua amante. Com ele teria um filho, Martim – o primeiro mexicano *criollo* (descendente de espanhol nascido na América).

Nos contatos com os nativos, Cortez soube da existência de um rico império, o asteca, no Vale do Anáhuac (atual Vale do México), que tinha como soberano Montezuma II e como sede a poderosa cidade de Tenochtitlán (que daria origem, mais tarde, à Cidade do México). No caminho até lá, encontrou povos dominados pelos astecas que estavam dispostos a ajudar os espanhóis. Em Tlaxcala, porém, Cortez teve que enfrentar inicialmente a resistência dos nativos (embora fossem inimigos dos astecas, desconfiavam das intenções de Cortez). Ao final, esses nativos firmaram uma aliança com os espanhóis extremamente valiosa do ponto de vista dos conquistadores. De fato, o primeiro grande enfrentamento de Cortez ocorreu com os indígenas de Cholula, que acabariam derrotados pelas forças espanholas. Depois de mais essa vitória, Cortez seguiu caminho até as margens do lago Texcoco. Lá, os comandantes espanhóis tentaram dissuadi-lo de atacar os astecas, pois as tropas invasoras ficaram espantadas diante das enormes dimensões de Tenochtitlán, do número de construções e de barcos. O impacto desse primeiro olhar foi registrado pelo historiador-soldado da expedição, Bernal Díaz del Castillo, e depois publicada em seu livro *A descoberta e a conquista do México*.

> Ao olhar tão maravilhoso cenário, não sabíamos o que dizer nem sabíamos se o que estava diante de nós era real. De um lado, na terra, havia grandes cidades, e no lago muitas outras mais. E o próprio lago estava coroado de canoas e na estrada elevada sobre o lago havia muitas pontes próximas umas das outras, e diante de nós surgia a grande Cidade do México.[20]

O encontro entre Cortez e Montezuma II é um dos momentos mais célebres da História do México e da História Universal. Segundo Octavio Paz, no plano simbólico, foi o encontro entre o Velho Mundo e o Novo Mundo, entre duas civilizações com valores distintos, com crenças distantes, uma movida pelo poder temporal e a outra submetida à vontade dos deuses (Montezuma II tratou Cortez como se estivesse diante de Topiltzin-Quetzalcóatl).

Na lenda associada a Topiltzin-Quetzalcóatl, cada ciclo durava 52 anos, ao fim dos quais se inaugurava um novo ano Ácatl. O rei-sacerdote-divindade Topiltzin-

76 | Os mexicanos

Quetzalcóatl nasceu no ano 1 Ácatl, sendo que sua fuga e desaparecimento aconteceram 52 anos depois, ou seja, em um novo ano Ácatl. Pois bem, Cortez chegou ao México exatamente na inauguração de um novo ano Ácatl! Daí o discurso impressionante e extasiado de Montezuma II diante de Cortez, conforme descrito por Octavio Paz:

> Senhor nosso, você chegou fatigado, você chegou cansado: você já chegou à terra. *Você chegou à sua cidade: México.* Aqui veio para repousar no seu solo, no seu trono. Oh, esse (trono) foi reservado para você, foi conservado para você por breve tempo, por aqueles que já se foram, os seus substitutos.[21]

Assim, o México pertenceria "a Cortez não pelo direito de conquista, mas pelo direito de propriedade original: vem recobrar a sua herança".[22] Para Montezuma, explica Octavio Paz, os soberanos anteriores à chegada de Cortez haviam sido apenas seus representantes, seus guardiães da herança tolteca. Por isso, o *tlahtoani*[23] asteca insistiu em revelar seus sentimentos e suas visões ao conquistador.

> Há cinco, há dez dias que eu estava angustiado: tinha meu olhar fixo na Região do Mistério. E você chegou entre nuvens, entre névoas. Foi isso o que nos haviam dito os reis, os que regeram, os que governaram sua cidade: que você haveria de instalar-se em seu assento, que haveria de vir para cá.[24]

Octavio Paz alega que, para os astecas, o comportamento do soberano não tinha nada de insólito. O regresso de Quetzalcóatl e o retorno glorioso do poderio da cidade de Tula eram fenômenos naturais numa concepção circular do tempo. "A ideia nos choca porque nós, os modernos, a um só tempo fanáticos e vítimas do tempo retilíneo e irrepetível do progresso, não podemos aceitar com todas as suas consequências a visão do tempo cíclico."[25]

Para os astecas, uma cultura ou um povo entra em decadência e desaparece quando é abandonado pelos deuses, o que dá lugar ao surgimento de novas divindades e outras civilizações. Aliás, muitos rituais e sacrifícios tinham o objetivo de satisfazer os deuses e, assim, evitar o abandono (o oferecimento de sangue humano ao deus Sol, por exemplo, procurava garantir a existência da luz e evitar um mundo de trevas). Ao menos inicialmente, Montezuma II acreditou que a chegada dos espanhóis não era algo externo, mas sim "o fim interno de uma era cósmica e o início de outra".[26] Isso parece explicar sua atitude de entregar-se aos invasores.

"A grande traição com que começa a história do México não é a dos tlaxcaltecas,[27] nem a de Montezuma e seu grupo, mas sim a dos deuses."[28] Octavio Paz lembra que a decadência dos impérios, como o Romano e o Bizantino, ocorre em época tardia de suas histórias. Ora, o Império Asteca acabava de afirmar-se e era, portanto, muito jovem para chegar à decadência. Diante disso, conclui que muitos fatores intervieram na Conquista espanhola,

> mas com frequência se esquece aquele que me parece o mais significativo: o suicídio do povo asteca. [...] O instinto de vida e o de morte estão em disputa dentro de cada um de nós. [...] A vitória do instinto de morte revela que o povo asteca perdeu de repente a consciência de seu destino.[29]

A atitude impotente de Montezuma II contrasta, contudo, com a coragem de Cuauhtémoc (o chefe asteca que assumiu o poder depois de Montezuma II), que enfrenta os espanhóis, luta com bravura, é torturado e assassinado. Seu nome significa "águia que cai". Resiste mesmo sabendo da derrota. Nisso reside o trágico de seu combate e da história do México, segundo Octavio Paz: "Cuauhtémoc e seu povo morrem sós, abandonados pelos amigos, aliados, vassalos e deuses. Na orfandade."[30]

O tema da orfandade do povo mexicano é retomado em outro capítulo de *Labirinto da solidão*, o que tem como título "Os filhos da Malinche". Por ter sido intérprete e amante de Cortez, Malinche tornou-se símbolo da traição, da prostituição, mas também da mulher violada (ou do povo violado).

Paz utiliza uma abordagem linguística para desvendar um aspecto que considera fundamental para entender seu país: como o mexicano vê suas origens. Ele procura examinar o significado do termo *chingada*, palavra com sentido pejorativo e muitos significados. Ela é usada em muitos países latino-americanos, sempre com significado negativo: fracasso, frustração, perda, ruptura, rompimento de regras. Possui também sentido que remete à sexualidade, à violência em geral do homem contra a mulher. A ideia de violação é recorrente. A expressão "*hijos de la chingada*" é muito comum no México, por vezes utilizada pelos os próprios mexicanos para se autodenominarem.

Depois dessa digressão, o ensaísta afirma que *chingada* é a mãe aberta, violada ou enganada pela força. O "filho da *chingada*" é o produto da violação, do rapto ou da burla. Ao comparar essa expressão com a espanhola "*hijo de puta*", fica logo clara a diferença. Para o espanhol a desonra consiste em ser filho de uma mulher que se entrega voluntariamente, uma prostituta; para o mexicano, a desonra é ser fruto de uma violação.[31] Assim, Octavio Paz conclui que uma das características do mexicano reside na "violenta, sarcástica humilhação da mãe e na não menos violenta afirmação do pai".[32] (É muito revelador o uso frequente do adjetivo *padrisimo* no sentido de "bonito, muito bom, estupendo", que não tem referente semântico correspondente no caso da mãe, ou seja, não existe *madrisimo*.) Essa

78 | Os mexicanos

distinção entre o significado de admiração, de respeito pelo pai, fica clara quando se afirma "eu sou seu pai" no sentido de autoridade, de superioridade.[33]

Octavio Paz recorda que a época da Conquista espanhola coincide com o apogeu do culto a divindades masculinas no Império Asteca. A derrota ante os espanhóis significa também a derrota desses deuses. Para os astecas, compreende o desfecho de um ciclo cósmico e a instauração de outras divindades, isto é, a adoração das antigas divindades femininas, o que é considerado uma espécie de regressão. Esse fenômeno corresponderia ao conceito psicanalítico de regressão e, para Octavio Paz, é "uma das causas determinantes da rápida popularidade do culto à Virgem (de Guadalupe)".[34] A Virgem de Guadalupe é também uma mãe, mas seu principal atributo não é mais a fertilidade da terra, mas sim a proteção aos pobres, o consolo dos desamparados, dos órfãos. Assim, em oposição à Mãe Virgem (de Guadalupe), a *chingada* é a mãe violada. Ora, se a *chingada* é uma representação da mãe violada, é possível associá-la à Conquista, porque a esta também foi uma violação, tanto no sentido histórico como no sexual. Foi uma entrega das índias aos espanhóis, tendo como paradigma a amante de Cortez, Malinche (aqui, representação simbólica das índias violadas ou seduzidas pelos espanhóis). "E do mesmo modo que o menino não perdoa sua mãe que o abandona para ir em busca de seu pai, o povo mexicano não perdoa a traição de Malinche".[35]

Ao analisar o significado do adjetivo *malinchista,* Octavio Paz nele identifica as raízes da rejeição mexicana ao estrangeiro (ontem os espanhóis, hoje os norte-americanos).

O repúdio a Malinche reflete a negação do passado e faz o mexicano "penetrar sozinho na vida histórica". O mexicano não quer ser índio nem espanhol, nega deles descender e também não se afirma como mestiço. O mexicano se transforma em "filho do nada". Ora, inevitavelmente esse é um ser solitário. Assim, seguindo a linha de pensamento de Octavio Paz, é possível compreender o "labirinto da solidão" como uma metáfora do mexicano.

NOTAS

[1] O conceito de "cultura originária" se refere àquela cultura que surgiu sem a influência de outros povos. Ele se aplica a umas poucas civilizações em toda a história da humanidade, tais como as que se desenvolveram nas seguintes regiões: vale do Nilo, no Egito; Mesopotâmia, com os rios Tigre e Eufrates; vale do rio Indo, na Índia; bacia do rio Amarelo, na China; Mesoamérica; e Andes. León-Portilla, "Orígenes y Desarrollo de Mesoamérica", em *Historia de México*, Ciudad de México, Academia Mexicana de la Historia, 2010, pp. 48-9.

[2] Idem, pp. 45-46.

[3] Ignacio Bernal, "The Pre-Columbian Era", em Daniel Cosio Villegas et al., *A Compact History of Mexico*, Ciudad de México, El Colegio de Mexico, 2009, p. 23.

Antes da Conquista espanhola | 79

[4] Octavio Paz. *El laberinto de la soledad / Postdata / Vuelta a el laberinto de la soledad*, Ciudad de México, Fondo de Cultura Económica, 2000, p. 25.

[5] Idem, p. 29.

[6] Erico Verissimo, *México*, 3. ed., Rio de Janeiro, Globo, p. 235. A primeira edição data de 1957.

[7] Octavio Paz, op. cit., pp. 31-2. (tradução nossa)

[8] Essa parte tomou por base o capítulo "Historical Setting", de Elisabeth de Lima-Dantas, incluído no livro *Mexico – A Country Study: Foreign Area Studies*, 3. ed., edited by James D. Rudolph, Washignton, American University, 1985.

[9] Idem, p. 54.

[10] Ignacio Bernal, "Formación y desarrollo de Mesoamérica", em *Historia general de México*, Vesión 2000, El Colégio de México, 2008, p. 141.

[11] Elisabeth Lima-Dantas, "Historical Setting", em *Mexico – A Country Study: Foreign Area Studies,* 3. ed., edited by James D. Rudolph, Washington, The American University, 1985, p. 9.

[12] Essa parte relativa aos mexicas se baseia em *The Pre-Columbian Era*, de autoria de Ignacio Bernal. Esse texto é um capítulo do clássico *A Compact History of Mexico* ("Historia Mínima de México"), organizado pelo Colégio de México (Ciudad de México, Editora Colégio de México, 7. ed., nov. 2007, pp. 34-6).

[13] Octavio Paz, op. cit., p. 143.

[14] Idem, p. 64.

[15] Idem.

[16] Os astecas haviam abraçado diversas crenças da cultura tolteca. Em especial, louvavam Topiltzin-Quetzalcóatl, soberano poderoso no século X d.C. que foi afastado do poder por seus inimigos (acusado de incesto depois de ter sido levado a beber muitas doses de pulque) e acabou optando pelo exílio voluntário. Ainda segundo a lenda, ele regressaria ao México, pelo mar, vindo do Oriente e com barba, acompanhado de seus aliados também barbados em uma data determinada.

[17] Tzvetan Todorov, *A Conquista da América: a questão do outro*, São Paulo, Martins Fontes, 1999, pp. 101.

[18] Idem, p. 118-9.

[19] Idem, p. 119.

[20] Bernal Díaz del Castillo, *A descoberta e a conquista do México (1517-1521)*, apud *Mexico – a country study. Foreign Area Studies*, edited by James Rudolph, 3. ed., Washington, The American University, 1985, pp. 18-9.

[21] Octavio Paz, op. cit., p. 307.

[22] Idem, p. 307.

[23] *Tlahtoani* significa "aquele que fala". O termo era usado como sinônimo de *imperador* entre os astecas.

[24] Octavio Paz, op. cit., p. 308.

[25] Idem.

[26] Idem, p. 103.

[27] Os tlaxcaltecas, habitantes de Tlaxcala, haviam sido submetidos pelos astecas. A chegada dos espanhóis foi vista por eles como uma oportunidade de libertar-se desse jugo e, por isso, aliaram-se a Cortez contra Montezuma II.

[28] Octavio Paz, op. cit., p. 103.

[29] Idem, p. 104.

[30] Idem, p. 105.

[31] Idem, p. 87.

[32] Idem, p. 88.

[33] É nessa diferenciação entre mãe e pai que Octavio Paz identifica as raízes do machismo mexicano. Ser macho é ter poder.

[34] Octavio Paz, op. cit., p. 93.

[35] Idem, p. 94.

A ÉPOCA COLONIAL

As grandes expedições marítimas do século XVI eram empreendimentos financiados, em sua maioria, pelas Coroas da Espanha ou de Portugal e por fontes privadas. A Coroa espanhola costumava firmar um contrato por meio do qual os financiadores privados tinham direito a explorar os territórios eventualmente conquistados e, em troca, eram obrigados a reconhecer a soberania da Coroa e pagar-lhe uma parcela (um quinto, no caso do México) da renda gerada na nova colônia. Assim, a vitória do conquistador Hernán Cortez sobre os astecas em 1521 foi o primeiro passo para a exploração colonial do México pelos espanhóis.

OS PRIMEIROS TEMPOS

O sistema de exploração adotado no México foi o de *encomienda*, em que cada conquistador recebia terras e serviçais, além de poder cobrar tributos dos nativos, contanto que destinasse uma parte deles ao sustento dos missionários (religiosos empenhados na evangelização e na aculturação dos indígenas).

Nos primeiros anos, os conquistadores espanhóis tiveram ampla liberdade de ação, chegando mesmo a escravizar indígenas e a distribuir terras para seus aliados sem solicitar autorização da Coroa. Entretanto, com o avanço da colonização, a Coroa espanhola assumiu maior controle, centralizou decisões e restringiu o poder dos conquistadores. Com a criação do Vice-Reinado da Nova Espanha, em 1535, surgiram as primeiras instituições representativas dos interesses da metrópole na colônia (Nova Espanha), como a Real Casa da Moeda, e ampliou-se o sistema de *encomiendas*.

No século XVI, muitos religiosos sustentavam que os indígenas não eram seres humanos, e sim bárbaros que poderiam ser escravizados. Com a conquista do México, a questão indígena assumiu centralidade no debate teológico, e os religiosos defensores dessa visão ganharam força. Entre eles, destacou-se Juan Ginés de Sepúlveda, capelão do imperador espanhol, cronista oficial e polemista dogmático. Em 1544,

82 | Os mexicanos

seu *Democrates secundus* se transformou num libelo contra os indígenas, por ele incluídos na categoria de "escravos naturais", por serem "povos bárbaros e desumanos que repugnavam qualquer forma de civilidade, bons costumes e virtude". Ele acreditava demonstrar sua tese por meio da comparação entre os indígenas mexicanos e os espanhóis.

> Em matéria de prudência, sabedoria, virtude e humanidade, [os indígenas mexicanos] são tão inferiores aos espanhóis como as crianças são inferiores aos adultos, como as mulheres são inferiores aos homens, como o selvagem e feroz é inferior ao homem cortês, como o descontrolado é inferior ao contido e moderado e, finalmente, devo dizer, quase como os macacos são inferiores aos homens.[1]

Foi contra esse polemista que se insurgiu Bartolomé de las Casas, um dos diversos religiosos que combateram o costume dos *encomenderos* de submeter os nativos a condições de trabalho próximas às da escravidão nos primeiros tempos da colônia. Las Casas denunciou o uso indevido do termo "bárbaro" para designar os indígenas mexicanos, pois cumpriam eles com todos os requisitos de Aristóteles para a existência de uma verdadeira sociedade civil. Contrapondo-se à distância absurda entre espanhóis e indígenas, levadas ao extremo por Sepúlveda, Las Casas descreveu o meio físico em que os indígenas viviam, demonstrando as similaridades entre estes e os espanhóis e, nesse sentido, desenvolveu um "trabalho amplo de etnologia comparada, o primeiro escrito em língua europeia". Com base nas categorias de Aristóteles e São Tomás de Aquino, Las Casas estruturou as observações do mundo físico e da cultura dos indígenas em sua longa experiência pessoal. Aprofundou sua crítica ao termo "bárbaro", por designar qualquer ser alheio ao mundo do próprio observador. (Alguns cristãos se referiram aos egípcios, donos de uma pujante civilização, como bárbaros, por não serem cristãos, e sim idólatras; mas o curioso é que os próprios pensadores egípcios também consideravam bárbaros aqueles estranhos à cultura egípcia. E assim por diante.) Enfim, a tese central de Las Casas, que defendia uma visão mais humanista do indígena, é que todos os homens têm um lugar numa escala histórica, que é a mesma para todos os povos: "Aqueles que estão próximos da parte inferior da escala são simplesmente mais jovens do que aqueles que estão nos degraus superiores." Para Las Casas, os povos mais sábios da Terra eram os mais velhos. Os indígenas seriam culturalmente uma "raça ainda jovem", porque chegaram tarde a suas áreas de povoamento.

Além de Las Casas, outro teólogo que viveu no México, Alonso de Zorita, sustentou que, se os indígenas mexicanos puderam criar uma cultura tão avançada no passado, era ilógico supor que eles fossem bárbaros.

A época colonial | 83

Anônimo, século XVI

Bartolomé de las Casas escreveu a obra *Brevíssima relação da destruição das Índias*, em que denunciava os abusos cometidos pelos colonizadores europeus e clamava pelo fim das *encomiendas*. Na ilustração de Théodore de Bry, o massacre no Templo Mayor asteca.

Théodore de Bry

Em 1542, a Coroa espanhola optou por decretar o fim da escravidão indígena e proibir o emprego de indígenas nas minas (que seriam substituídos, mas não em sua totalidade, por *mestizos* e negros). Para suprir a demanda por mão de obra, escravos africanos negros foram introduzidos no México por comerciantes portugueses. Muitos desses negros escravizados tiveram filhos com mulheres indígenas (várias dessas crianças acabariam obtendo a liberdade), ampliando a diversidade da população local.

A chamada "conquista espiritual" dos nativos estava a cargo das diversas ordens religiosas que mandaram representantes para a América – franciscanos, dominicanos, agostinianos e, mais tarde, jesuítas. As primeiras ordens de missionários a chegar tiveram ampla liberdade para educar e catequizar os indígenas; mas, já na segunda metade do século XVI, a Coroa resolveu centralizar também essas atividades, transformando os missionários em agentes mais diretos da dominação colonial. Com isso, os indígenas foram obrigados a falar espanhol, proibidos de adorar seus deuses e forçados a participar dos cultos católicos.

No momento da chegada dos espanhóis, a população mesoamericana era estimada em cerca de 12 milhões de habitantes. Em poucos anos, porém, ficou reduzida à metade, especialmente em função da morte por doenças introduzidas na América pelos europeus. Ao mesmo tempo, imigrantes espanhóis e negros escravizados chegavam à região e se mesclavam com mulheres indígenas, dando início a uma população mestiça e mulata que foi o embrião da ampla miscigenação existente hoje na população mexicana.

A sociedade colonial que se formou na então chamada Nova Espanha tinha no ápice da pirâmide social os espanhóis (também chamados de *peninsulares*, ou seja, nascidos na Espanha, parte da península Ibérica), que ocupavam os cargos governamentais e eclesiásticos (desempenhando as funções de mais prestígio, como as de vice-rei, ouvidor, alcaide-mor, bispo, inquisidor), assumiam *encomiendas* (eram os *encomenderos*), recebiam licença para explorar minas ou fundar e administrar fazendas de criação de gado ou de cultivos agrícolas (milho, feijão, pimenta, cacau, algodão, trigo, cevada e cana-de-açúcar). Também eram *peninsulares* os negociantes empenhados no comércio internacional. Abaixo dos espanhóis na pirâmide social se situavam os *criollos*, que eram os filhos de espanhóis nascidos na colônia. Abaixo deles estavam os *mestizos* (frutos da união entre espanhol e indígena) e, na base da pirâmide, os indígenas. Estes últimos estavam sujeitos a um regime jurídico especial (Leis de Índias) e, diferentemente dos demais, eram obrigados a pagar, ao seu *encomendero* ou diretamente à Coroa, tributos que inicialmente eram cobrados em espécie (alimentos, tecidos de algodão, objetos, metais) e, posteriormente, quando os indígenas passaram a ser remunerados, em dinheiro.

A população miscigenada – composta por *mestizos*, mulatos e *zambos* (frutos da união de índia com negro) – cedo passou a ser maioria na colônia. Esses grupos recebiam a denominação genérica de *castas*.

A economia colonial consistia de uma agricultura voltada inicialmente para o autoconsumo (milho, feijão, pimenta, cacau), que foi incorporando espécies trazidas pelos espanhóis, como o trigo, a cevada (no Centro), o gado (no Norte e na costa do Caribe e do Pacífico) e a cana-de-açúcar (em Veracruz e Cuernavaca). Com o tempo, parte da produção de açúcar seria exportada.

Com a introdução do gado, os indígenas passaram a comer sua carne. Nos centros urbanos, a *tortilla* (de milho) se juntou ao pão de trigo como produto básico de consumo. Os espanhóis, por sua vez, passaram a consumir tomate e chocolate, produtos originalmente indígenas. De fato, o chocolate iria se tornar com o tempo a bebida mais apreciada pelos espanhóis ricos, que lhe atribuíam propriedades estimulantes e até curativas.

O motor da economia colonial, entretanto, seria a mineração de prata, que teve seu *boom* entre a segunda metade do século XVI e a primeira metade do seguinte, depois da descoberta de minas (principalmente em Zacatecas e Guanajuato). A mineração dinamizou o setor agrícola com o crescimento de fazendas ao redor das minas para fornecer alimento aos mineiros e à população urbana, além de animais para o transporte de carga. A exploração da prata era um negócio arriscado, pois suscitava a cobiça de bandidos, que assaltavam as carroças no transporte das minas ao porto, e de piratas nos mares. Os mineiros – em geral índios, *mestizos,* mulatos ou negros – recebiam salários (pagos pelo dono da mina ou por seu gerente) e pagavam impostos que mantinham a crescente máquina administrativa da colônia.

Entre 1650 e 1750, a mineração no México viveu um período crítico em consequência da competição com a prata peruana, extraída a custos mais baixos, e da necessidade de importar mercúrio, insumo para a mineração inexistente no México. Mesmo assim, a mineração continuou a ser o motor econômico da colônia.

O principal vínculo entre colônia e metrópole era o comércio transatlântico. A metrópole enviava à colônia artigos de uso cotidiano (roupas, móveis, papéis, livros, frutas secas, azeite, ferramentas, instrumentos musicais) em navios mercantes (frotas de até 50 barcos) escoltados por embarcações militares que lhes davam proteção contra os piratas. No regresso, os barcos levavam para a Espanha, sobretudo, prata e, em menor escala, corante artificial (*grana*), açúcar e peles. Na segunda metade do século XVI, teve início um intenso comércio com o Oriente (a rota Filipinas-Acapulco); parte dos produtos advindos do Oriente (seda, porcelana, móveis, biombos, objetos de marfim e especiarias, como pimenta e canela) seguia depois para a Europa.

86 | Os mexicanos

A sociedade da Nova Espanha se desenvolvia estratificada em classes sociais rígidas e segmentada em uma grande clivagem: de um lado, espanhóis e *criollos*; de outro, *mestizos,* negros, mulatos e indígenas.

Com o avanço da mineração e do comércio de tecidos, alimentos e bebidas, começou a decadência do sistema de *encomiendas,* que foi dando lugar a atividades "mais capitalistas" desenvolvidas em fazendas de gado ou de cana-de-açúcar e em pequenas fábricas de tecidos de algodão e de lã.

A partir do século XVII, os indígenas ganharam mais prestígio junto às ordens religiosas. Estas estavam se tornando tão poderosas e influentes que o rei da Espanha, temendo perder poder entre as populações, decidiu secularizar algumas paróquias. Com isso, ganharam vigor e amplitude os conflitos entre a Coroa e a Igreja. A influência política desta última crescia com o apoio das comunidades indígenas, ao mesmo tempo que se tornava mais rica, como proprietária de terras, por meio de doações, heranças e compras. O dinheiro arrecadado pelos conventos onde residiam filhas de famílias ricas, por exemplo, era investido na compra de casas e até emprestado a juros.

A Inquisição também contribuiu para distorcer o papel espiritual da Igreja na colônia, restringiu as liberdades individuais e freou o avanço científico. Os condenados pela Inquisição – judeus, luteranos e católicos acusados de heresia – morriam enforcados e seus corpos eram queimados em praça pública.

Apesar de todo esse obscurantismo, a educação e a ciência se desenvolveram no México. Em alguns conventos, surgiram importantes colégios, que passariam a ser frequentados também por índios. Nas escolas mantidas pelos conventos, aprendia-se, além de religião, artes e ofícios (sobretudo pintura e escultura, para satisfazer a demanda por pinturas religiosas e imagens de santos usadas na liturgia católica).

No início do século XVII, surgiram colégios oficiais, nos quais os professores deviam obrigatoriamente ser "cristãos velhos", o que, além de excluir judeus, deixava de fora do quadro docente indígenas, negros e mulatos. Alguns desses colégios, como o Colégio de Santa Cruz de Tlatelolco, abriram oportunidades para que indígenas aprendessem gramática, retórica latina, geografia, história e doutrina cristã.

No remoto ano de 1551, foi fundada a primeira universidade na Nova Espanha, vizinha ao palácio do vice-rei, onde se realizavam exames para a obtenção de graus de bacharel, mestre e doutor. Em 1599, passou a funcionar a primeira imprensa, na Cidade do México.

Pequenas unidades artesanais, chamadas *gremios*, foram se consolidando nos centros urbanos. Pelos regulamentos, nos *gremios* podiam trabalhar apenas espanhóis e *criollos*; mas, na prática, muitos indígenas e mestiços eram empregados como mão de obra. Alguns deles chegariam a se tornar grandes pintores e escultores.

A NOVA ESPANHA NO SÉCULO XVIII

Na Nova Espanha do século do iluminismo (século XVIII), o perfil étnico da população refletia uma intensa miscigenação. A maioria da população, porém, ainda era indígena (60% do total), seguida das *castas* (sobretudo *mestizos*, mas também mulatos e *zambos*), que correspondiam a cerca de 20%, dos *criollos* (18%) e dos negros (menos de 0,1% do total). Os espanhóis, que totalizavam 20 mil, eram menos de 0,15% da população.

Na estrutura social do país, destacavam-se os espanhóis, que concentravam o poder político e religioso, eram proprietários de grandes fazendas ou ricos comerciantes, e algumas de suas famílias detinham títulos de nobreza. Os *criollos* tinham, em geral, nível de escolaridade superior ao dos espanhóis da colônia e maior apego à terra em que viviam. No século XVIII, já se destacavam (tal como os espanhóis) como proprietários agrícolas, fazendeiros de gado e donos de minas.

Os *mestizos* que tinham chance de incorporar-se à família do pai contavam com maiores possibilidades de obter instrução e ascender socialmente, mas os demais desciam na escala social e juntavam-se às *castas*. Cada vez mais numerosos, os *mestizos* adquiriam importância social crescente. Muitos se estabeleceram nas regiões tropicais e se dedicaram ao cultivo de arroz, cana-de-açúcar, café e cacau, em geral como trabalhadores assalariados.

Os indígenas continuavam a viver em situação penosa. A maioria habitava as regiões Central e Sul. Nesses locais, conservavam suas tradições culturais, mantinham forte vínculo com a terra e apresentavam maior coesão social. Os indígenas do Norte, por sua vez, eram nômades, ainda mais pobres, e haviam perdido suas terras para os grandes fazendeiros de gado ou para a Igreja. No sudeste do país, na península do Iucatá e na região de Campeche (Chiapas), predominavam indígenas que tinham mais vínculos com Cuba (pela proximidade geográfica) do que com a Nova Espanha.

No século XVIII, a Nova Espanha aumentou significativamente seu território, sua população e sua riqueza. De fato, ela chegou a dobrar de tamanho e se tornou o país mais extenso da América Latina depois do Brasil. A economia do México multiplicou-se por seis, e a prata produzida no México passou a representar a metade de toda a produção mundial. Houve igualmente rápida expansão das suas indústrias: têxtil, cerâmica, ferro, aguardente e tabaco. O comércio exterior também cresceu de forma acelerada: na década de 1740, cerca de 220 navios atracaram em Veracruz; e, na década de 1790, o número se aproximou de 1.500 navios. Graças a uma política comercial liberal, houve grande expansão do comércio exterior, quase todo concentrado em mãos dos espanhóis, pejorativamente chamados de *guachupines*.

Ao longo do século, a população triplicou, ao passar de 2 milhões para 6 milhões de habitantes, em grande parte devido ao crescimento demográfico natural e ao aumento da imigração espanhola, originária agora não mais da Extremadura, mas das regiões do norte da Espanha. A acelerada urbanização – com o crescimento espetacular da Cidade do México, de Puebla e de Guadalajara – deveu-se, em grande medida, ao afluxo de *criollos* e de *mestizos* (estes últimos superavam amplamente o número de *criollos*).

Os três elementos que marcaram o século XVIII na colônia – aumento populacional, expansão territorial e crescimento econômico acelerado – resultaram em grande riqueza para o país, mas mantiveram na pobreza extrema os indígenas e boa parte da população miscigenada. Por isso, ficou famosa a reação do cientista alemão Alexander von Humboldt ao visitar o México em 1803, país então responsável pela produção de metade da prata do mundo, mas com ampla maioria da população pobre e ignorante: "O México é o país das desigualdades".

Que grupos sociais se beneficiavam então de tamanha riqueza? Em primeiro lugar, os espanhóis, que ocupavam cargos de direção na administração e no comércio exterior da colônia. Em segundo lugar, os *criollos*, que eram proprietários de enormes fazendas e de minas de prata.

Ao lado desses dois grupos privilegiados, desenvolveu-se um segmento dos *criollos* que formou uma espécie de classe média e se transformaria no grupo mais dinâmico da população.

NOTA

[1] Anthony Pagden, *The Fall of Natural Man: The American Indian and the Origins of Comparative Ethnology*, Cambridge, Cambridge University Press, 1982, p. 117 (tradução nossa).

A GUERRA DE INDEPENDÊNCIA

Foi no seio da população *criolla* da Nova Espanha que nasceram as sementes do movimento de independência do México.

No século XVIII, entre os *criollos* proprietários rurais e donos de minas cresceu o descontentamento com relação à metrópole espanhola. O acelerado crescimento econômico da Nova Espanha fez com que esse grupo de pessoas se tornasse ainda mais rico e poderoso e, portanto, mais refratário a repartir seus ganhos econômicos com a Coroa.

Além desse segmento muito rico de *criollos* descontentes, havia os *criollos* de classe média – profissionais liberais, como médicos, engenheiros, advogados, pequenos comerciantes, pequenos proprietários rurais e integrantes da burocracia colonial –, que se sentiam cerceados em suas aspirações de ascensão social e política pelas limitações impostas pela Coroa espanhola.

Também engrossaram o coro dos que queriam cortar laços com a metrópole jovens padres jesuítas (e alguns de outras ordens) da Nova Espanha muito mais identificados com o Novo Mundo do que com a Europa que pregavam um tratamento mais igualitário e melhores condições de vida para os indígenas.

Do outro lado do Atlântico, a expectativa era inversa. A Coroa espanhola enriquecera graças ao crescimento econômico da Nova Espanha, mas também acumulara gastos em razão de seu envolvimento em conflitos armados. As guerras sucessivas que travou com a Inglaterra (1779-1783, 1796-1802, 1805-1808), com a França (1793-1795) e a invasão napoleônica de 1808 elevaram substancialmente as dívidas da Coroa espanhola. Isso provocou uma pressão excessiva sobre a Nova Espanha para que compensasse os gastos da metrópole, pagando-lhe mais impostos. Tal pressão contribuiu para aumentar o sentimento de exploração por parte não só das classes mais pobres – indígenas e *mestizos* –, mas, sobretudo, no seio dos *criollos*, que consideravam haver chegado o momento de se insurgir contra a Coroa.

Além da confluência de interesses de *criollos* ricos e de classe média em favor da ruptura, contribuíram também para o movimento em favor da independência das chamadas "reformas borbônicas", implantadas em meados do século XVIII. Trata-se de um amplo reformismo, iniciado na Espanha pelos reis Bourbon (em contraste com o conservadorismo da dinastia dos Habsburgo), que consistiu no abandono de valores e práticas tradicionais, tais como os privilégios concedidos a nobres, a prática da venda de cargos públicos pela Coroa e a manutenção de monopólios improdutivos (isso tudo passou a ser visto como obstáculo ao progresso do país e ao avanço da economia espanhola). Esse movimento de reformas ocorrido na metrópole foi transplantado para a Nova Espanha por José de Gálvez, o último e mais conhecido inspetor-geral da Coroa na Nova Espanha, responsável por implantar medidas eficazes no âmbito da mineração e da coleta de impostos. Era o espírito do iluminismo se refletindo na administração colonial, em nome da modernização. Em função disso, na colônia, foram lançados ataques violentos à Igreja e aos jesuítas, que acabaram expulsos do México em 1767. Poderosas corporações também foram combatidas. As reformas acabaram colaborando para incrementar o crescimento econômico da Nova Espanha, mas também, como uma espécie de efeito colateral, a vontade local de seguir caminhos próprios, desvinculados da metrópole.

Assim como outras lutas de independência da América Latina, o movimento mexicano teve como matriz ideológica a Revolução Francesa e a Revolução Americana. O estopim político residiu nas Guerras Napoleônicas (que resultaram na ocupação da Espanha e enfraqueceram o poder da metrópole) e no fortalecimento das aspirações de maior liberdade por parte da elite colonial.

Em 1808, a península Ibérica foi invadida por tropas francesas que tinham por objetivo ocupar Portugal, por ter descumprido o bloqueio continental imposto por Napoleão contra a Inglaterra. Temeroso, o rei da Espanha abdicou e entregou a Coroa a José, irmão de Napoleão. Em reação aos invasores franceses, o povo espanhol se insurgiu em armas e criou juntas de governo em substituição à monarquia. Essas reviravoltas políticas na metrópole tiveram como consequência a ruptura do Pacto Colonial em 1808, o que abriu caminho a movimentos destinados a aproveitar a perda de legitimidade da monarquia espanhola e declarar a independência do México. Entretanto, eles tiveram que enfrentar a resistência de grupos locais vinculados à metrópole interessados em perpetuar a condição colonial da Nova Espanha.

OS SINUOSOS CAMINHOS
DO MOVIMENTO DE INDEPENDÊNCIA

Ano 1810. Poucos poderiam imaginar, mas a célula onde nasceu a conspiração para a independência mexicana se situava no elegante palácio do administrador da cidade de Querétaro. Sua esposa, Josefa Ortiz (chamada "La Corregidora"), ali mesmo, escondida do marido, promovia encontros secretos entre o padre Miguel Hidalgo e outros membros do movimento independentista (representantes da elite *criolla*, tais como intelectuais insatisfeitos e oficiais dissidentes do Exército espanhol).

O líder da rebelião, o cura Hidalgo, era um padre diferente: lia livros proibidos pela Igreja, questionava muitas tradições católicas, gostava de jogar, de dançar e tinha uma amante. Ao mesmo tempo, era brilhante professor de teologia, visionário, idealista. Hidalgo era um *criollo*, nascido numa fazenda administrada por

Detalhe do monumento conhecido como O Anjo da Independência, na Cidade do México. No centro, está padre Hidalgo, herói da Independência. Ao seu lado, estão Morelos (à esquerda) e Guerrero (à direita), também líderes da insurgência.

Katyana Verde

seu pai. Estudara na Universidade de São Nicolau, em Morelia, onde mais tarde seria reitor. Sempre foi uma mente inquieta e admiradora dos grandes espíritos contestadores. Tinha opiniões muito próprias que frequentemente desagradavam a seus superiores. Por pouco não foi preso pela Inquisição, devido às traduções que fez para o espanhol de obras de pensadores da Revolução Francesa. Escapou da prisão, mas foi mandado para uma remota e pequena cidade hoje conhecida como Dolores Hidalgo.

Foi imediata a empatia de Hidalgo com os membros de sua paróquia, quase todos indígenas pobres. Isso o levou a desenvolver conhecimentos sobre agronomia, cultivo de uvas e criação de bicho-da-seda. Essas iniciativas estavam fora da ortodoxia, mas seu cultivo de uvas foi pioneiro, já que mais tarde se transformaria numa das culturas mais abundantes da região central do México. Apaixonado por música, costumava formar grupos de paroquianos músicos e promover grandes festas em sua casa. Era ainda muito admirado e querido pelos indígenas, sobre eles detendo enorme influência. Hidalgo chegou a criar pequenas fábricas de porcelana e olarias para a confecção de tijolos, além de lojinhas de artesanato, com o objetivo de proporcionar melhores condições de vida a seus paroquianos.

Quando Dona Josefa soube que autoridades espanholas haviam descoberto a conspiração, alertou os rebeldes dando a notícia a um deles pelo buraco da fechadura, pois estava impedida de sair de casa. Ao receber a mensagem de Dona Josefa, Hidalgo reuniu os indígenas do povoado de Dolores e, diante da multidão de fiéis, atraída pelo barulho dos sinos da igreja, gritou os primeiros *slogans* revolucionários: "Viva a religião! Viva nossa Mãe Sagrada Guadalupe! Viva Ferdinando VII! Viva a América! Morte aos maus governos!". Mas a população seguidora de Hidalgo simplificou o grito para apenas: "Viva a Virgem de Guadalupe! Morte aos *guachupines* (espanhóis usurpadores)". Era 16 de setembro de 1810, data que ficaria registrada na História do México.

Hidalgo distribuiu armas e anunciou que uma nova era, livre da Espanha, se abria sobre o México. Entusiasmada, a multidão marchava determinada a massacrar os *peninsulares* em Guanajuato. Com a imagem da Virgem de Guadalupe como sua bandeira, Hidalgo investiu sobre essa cidade, já com um exército de indígenas e mineiros superior a 100 mil manifestantes. Os 500 espanhóis que defendiam Guanajuato acabaram massacrados pelos insurgentes. A rebelião, contudo, fugiu claramente do controle de Hidalgo, que se arrependeu do que ele próprio chamou de "rio de sangue", embora continuasse justificando a revolta por ele encabeçada. "O movimento – dizia – podia parecer 'precipitado e imaturo' mas 'não pôde ser de outra forma'".[1] Pouco depois do seu famoso Grito de Dolores, Hidalgo foi excomungado por heresia, apostasia e sedição.

O desordenado exército de indígenas, movido pela fé na Virgem de Guadalupe e liderado por um padre visionário, avançava e conquistava para a causa da independência as cidades pelas quais passava, tais como Zacatecas, San Luis Potosí e Morelia. Em pouco mais de um mês e meio desde o memorável Grito de Dolores, esse exército irregular e destemido acabava de vencer a Batalha de Monte de las Cruces, contra tropas legalistas, próximo à Cidade do México. Ao chegar à capital, não encontrou resistência por parte das autoridades.

Em seguida, o líder rebelde independentista – que havia sido vitorioso em Las Cruces e que não havia encontrado adversário na capital – resolveu, simples e inexplicavelmente, recuar e ordenar a retirada de seu exército da Cidade do México. Por quê? Esse é mais um dos mistérios que povoam a intrigante história do México.

Para alguns estudiosos do assunto, nesse momento, Hidalgo se conscientizou de que a massa de indígenas que respondera de forma tão entusiasmada ao seu Grito de Dolores estava saindo definitivamente de seu controle. Aliás, no ataque a Guanajuato, o massacre promovido por seu exército já havia assumido proporções devastadoras totalmente contrárias aos desejos do líder.

Esse "descontrole" da massa rebelde também desagradou e atemorizou os *criollos*. "Diante desses primeiros sinais claros de ódio popular, os *criollos* ficaram horrorizados, porque aquilo que eles sempre temeram tinha finalmente acontecido. Rapidamente retiraram seu apoio".[2] O gigantesco exército popular (composto em sua maioria de indígenas), armado de paus, facões, machados e barras de ferro, havia investido contra os *peninsulares*, mas também contra os *criollos* ricos, que, embora fossem simpatizantes da independência, eram proprietários das terras onde trabalhavam os camponeses indígenas.

De todo modo, a rebelião liderada por Hidalgo estava às portas da Cidade do México, quando o futuro "Pai da Pátria" tomou a decisão de ordenar a retirada de suas tropas, possivelmente com o intuito de evitar que saqueassem a capital. A retirada mostrou-se fatal para seu exército, que sofreu deserções de quase metade do contingente.

Em Guadalajara, Hidalgo teve uma calorosa recepção por parte do povo e de autoridades identificadas com os ideais da independência. Na ocasião, foi-lhe conferido o título de Serena Alteza e Hidalgo foi consagrado capitão-geral das

94 | Os mexicanos

Américas. Naquela cidade, ele decretou a abolição da escravidão e fundou o jornal *Despertador Americano.*

Apesar disso tudo, o exército insurgente registrava contínuo declínio em seu contingente. Destituído de efetiva organização ou estratégia militar, o movimento, radicalizado, inicialmente foi devastador. Milhares de espanhóis e *criollos* foram brutalmente mortos em razão da revolta indígena contra os ricos. "Evidentemente, o padre Hidalgo não era um homem com talento militar nem um planejador meticuloso; seus exércitos foram rapidamente dispersados, ele foi capturado e executado em 1811."[3] Mais tarde, quando já desorganizados e sem uma liderança forte, os rebeldes tiveram que enfrentar o exército colonial nas proximidades da Cidade do México e sofreram uma derrota irreversível.

Hidalgo e Allende, seu grande comandante e aliado, foram capturados pelas forças realistas. Hidalgo foi condenado por heresia pela Inquisição, excomungado e entregue às autoridades coloniais. Hidalgo, Allende e os demais rebeldes identificados como líderes acabaram cruelmente assassinados e tiveram seus corpos expostos ao público no grande depósito de grãos de Guanajuato, a famosa Alhóndiga de Granaditas. Durante semanas, as cabeças decapitadas de Hidalgo e de Allende permaneceram expostas em praça pública, em pequenas gaiolas.

Morria, assim, a primeira luta concreta pela independência. Mas não a sede de liberdade. Após sua morte, o cura Hidalgo tornou-se um poderoso símbolo: para alguns, um ícone da libertação; para outros, um exemplo dos perigos de despertar as massas impacientes.

Sua história foi resgatada e devidamente polida. Nos dias de hoje, em todos os rincões do México, as comemorações da independência incluem o Grito de Dolores. Hidalgo ocupa lugar de glória entre os heróis nacionais. Na antiga Alhóndiga, hoje Museu Histórico de Guanajuato, seu drama é lembrado nas descrições da barbárie dos espanhóis, que decapitaram grandes homens e expuseram suas cabeças para atemorizar o povo. Na atmosfera desse local, parece que o real e o mágico se combinam. Lá, os visitantes demonstram verdadeiro entusiasmo quando guardas de museu, de perfil simples e pacato, se transformam em atores dramáticos da saga de seu país.

*

Após a morte de Hidalgo, começaria outra etapa da luta pela independência, da qual faria parte um novo futuro grande herói mexicano, José Maria Morelos. Dois conhecidos acadêmicos, Denise Dresser e Jorge Volpi, na obra com o título irreverente de *México: lo que todo ciudadano quisiera (no) saber de su pátria*, consideram-no "um dos personagens mais fascinantes de toda a história mexicana".

Morelos era mestiço, com antepassados africanos. Antes de se tornar um militar destacado na luta a favor da independência do México, havia sido condutor de mulas e também aluno de Hidalgo, no Colégio de San Nicolás, onde chegou a se ordenar padre. Convidado a participar do movimento independentista no Sul (onde hoje está a imponente cidade de Morelia, nomeada em sua homenagem), Morelos revelou-se um destacado líder. Por seu notável conhecimento da região Sul, conseguiu robustas vitórias militares, tendo chegado a bloquear a cidade do México por vários dias.

Em 1813, convocou o Congresso de Chilpancingo, em Acapulco, quando declarou a independência e divulgou os "Pontos definidos por Morelos para a Constituição". Os principais itens do documento (também conhecido pelo nome de "Sentimentos da Nação") eram: abolição da escravidão, sufrágio universal para os homens, soberania popular; eleições de representantes em cada província, alternância no poder a cada quatro anos, estabelecimento dos três poderes da República e celebração do dia 12 de dezembro em honra à "padroeira de nossa liberdade", Nossa Senhora de Guadalupe.

Morelos se anunciava como um "servidor da nação", mas essa humildade não foi capaz de aplacar o temor que seu movimento provocava no seio dos *criollos* e o ódio no meio dos espanhóis. Após sofrer diversas derrotas ante o exército realista, em 1815, Morelos teve um destino cruel. Foi excomungado pela Inquisição e fuzilado por um esquadrão de tiro. Mais uma vez, a luta pela independência era sufocada.

Para os mexicanos de hoje, Morelos é o segundo maior ídolo da Independência.

OS *CRIOLLOS* ASSUMEM O COMANDO

Definitivamente, os mexicanos têm uma opção preferencial pelo mágico, pelo simbólico, pelo trágico. Daí vem uma contradição: enquanto o cura Hidalgo é hoje venerado pelos mexicanos como o verdadeiro responsável pela independência, o general Iturbide é sumariamente ignorado. Também, pudera! Quem era ele antes de declarar a independência? Simplesmente um oficial do exército espanhol recém-promovido a general por sua eficiente repressão aos movimentos independentistas e cruel opositor de Hidalgo e Morelos!

O enredo da independência do México não termina aí. Ainda vamos ter uma república transformada em império e um general metamorfoseado em imperador. Mas antes de prosseguir em direção às novas etapas da luta pela independência, vamos tentar responder a duas perguntas intrigantes. Por que o México tem duas datas para lembrar a Independência? Por que um período tão longo entre o primeiro movimento independentista de 1810 e a consumação da ruptura em 1821?

A duplicidade de datas para comemorar a Independência revela a inclinação mexicana pelas indefinições, ambivalências, ambiguidades. A comemoração ligada a 1810 talvez reflita o prazer ou necessidade que têm os mexicanos de cultivar seus grandes símbolos enquanto mantêm a realidade num plano secundário. Como vimos, embora derrotado, o cura Hidalgo transformou-se em símbolo da afirmação mexicana diante da potência colonizadora e sua memória ocupa o primeiro lugar nas efemérides da pátria.

Como explicar a distância entre o movimento de 1810 e o de 1821? A resposta pode residir no fato de que aquele movimento inicial fugiu ao controle do próprio Hidalgo, gerou temor em parte da população e resultou em massacres não só de espanhóis, mas de muitos *criollos*. Estes queriam maior liberdade, mas, ao mesmo tempo, segurança para desenvolver suas atividades econômicas e enriquecer. Emprestavam seu apoio à causa da independência, mas desejavam ser os protagonistas, ter seus interesses preservados e manter o controle do processo político e econômico na nova ordem pós-ruptura colonial. Já os camponeses, em sua grande maioria indígenas, aspiravam a melhores condições de vida. Entretanto, a realidade miserável das populações indígenas era questão secundária e mesmo irrelevante para os *criollos*. Como se pode ver, os objetivos de *criollos* e indígenas não eram nada convergentes. Mas os *criollos* precisavam dos indígenas para construir a independência; os indígenas seriam a massa de mobilização capaz de fazer face ao exército espanhol. Como eram distantes os interesses e tensas as relações entre *criollos* e indígenas, a independência concretizou-se apenas em 1821.

Criollos lideraram vários processos de independência ocorridos na América hispânica. Podemos dizer que as guerras de independência foram, em sua essência, uma luta entre interesses de *criollos* e *peninsulares*. Esses últimos defendiam a política ditada pela metrópole, os interesses da Espanha ou seus próprios interesses; pois, embora vivendo em solo mexicano, detinham privilégios assegurados pela Coroa. No México, isso implicava preservar o controle da Espanha sobre a invejável riqueza mineral da colônia, manter impostos elevados, sustentar uma burocracia enorme e pouco produtiva, submeter o comércio exterior da colônia à intermediação da Espanha e assegurar a proibição de fabricar na colônia manufaturas semelhantes às produzidas na metrópole.

O aumento da produção de metais preciosos, exigindo maior número de trabalhadores na atividade de mineração, levou ao aumento do consumo de manufaturas e de outros bens produzidos na Nova Espanha. A Cidade do México, com 100 mil habitantes, e Puebla, com 60 mil, se transformavam em grandes centros consumidores e importantes núcleos de poder econômico e político dos *criollos*. Porém, foi nesse contexto de afirmação de uma elite emergente na colônia, que a Espanha decidiu promover suas exportações e passou a proibir a fabricação de manufaturas mexicanas, desagradando profundamente, assim, a elite *criolla*.

Por outro lado, a enorme produção de prata e de ouro no México deixava os *criollos* otimistas. Se ela era capaz de enriquecer a Espanha, de sustentar suas outras colônias, além de financiar suas guerras na Europa, o que não faria pelo México se este fosse independente? Afinal, ao longo do século XVIII e no início do século XIX, o México produzia metade de toda a prata do mundo.

O "renascimento" da luta pela independência, em 1821, não mais teria líderes revolucionários memoráveis nem grandes futuros ídolos nacionais. Agora era a vez dos *criollos* tomarem as rédeas do processo, tendo como representante maior na frente de batalha um ex-oficial do exército realista, Agustín Iturbide.

Os liberais que haviam assumido o poder em 1820 na Espanha tentavam introduzir na colônia novas políticas contrárias aos interesses da elite mexicana. Diante da mudança dos ventos, Iturbide não teve dúvida: mudou de lado, desertou do exército realista e aliou-se ao grupo de Vicente Guerrero, um dos novos líderes independentistas. Juntos elaboraram o Plano de Iguala, que propunha as chamadas "três garantias": independência, religião católica sob a égide da Igreja e direitos iguais para *criollos* e *peninsulares*. As tais garantias, evidentemente, estavam voltadas para a elite, desprezavam solenemente as necessidades básicas da maioria esmagadora da população mexicana.

Depois de uma luta breve e eficiente, Iturbide entrou na Cidade do México com seu exército e proclamou a independência. Em 27 de setembro de 1821, surgia um novo país – independente, católico e uma monarquia constitucional em que o monarca seria indicado pelas Cortes nacionais. Finalmente, os *criollos* insurgentes conseguiram a independência. Os sofrimentos e as privações de 11 anos de guerra pareciam transformar-se em enorme esperança depositada na figura do general Iturbide, refletida nas mais exageradas lisonjas: Pai da Pátria e Benjamim Idolatrado.

Iturbide, conhecido por seu vigor e brutalidade como militar, não tinha, porém, qualidades políticas. Suas relações com as Cortes rapidamente se deterioraram. No comando do exército, em gesto autocrático e inesperado, em 1822, Iturbide assumiu o trono com o título de imperador Agustín I. O primeiro imperador do México, porém, durou menos de um ano, porque outro ex-oficial do exército realista liderou uma rebelião que culminou com a deposição e o exílio de Iturbide, sob a condição de nunca mais retornar (tempos depois, Iturbide, sem resistir à tentação do poder, regressou e acabou preso e fuzilado por traição).

PROCESSOS DE INDEPENDÊNCIA NO MÉXICO E NA AMÉRICA LATINA

É interessante olhar a independência do México no contexto dos movimentos com o mesmo objetivo na América Latina. Alguns historiadores identificam duas modalidades de independência quase diametralmente opostas na região. Num extremo, a rebelião de escravos no Haiti, liderada pelo escravo negro Toussaint L'Ouverture: a elite branca foi destruída em grande medida e instalou-se um regime caótico, sob a liderança de ex-escravos. No polo oposto, a independência do Brasil: praticamente não trouxe mudanças sociais, manteve a escravidão e preservou notável estabilidade política, assegurada pela continuidade da monarquia.

Distante desses exemplos extremos, a independência do México seria uma espécie de terceira via. Não provocou transformações drásticas, como no Haiti, mas tampouco permaneceu na estrita estabilidade política e sem avanços sociais, como ocorrido no Brasil.

> Ao final, a independência do México em 1821 foi o resultado de uma militância residual iniciada num levante radical de camponeses em 1810, durante o qual centenas de milhares de indígenas e mestiços se rebelaram para demandar seus direitos à terra e o fim de taxas exorbitantes.[4]

Por ironia do destino, a elite colonial que representava os interesses da Coroa espanhola no México acabaria rompendo com ela (em razão de mudanças ocorridas nas Cortes espanholas em 1812), ao perceber que não mais se beneficiaria com seus vínculos com a metrópole. O passo seguinte foi aliar-se aos *criollos* para reprimir as massas e declarar a independência.

NOTAS

[1] Enrique Krauze, *De héroes y mitos*, Ciudad de México, Tusquets Editores, 2010, p. 95. (tradução nossa)

[2] Lucas Alamán, "The Siege of Guanajuato", em, Gilbert M. Joseph & Timothy J. Henderson (eds.), *The Mexico Reader: History, Culture, Politics*, Washington, Duke University Press, 2002, p. 171. (tradução nossa)

[3] Idem.

[4] Teresa A. Meade, *A History of Modern Latin America: 1800 to the Present*, Wiley-Blackwell. A John Wiley & Sons, 2010, pp. 68-70.

O SÉCULO DOS CAUDILHOS

O século XIX alvoreceu sob o otimismo da vitória da Independência. Entretanto, a partir dos anos 1820, foi se transformando em um período de recorrente turbulência política e verdadeiras tragédias nacionais: conflitos prolongados entre liberais e conservadores, intervenções estrangeiras, perda de metade do território do país, ingerência da Igreja nos assuntos de Estado, oscilações entre monarquia e república, corrupção generalizada e guerra civil.

Os longos 11 anos entre as primeiras batalhas pela independência e sua concretização, em 1821, foram um período de caos político e retrocesso econômico no México. A efêmera monarquia que se seguiu à ruptura com a Espanha só fez crescer os problemas. Rebeliões internas – lideradas por "caciques" regionais (caudilhos) revoltados com os impostos elevados ou, no caso de alguns generais, com a baixa remuneração – e facções políticas em disputa conduziram então o México a impasses institucionais e a uma sucessão de governos instáveis e vulneráveis. Por isso, o século XIX mexicano ficaria conhecido mais tarde como o Século dos Caudilhos.[1]

Setores-chave da economia do país (minerador, agrícola e manufatureiro) entraram em crise, agravada com as pesadas dívidas que seriam contraídas com os Estados Unidos e com países da Santa Aliança (monarquias europeias contrárias à Revolução Francesa e a Napoleão). Além disso, determinadas opções governamentais destinadas a corrigir os rumos da economia mexicana (que beirava a bancarrota) mostraram-se politicamente equivocadas, como a de lançar mão dos bens de uma das mais ricas instituições do país: a Igreja. O tiro saiu pela culatra, porque a hierarquia religiosa passou a conspirar intensamente contra esses governos na defesa de seus interesses, provocando ainda mais instabilidade.

Ao contrário do esperado por muitos, com a independência, as condições de vida das populações indígenas pioraram. Elas perderam a pouca proteção antes oferecida pela Coroa espanhola e tiveram suas terras expropriadas pelos latifundiários *criollos*. Com poucas oportunidades de trabalho nas cidades, permaneceram no campo, onde passaram a trabalhar em condições sub-humanas para os latifundiários. (O fenômeno dos camponeses despossuídos está na raiz da futura Revolução Mexicana.)

A morte de Iturbide fechou o ciclo dos "caudilhos insurgentes" e inaugurou a era dos "caudilhos militares". O maior de todos eles foi Antonio López de Santa Anna, o principal articulador das conspirações e insurreições que contribuíram para a abdicação de Iturbide e o caos político que se seguiu. Nas três primeiras décadas posteriores à Independência, o México teve 50 presidentes (o que se traduz na inacreditável média de quase dois por ano). Nesse período, o general Santa Anna foi presidente da República 11 vezes!

Santa Anna era a quintessência do oportunismo político. Originalmente oficial do exército realista, lutou contra Hidalgo, posteriormente apoiou Iturbide e, em seguida, manobrou para tirá-lo do trono. Com outro líder da Independência, Vicente Guerrero, Santa Anna fez praticamente o mesmo: emprestou-lhe apoio inicial; mas, logo depois, aliou-se ao opositor, Bustamente, e juntos derrubaram Guerrero. Ao final do golpe, Santa Anna se tornou presidente da República.

Impulsivo e destituído de princípios éticos, o general presidente Santa Anna adotava um comportamento politicamente errático. Para os mexicanos, até hoje, ele foi responsável pelas derrotas que levaram o México em meados do século XIX a perder metade de seu território para os EUA. Antes dessa perda, o México tinha dimensão comparável à do Brasil.

Em 1821, em torno de 300 famílias norte-americanas haviam sido autorizadas pelo governo mexicano a se estabelecer no território onde é hoje o estado do Texas. Em poucos anos, a população de norte-americanos lá instalada já superava a de mexicanos. Em 1835, esses norte-americanos atacaram e subjugaram as tropas mexicanas. Para recuperar o controle do território, o general presidente armou um exército de 6 mil homens e ameaçou: "A linha divisória entre México e EUA será fixada pela boca de meus canhões". Seus homens atacaram, mas terminaram derrotados e Santa Anna foi feito prisioneiro. O preço de sua libertação, na visão dos mexicanos, foi ultrajante: o reconhecimento da independência do Texas.

O Texas permaneceu independente até 1845, quando foi anexado aos EUA como um novo estado da União. Além disso, em 1846, tropas norte-americanas invadiram o território mexicano até o Rio Grande, ocuparam Santa Fé e terras onde se situa hoje o estado do Novo México. Ao mesmo tempo, milhares de soldados americanos, com o apoio da frota naval, derrotaram a resistência mexicana em Los Angeles. Enquanto essas invasões norte-americanas ocorriam, os generais mexicanos estavam envolvidos em disputas políticas internas e não foram capazes de reagir à altura.

Santa Anna, uma vez livre, foi novamente derrotado por tropas invasoras norte-americanas, que chegaram até a capital mexicana, onde, na Batalha de Chapultepec, venceram a última resistência representada pelos jovens que ficariam conhecidos como os "Meninos Heróis do Colégio Militar". Em 1847, na véspera da data comemorativa da Independência mexicana, a bandeira dos EUA foi hasteada no Palácio Nacional do México.

Ao final da Guerra México-EUA (1846-1848), foi assinado o Tratado Guadalupe-Hidalgo, pelo qual o México perdeu mais da metade de seu território (2,4 milhões de km²), equivalente aos atuais estados de Califórnia, Nevada, Arizona, Novo México, Utah, além da extensão do Texas até o Rio Grande e partes dos estados de Colorado e Wyoming.

As invasões estrangeiras no México durante o século XIX não se limitaram às dos norte-americanos. Em 1838, tropas francesas bloquearam o porto de Veracruz e invadiram a cidade com o objetivo de forçar o governo mexicano a pagar suas dívidas com os franceses. (Como um dos credores era um francês dono de pastelaria naquela cidade do México, o conflito ficou conhecido como Guerra dos Pastéis). Santa Anna, mais uma vez, lançou-se contra o inimigo, e novamente saiu perdedor, o que levou o México a assumir a dívida. As tropas francesas se retiraram, sob a promessa de pagamento. Contudo, na versão oficial mexicana do conflito à época, o México é que foi o vencedor da disputa, graças aos esforços do "heroico Santa Anna", que na luta perdeu a perna esquerda, atingida por um tiro de canhão.

A história da perna de Santa Anna é dessas difíceis de acreditar. Terminado esse episódio com os franceses, a perna do caudilho general presidente foi levada até a capital do país. Em cerimônia oficial, com a presença de congressistas, embaixadores e demais membros do corpo diplomático, a perna recebeu honras militares e foi enterrada na cripta de uma igreja na Cidade do México. Poucos anos depois, quando Santa Anna já ocupava a presidência da República pela quinta vez, os restos de sua perna foram exumados e enterrados com honras militares no cemitério de Santa Paula. Consta que um comissário mandou construir um monumento à perna do general presidente: uma coluna alta encimada por um sarcófago que sustentava um canhão e uma águia mexicana. O tal monumento desapareceu, mas ficou a história.

104 | Os mexicanos

Tudo isso parece inverossímil, caricatural. Mas é um retrato expressivo do México por volta do ano 1850, palco de verdadeiro teatro do absurdo: um país amputado, em constante guerra civil e sem unidade nacional. Foi nesse contexto que alguns intelectuais decidiram assumir o poder. Eles estavam divididos entre conservadores (sob a influência do respeitado historiador Lucas Alamán) e liberais (liderados pelo indígena e presidente da Corte Suprema Benito Juárez).

Os conservadores acabaram vencendo com (mais) um golpe de Estado; mas, para se garantir, ofereceram a presidência a Santa Anna (o próprio!), que retornou do exílio por determinação de Lucas Alamán. Novo e fatal equívoco de avaliação para o México. Com a morte de Alamán, Santa Anna passa a dar demonstrações de verdadeiro delírio: vende a um traficante de escravos norte-americano parte do território mexicano (onde hoje fica o estado do Arizona); gasta um bom tempo e altas somas de dinheiro com brigas de galo; oferece banquetes suntuosos a príncipes estrangeiros; confere a si próprio o título de "Sua Alteza Sereníssima"; e decide aplicar impostos estranhos, sobre cachorros, portas e janelas. O resultado imediato dessa última esdrúxula medida foi o fechamento, pelos moradores, de suas portas com placas de madeira. Como as portas pagavam imposto mais alto, as casas passaram a ter apenas uma janela, que servia como porta de entrada e saída. (Essa situação tragicômica seria retratada no filme *Mexicanos ao grito de guerra,* de 1943, dirigido por Álvaro Fuentes e estrelado por Pedro Infante.)

A atuação de Santa Anna desprestigiou profundamente os conservadores e fortaleceu politicamente os liberais.[2] Um grupo de liberais insurgentes resolveu combater o exército de Santa Anna, que, derrotado, fugiu do país em 1855. Novamente um general, Álvarez Hurtado, assume a presidência por indicação de uma junta de insurgentes.

Com os liberais no poder, em 1857, uma nova Constituição foi promulgada estabelecendo um Estado federativo e um governo mais representativo e democrático que os anteriores; Ignacio Comonfort tornou-se o presidente da República e Benito Juárez, o vice. Inconformados, os conservadores rejeitaram o governo, a Constituição e deram início, em 1858, a uma nova confrontação armada no país, a Guerra da Reforma, envolvendo liberais e conservadores.

Com um exército débil e improvisado, os liberais perderam as primeiras batalhas, e Benito Juárez – outro dos grandes ídolos nacionais mexicanos – retirou-se para Veracruz, onde instalou um governo paralelo, que resistiria por três anos ao ataque das forças conservadoras. Nesse período, adotou medidas radicais, tais como a nacionalização dos bens da Igreja Católica, a validação do casamento civil e a liberdade de culto. Em 1861, ao vencer finalmente os inimigos, tornou-se o primeiro e único presidente indígena do México.

O século dos caudilhos | 105

Anônimo, c. 1868

Benito Juárez foi o único presidente indígena do México. Idolatrado pelos mexicanos, foi símbolo da luta contra o ditador Santa Anna e líder da guerra contra as tropas francesas e o imperador Maximiliano.

Em resposta à grave crise econômica, Benito Juárez suspendeu o pagamento da dívida externa mexicana, o que provocou retaliação por parte dos países credores. Um deles, a França, resolveu invadir o México. As tropas francesas tomaram Puebla e a Cidade do México (enquanto Benito Juárez fugiu para o norte e se instalou na atual Ciudad Juárez, onde permaneceria recolhido até 1867). Para governar o México, a França designou um imperador, o austríaco Maximiliano de Habsburgo, apoiado pela elite conservadora mexicana. Os conservadores, temerosos de novas investidas e anexações norte-americanas e também da volta dos liberais ao poder, preferiram aliar-se à França como um mal menor. Com isso, os conservadores também esperavam reverter as reformas iniciadas por Juárez. Desnecessário dizer que os liberais (e todos os nacionalistas) se indignaram diante da ocupação e do novo império dos Habsburgo em solo do México independente.

Maximiliano foi imperador do México entre 1864 e 1867. Quando Benito Juárez ameaçou seu trono, sua esposa Carlota (ao lado) se empenhou para obter apoio militar de Napoleão III; mas fracassou e Maximiliano perdeu a guerra. Ele foi executado e Carlota ficou louca.

O século dos caudilhos | 107

Franz Xaver Winterhalter, 1864

108 | Os mexicanos

Os partidos Liberal e Conservador viviam às turras desde a Independência e praticamente dividiram o país numa prolongada e nefasta clivagem ideológica. Suas desavenças alcançaram também a esfera da religião: conservadores católicos *versus* liberais laicos. Com o novo império, os conservadores passaram a dar as cartas e a Igreja ganhou mais poder.

Para enfrentá-los e acabar com o reinado de Maximiliano, os liberais pediram ajuda... aos EUA! Com esse apoio norte-americano, somado à popularidade adquirida por Benito Juárez, os liberais saíram vencedores. O imperador Maximiliano terminou executado em praça pública e Benito Juárez voltou à presidência em 1867, com poder suficiente para realizar importantes reformas: pacificação do país, separação e equilíbrio entre os poderes, fortalecimento dos direitos civis, enfraquecimento dos militares e promoção do diálogo como forma de dirimir conflitos. Essas ações fariam dele um dos mandatários mexicanos mais queridos de todos os tempos.

Porém, a festa liberal atingiria seu final com a morte de Benito Juárez, quando então os conservadores voltaram ao poder comandados pelo general Porfirio Díaz. Desencantados, desgastados e cansados com tantos conflitos políticos, guerras, disputas religiosas e uma economia estagnada por muitos anos, os mexicanos não ofereceram resistência significativa ao general que lhes prometia "paz, ordem e progresso". Díaz centralizou a política, promoveu a reconciliação entre os distintos grupos políticos e contentou a Igreja, favoreceu a agricultura de exportação e estimulou a mineração de ouro, prata e cobre em escala industrial.

Porfirio Díaz foi o presidente do México com o mais longo mandato desde a Independência. Permaneceu no poder por 34 anos (1876-1910) até ser derrotado e exilado pela Revolução Mexicana.

NOTAS

[1] Caudilho é um líder autocrata, em muitos casos um militar que usurpa o poder e governa extenso território. No México, também houve diversos casos de caudilhos de origem civil, como Benito Juárez, o primeiro presidente indígena do México. Mas o protótipo do caudilho mexicano foi o general Santa Anna.

[2] Além das perdas territoriais com a guerra contra os EUA, o Tratado de Mesilla (ou "Compra de Gadsden"), negociado entre o presidente Santa Anna e o então embaixador americano no México, James Gadsden, permitiu que, ao preço de US$ 10 milhões, os EUA comprassem uma área de 77 mil km^2 situada ao sul dos estados de Arizona e Novo México, o que definiria as fronteiras finais do território continental dos EUA. Não bastasse ser o protagonista de tantas tragédias nacionais, Santa Anna chegou ao cúmulo de apropriar-se daquele pagamento (isso seria a gota-d'água para sua deposição da presidência em 1855).

A REVOLUÇÃO MEXICANA

A emblemática Revolução Mexicana nasceu como um movimento político de contestação ao despotismo do presidente Porfirio Díaz que, no poder por mais de três décadas, orquestrava uma nova eleição fraudulenta no final da primeira década do século XX. O chamado Porfiriato (1876-1910) havia se caracterizado por acelerado crescimento econômico, modernização (com a construção de ferrovias e portos) e abertura do país a grandes investimentos norte-americanos. Esse quadro, entretanto, contrastava com um panorama político engessado e um tecido social empobrecido. O modelo de crescimento econômico era excludente: marginalizava camponeses, que foram destituídos de suas terras, e trabalhadores urbanos, que recebiam salários aviltados. As condições de vida dos operários eram degradantes e contrastavam com os lucros das numerosas empresas norte-americanas que monopolizavam setores como o de mineração (cobre, ouro, zinco) e o de petróleo (o México era o terceiro maior produtor mundial).

Por outro lado, esse mesmo modelo promovia a ampliação da classe média urbana, constituída de profissionais liberais, professores universitários, burocratas com cargos de direção na administração federal, oficiais do Exército e políticos. Muitos jovens representantes dessa classe média em expansão alimentavam projetos de ascensão social, seja assumindo a liderança de entidades empresariais, seja ocupando cargos políticos no Executivo ou no Congresso. Esses projetos, entretanto, eram frustrados por um sistema político fechado em torno de figuras ligadas ao ditador Porfirio Díaz e a integrantes do círculo de tecnocratas (chamados *los científicos*), de ex-companheiros de farda ou de políticos que, com o passar dos anos, formaram uma gerontocracia no poder. Tais obstáculos geraram insatisfação crescente em setores da classe média que se viam impossibilitados de alcançar maior ascensão social ou de desempenhar papel político proeminente.

Nos últimos anos do Porfiriato, o descontentamento para com o governo crescia também em virtude da corrupção generalizada e dos métodos repressivos brutais. Foi nesse contexto que um jovem e talentoso político – Francisco Madero – se

110 | Os mexicanos

destacou à frente do movimento de combate à reeleição (fraudulenta) de Porfirio Díaz. A obsessão do ditador de perpetuar-se no poder transformou Madero em símbolo da renovação política, do combate ao despotismo e da luta pela democracia.

Entre os trabalhadores, a oposição a Porfirio Díaz assumiu a forma de amplos movimentos grevistas, que chegaram a paralisar setores inteiros, como o de cobre, na Companhia (norte-americana) Cananea de Cobre. A repressão violenta aos grevistas, com a participação de mercenários norte-americanos que cruzaram a fronteira para espancar e matar mexicanos, teve efeito devastador para a imagem de Porfirio Díaz junto ao operariado. Outra greve, na fábrica têxtil Rio Blanco, em Veracruz, terminou com a ocupação da empresa pelos operários, o que fortaleceu a oposição ao ditador.

Com tudo isso, um movimento que se iniciou com a bandeira do repúdio à reeleição de Porfirio Díaz rapidamente evoluiu para uma contestação mais geral da situação econômica e política, com crescente apoio a Madero por parte dos trabalhadores urbanos. Sua prisão chegou a ser decretada, mas ele conseguiu escapar para o Texas. Daí, apresentou-se como presidente provisório do México e anunciou um conjunto de reformas conhecidas como Plano San Luis Potosí.

Cresceram os defensores de Madero, chamados de "constitucionalistas". Entre os que ofereceram apoio militar a Madero, dois homens se tornariam lendários entre os mexicanos: Pancho Villa, bandido transformado em líder revolucionário dos camponeses no Norte; e Emiliano Zapata, respeitado líder de camponeses indígenas e *mestizos* no Sul do México. Na luta contra as tropas de Porfirio Díaz, o primeiro conseguiu capturar diversas cidades do Norte (inclusive a importante Ciudad Juárez) e acumulou grande quantidade de armamento por suas ligações com mercadores de armas da fronteira entre México e Estados Unidos.

Se a Revolução nasceu como um movimento político, liderado por Madero, de luta contra a reeleição de Porfirio Díaz e ganhou força com as greves de operários mineiros, foi no campo que ela encontrou seu mais forte apoio e sua verdadeira vocação. De fato, nos anos de regime porfirista, milhões de camponeses, que antes eram pequenos agricultores rurais, perderam suas terras e foram obrigados a trabalhar como peões para latifundiários (mexicanos e norte-americanos) protegidos pelo regime ou a migrar para as cidades e viver no subemprego. Em ambos os casos, as condições de vida eram miseráveis e tinham a mesma origem: a perda da terra e as humilhações a que os camponeses, transformados em peões ou proletários, passaram a ser submetidos. A expropriação em massa de camponeses foi resultado do modelo econômico baseado em forte investimento (especialmente norte-americano)

Porfirio Díaz foi o presidente com o mandato mais longo do país (1876-1910). Promoveu o crescimento econômico, mas com um alto custo social: indígenas e *mestizos* perderam suas terras. O resultado foi a derrocada do ditador com a Revolução Mexicana de 1910.

nos setores de mineração e de *commodities* agrícolas voltados para a exportação. A produção para o mercado externo dominou o campo mexicano, que passou a ter suas terras mais férteis dedicadas às culturas de café, tabaco, cana-de-açúcar e sisal. Os cultivos de alimento (milho e trigo) e a pecuária para consumo interno foram sendo abandonados. Leis agrárias promulgadas no governo de Porfirio Díaz tornaram sem efeito os títulos de terra dos camponeses, fazendo com que poucos proprietários ricos passassem a deter vastas extensões de terra. Nesse contexto, a bandeira de Emiliano Zapata, ilustrada com o lema "Terra e Liberdade", se transformou na principal reivindicação da Revolução.

A vitória dos revolucionários permitiu que Madero fosse eleito o primeiro presidente da Revolução Mexicana. Já no cargo, Madero anunciou um programa agrário que permitia aos camponeses a compra de terras, mas, ao mesmo tempo, assegurava direitos aos grandes proprietários (*hacendados*).

112 | Os mexicanos

Esse programa foi repudiado pelos camponeses que, liderados por Zapata, exigiam uma reforma agrária radical. No final de 1911, no documento intitulado Plano de Ayala, Zapata afirmou que devolver aos camponeses as propriedades que lhes haviam sido usurpadas durante o Porfiriato era o objetivo mais imediato e urgente da Revolução, junto com a criação de cooperativas rurais e medidas para assegurar que as terras permaneceriam nas mãos dos camponeses.

No outro extremo do espectro político, os grandes proprietários igualmente repudiaram as ideias de Madero, por considerarem inaceitáveis as reformas que asseguravam aos trabalhadores direitos como o de greve e aos camponeses a possibilidade de levar suas reivindicações aos tribunais.

Os interesses de classe radicalizados imediatamente após a vitória da Revolução reduziram o espaço de manobra de Madero, que buscava um caminho intermediário para o México. Hostilizado por antigos aliados, como Zapata, Madero continuava, porém, a contar com a lealdade de Pancho Villa.

Os interesses em jogo não estavam restritos aos atores sociais mexicanos. A Revolução, ao se insurgir contra as grandes propriedades rurais e assegurar direitos trabalhistas, conflitava também com os interesses dos grandes inversionistas norte-americanos no campo e na cidade.

Essas disputas políticas e sociais minaram a governabilidade de Madero, que acabou impotente diante da contrarrevolução orquestrada pelo embaixador dos EUA no México, Henry Lane Wilson com o general Victoriano Huerta. Esse movimento conspiratório resultou no trágico assassinato de Madero em 1913.

A morte do presidente revolucionário provocou, contudo, a união dos líderes constitucionalistas da Revolução – Zapata, Pancho Villa, Venustiano Carranza e Álvaro Obregón. Estigmatizado como aliado dos EUA, o general Huerta acabou hostilizado pelo povo, pelos líderes revolucionários e terminou exilado. Carranza assumiu, então, a presidência.

Isso não arrefeceu o ímpeto intervencionista dos EUA, que atacaram o porto de Veracruz em 1914 com o propósito de minar a força política de líderes como Zapata e Pancho Villa e, assim, influenciar o curso da Revolução a favor dos capitalistas norte-americanos.

Apesar da influência política e da força militar, esses dois líderes não foram capazes de imprimir à Revolução uma trajetória de transformações mais profundas. De fato, a ala conservadora dos constitucionalistas prevaleceu. As medidas anunciadas pelo novo governo não atenderam aos anseios da população e seguiu-se uma onda de greves de grandes proporções, afetando setores nevrálgicos, tais como o petrolífero, o minerador, o têxtil, o de construção civil e o agropecuário.

Os atores sociais que representavam as aspirações mais fortes da Revolução contestavam as linhas políticas do presidente Carranza. Sua aliança com Zapata e Pancho Villa foi efêmera, e logo os dois se tornaram grandes opositores. O primeiro acabou assassinado em 1919 por correligionários do presidente, o segundo honrou, até o mandato do presidente seguinte, sua fama de herói inatingível.

Carranza tinha como propósito pacificar o país, mas por meio da repressão ao movimento trabalhista e da ruptura de vínculos entre operários urbanos e camponeses despossuídos de suas terras. Na sua visão conservadora, a Revolução já havia atingido seus objetivos maiores: o fim do despotismo de Porfirio Díaz, uma reforma agrária moderada e o controle da Igreja pelo Estado. Seu diagnóstico podia satisfazer a elite mexicana, mas estava muito longe de atender às demandas dos peões no campo ou do operariado. O resultado previsível foi a perda de governabilidade. Então, mais uma vez, o aliado de ontem, o general Obregón, virou o inimigo de hoje: Carranza foi assassinado em uma emboscada preparada por Obregón, que assumiu a presidência em 1920, ficando no poder até 1924.

Diferentemente de Carranza, que, segundo vários historiadores teria reconduzido o México de volta à estrutura fundiária anterior à Revolução, o presidente Obregón compreendeu que a nova base de poder no México residia no campo. As cláusulas da Constituição de 1917 relativas à reforma agrária, embora muito avançadas, nunca haviam contado com a aprovação de Carranza. Obregón, por sua vez, promoveu a redistribuição de terras aos camponeses e também investiu em escolas rurais. Porém, para fazer tudo a seu modo e manter o controle da situação, perseguiu Pancho Villa até sua morte em uma emboscada em 1923.

A Constituição de 1917 – até hoje em vigor – constitui um dos grandes legados da Revolução: proibição de a Igreja e estrangeiros terem a propriedade do subsolo mexicano; fim do monopólio da Igreja no campo da educação; e instituição do salário mínimo, de direitos trabalhistas avançados e de um sistema de previdência social. Essa Constituição abriria caminho para um grande programa de reformas inaugurado pelo presidente Lázaro Cárdenas nos anos 1930, com a mais ampla distribuição de terras da história do México e a nacionalização do petróleo, acompanhada pela criação da estatal Pemex (em 1938). A Constituição também assegurou a alternância de presidentes a cada seis anos (embora, na prática, tenha havido um monopólio de poder por parte do Partido Revolucionário Institucional (PRI) em longos 71 anos).

ALGUMAS REFLEXÕES SOBRE A REVOLUÇÃO MEXICANA

A Revolução Mexicana suscita três perguntas básicas: Quais seus objetivos? Quando fracassou? Por que fracassou? Vamos às respostas.[1]

Os propósitos dos revolucionários eram eliminar o despotismo, fazer prevalecer os interesses da maioria espoliada sobre a minoria privilegiada, enfrentar os problemas nacionais do México e não privilegiar os interesses estrangeiros. O primeiro objetivo foi alcançado com o fim do regime do ditador Porfirio Díaz. O segundo objetivo tornou-se menos distante com a reforma agrária. E o terceiro foi tangencialmente enfrentado por meio do nacionalismo.

O fim do despotismo porfiriano e a alternância de presidentes a cada seis anos foram de fato importantes conquistas da primeira grande revolução do século XX. Porém, uma condição indispensável para a democracia autêntica é o Congresso ser capaz de atuar como crítico do Executivo e como expressão da opinião pública, o que não aconteceu, pois os "congressos revolucionários" foram tão servis ao Executivo como os do regime de Díaz.

Qual a duração da Revolução Mexicana? Até hoje seus efeitos se fazem sentir sobre a economia, a política e o tecido social mexicano. Se seu início teve um ano preciso, não há data fixa para seu final. Entretanto, para efeitos apenas de maior clareza didática, podemos dizer que o final dos anos 1940 testemunhou sinais de visível esgotamento dos ideais revolucionários e declínio de sua influência política. Apesar disso, a retórica oficial do PRI continuou a atribuir à Revolução Mexicana uma importância inexistente na prática.

A reforma agrária foi, sem dúvida, justificada do ponto de vista social, porque proporcionou ao camponês a satisfação de se sentir um proprietário de terra. Mas as conquistas da reforma agrária só poderiam se manter ao longo do tempo se o "camponês-proprietário" ganhasse mais nessa condição do que na anterior, quando era um "camponês-empregado". Ora, esse progresso exigiria que a nova agricultura (resultante da reforma agrária) fosse mais produtiva e mais rentável que a anterior. Para que isso ocorresse, seriam necessários atributos que a Revolução demonstrou não possuir, tais como visão de longo prazo, iniciativas concretas, consistência de propósitos e honestidade da parte de muitos de seus líderes.

As terras distribuídas aos camponeses não foram as mais prósperas e produtivas (como as que produziam cana-de-açúcar, café, algodão), mas sim as de cultivo de milho, menos férteis e com piores condições de solo e clima. Mais grave ainda, o camponês recebeu a terra, mas não os meios para torná-la produtiva. A primeira instituição de crédito foi criada somente em 1925, dez anos após a primeira lei de reforma agrária. Tampouco tiveram os camponeses-proprietários acesso aos equipamentos para processar os produtos agrícolas, tais como máquinas para beneficiar arroz, mandioca, café e outros cultivos.

É preciso, contudo, reconhecer os méritos da Revolução como instrumento de mudança social. Ela foi, sobretudo, um movimento de camponeses. Entretanto, como sempre teve caráter popular, cedo passou a contar com os trabalhadores urbanos como seu mais útil apoio. Os temas trabalhistas passaram a ter tanta prioridade quanto as questões agrárias e, no início dos anos 1940, a Revolução tornou-se muito mais urbana que rural.

Isso colocou no centro a questão trabalhista e, quando acionados, os tribunais passaram a decidir, na ampla maioria dos casos, em favor dos trabalhadores. Essa tendência tornou-se tão predominante que a causa trabalhista sofreu danos profundos, pois os empregadores e os empresários em geral perderam sua confiança na instituição responsável pela justiça e passaram a "comprar" os líderes sindicais, como forma de evitar que os conflitos com os trabalhadores chegassem até os tribunais. Segundo o historiador Cosio Villegas, nesse fenômeno reside a raiz de um processo de crescente deslegitimação do Poder Judiciário. Seus corolários mais graves foram a impunidade e a corrupção sistêmica, que se transformaram em instrumentos normais e aceitáveis do jogo político. Os alicerces éticos da Revolução estavam profundamente abalados.

A partir do final dos anos 1940, o movimento trabalhista mexicano foi se tornando cada vez mais dependente do Estado, a ponto de transformar-se quase que apenas em um apêndice. Foi subtraída da Revolução sua capacidade de cumprir com as metas de liberdade política, reforma agrária consequente e garantia de direitos trabalhistas.

Enfim, a Revolução decepcionou no sentido de não avançar concretamente na direção de reformas essenciais. Como explicar essa incapacidade de promover avanços? A Revolução foi marcada por extrema violência. Ela devastou o Exército e a burocracia do antigo regime, assim como fragilizou as personalidades poderosas, os mais ricos e, até mesmo, os da classe média em ascensão. Com isso, atividades produtivas que propiciavam divisas, como a indústria do açúcar, a criação de gado e o sistema de transporte, se deterioraram de forma marcante ao longo das três primeiras décadas da Revolução.

A Revolução Mexicana foi capaz de desfazer a hierarquia social e econômica que tinha sido moldada ao longo de quase meio século. Foi uma trajetória compreensível, diante de tão grandes utopias e da amplitude das forças sociais envolvidas. Entretanto, passado algum tempo, era preciso recriar as riquezas que haviam sido

116 | Os mexicanos

destruídas e reconstruir as instituições. Mas os líderes revolucionários que alcançaram o poder não passaram nesse teste crucial, que exigia retidão, determinação e capacidade criativa. Era também um teste moral. Diante dele, a desonestidade dos novos governantes, talvez mais do que qualquer outro fator, apunhalou o coração da Revolução.

Nas quatro primeiras décadas após a eclosão da Revolução, os governos, na aparência, exibiam a bandeira da proteção dos mais pobres; mas, na essência, criavam uma nova classe média alta e baixa cujos recursos derivavam da prevaricação, do roubo e da extorsão. O desaparecimento da hierarquia anterior, de certa forma tortuosa, contribuiu para que os novos ocupantes de postos de direção, ou mesmo apenas intermediários, utilizassem recursos ilícitos para construir sua riqueza pessoal. Essa desonestidade das autoridades pós-1910 está ligada também a uma constante insegurança dos cidadãos provocada pela presença onipotente e arbitrária do governo, com dimensões bíblicas.

A Revolução deixou um vácuo que não foi preenchido. Na ausência de medidas efetivas para compensar esse vácuo, o México estaria diante de três sérios perigos: perder o rumo, desperdiçar um tempo inestimável para um país ainda atrasado e buscar nos Estados Unidos a solução para seus maiores problemas.

TRÊS ARQUÉTIPOS

A Revolução Mexicana de 1910, a primeira grande revolução do século XX, produziu três figuras humanas consideradas admiráveis: um presidente místico, Francisco Madero; um camponês apaixonado pela terra, Emiliano Zapata; e um Robin Hood mexicano, Pancho Villa. Suas biografias ajudam a compreender o caráter multifacetário de um movimento que até hoje marca profundamente a vida e o imaginário dos mexicanos.

O governante místico – Francisco Madero

Madero era filho de um fazendeiro rico. Quando foi estudar na França, tornou-se adepto do espiritismo. A partir de 1901, conforme anotações pessoais, passou a receber cotidianamente a visita do espírito de seu falecido irmão Raul.[2] Começou também a incorporar com regularidade espíritos de outros parentes, amigos e figuras públicas liberais. As mensagens recebidas do além teriam feito

Francisco Madero (terceiro da direita para a esquerda) foi o primeiro presidente da Revolução Mexicana de 1910.

dele alguém mais disciplinado, ético e espiritualizado, além de madrugador, ex-fumante e vegetariano.

Com o argumento de que "as únicas riquezas são as boas ações realizadas",[3] Madero praticava a caridade e tentava ajudar os pobres dando-lhes remédios e conselhos que dizia receber do falecido irmão. Vivia angustiado por sentimentos de culpa de ter uma vida confortável "enquanto infelizes enfrentam os horrores da fome". Com o tempo, sua angústia individual começou a se transformar em consciência social. A repressão violenta a uma manifestação pública provocou sua indignação e, a partir daí, as mensagens atribuídas ao espírito do irmão passaram a englobar a sociedade: "tenha por aspiração fazer o bem a seus concidadãos, praticando alguma ação útil, trabalhando por algum ideal maior que venha a elevar o nível moral da sociedade, que venha a tirá-la da opressão, da escravidão e do fanatismo".[4] "Os grandes homens derramam seu sangue pela salvação da pátria."[5]

Madero passou a dedicar-se à luta política convencido de poder contar com o apoio de espíritos. Essas supostas companhias não impediram que sofresse duas derrotas eleitorais seguidas em pleitos locais. Ele, então, começou a fazer exercícios espirituais que incluíam privações e sofrimentos físicos para "iluminar a mente e fortalecer a fé", bem como fortificar sua luta política.

Além das orações e penitências, aos 35 anos de idade, Madero intensificou a correspondência com correligionários, a presença em comícios e a publicação de artigos políticos. Madero atribua esse novo comportamento ao espírito de um certo José, que lhe ordenara também escrever um livro que seria a base de seu projeto político. Segundo deixou registrado, Madero acreditava que sua obra *A sucessão presidencial em 1910* seria um sucesso, teria um grande impacto sobre o país e o general Porfirio Díaz. Convencido de ter diagnosticado o mal mexicano – o poder absoluto concentrado no ditador Porfirio Díaz, resultante do militarismo que imperou no país no século XIX –, achava ter também a receita para curá-lo – democracia e liberdade política. Em carta respeitosa, que acompanha o exemplar do livro enviado ao ditador, Madero escreveu: "a nação toda deseja que seu sucessor seja a Lei".

Ao terminar o livro, imitando Cristo, passou 40 dias e 40 noites em um deserto próximo à sua fazenda. Em carta ao pai, contou dos espíritos que povoam o espaço com a missão de salvar o povo da tirania, do fanatismo e dar-lhes liberdade – o mais poderoso caminho para o progresso dos povos. Madero se considerava um dos escolhidos pela Providência Divina para levar a cabo tal missão no México.

Em 1909, iniciou uma imensa e abnegada peregrinação por todas as regiões do país, em cinco incursões sucessivas.[6] A qualquer lugar que chegasse, acabava aclamado. O movimento de combate à reeleição de Porfirio Díaz por ele liderado tomou conta do país. Na Cidade do México, Madero fundou o Centro Antirreeleicionista, que publicava a revista *El Antirreeleccionista,* dirigida pelo jovem filósofo José Vasconcelos.[7] Em 1910, presidiu a convenção do Partido Antirreeleicionista, ocasião em que advertiu contra a fraude eleitoral e radicalizou o discurso: "A força será repelida pela força".[8] Em Puebla, Madero foi aclamado por 30 mil pessoas; em Jalapa por 10 mil; em Veracruz outros 20 mil trabalhadores foram ouvi-lo.

Essa vertiginosa consagração popular atingiu níveis insuportáveis para os conservadores agrupados em torno do ditador, e Madero foi preso em junho de 1910. Poucas semanas depois fugiu da prisão, atravessou a fronteira e chegou a Nova Orleans. Na biblioteca da cidade, entregou-se a leituras místicas para resolver o dilema de pregar a compaixão, mas liderar um movimento revolucionário com muitos inimigos: como conciliar um corpo engajado em promover um conflito armado com uma alma pacífica? Para responder a isso, buscou inspiração no livro *Baghavad Gita*, especialmente no diálogo em que o deus Krishna ensina ao príncipe Arjuna que ele pode lutar contra seu inimigo sem odiá-lo; basta fazer de sua ação um dever, sem pensar na recompensa, mas apenas na missão.

Como vimos anteriormente, o México era um país em imprevisível ebulição, em razão da turbulência política que se somava ao caos social. O presidente Porfirio Díaz havia criado um Estado forte, não tinha substitutos nem aceitava abandonar o poder. Madero havia proposto, no início de 1910, que o ditador tivesse mais um mandato como presidente, tendo o próprio Madero como seu vice. Seu objetivo era promover uma transição suave para a democracia, que entraria em vigor somente no mandato seguinte. Logo ficou evidente, porém, que Porfirio Díaz queria eternizar sua ditadura e, para isso, manipularia novamente as eleições. Acompanhado apenas de sua esposa e de um amigo, Madero organizou ampla campanha pelo país, lançando-se então como candidato à presidência.

Para o povo, a arrogância de Porfirio Díaz contrastava com a figura simples de Madero, que "veio simbolizar o pequeno Davi tão esperado por muitos mexicanos".[9] Sua propaganda pró-democracia mais parecia um apostolado. Talvez isso explique a enorme popularidade que angariava. Em Veracruz, fez "um dos discursos definidores de sua política social e ancorado no liberalismo clássico", conclamando seus seguidores a afirmar que não desejavam pão, mas sim liberdade, "porque a liberdade servirá para conquistar o pão".[10]

Nessa época, Madero recebeu apoio decisivo: Pancho Villa tornou-se seu primeiro líder militar. Os EUA liberaram o fluxo de armas na fronteira, o que potencializou a revolução, e Porfirio Díaz admitiu a possibilidade de renunciar, o que de fato concretizou em maio de 1911.[11] Em junho, mais de 100 mil pessoas na Cidade do México acolheram Madero, o líder triunfante do movimento.

Madero atingira o clímax de popularidade. Eleito presidente em outubro de 1911, deveria assumir o poder e liderar o país, mas preferiu obedecer a Constituição de 1857 e cometeu dois erros fatais: dispensou as tropas militares e designou um presidente interino. O primeiro equívoco deixou a Revolução sem músculos, e o segundo abriu caminho para que o interino conspirasse contra ele e provocasse desconfianças entre Madero e Zapata. Eram dois líderes movidos por princípios: o primeiro, um liberal convicto, o segundo, o defensor de "Terra e Liberdade". A dignidade humana os unia, mas os interesses mesquinhos de terceiros os separava. Além do presidente interino, dois conspiradores, como antes mencionado, articulavam a queda de Madero: um militar – general Victoriano Huerta – e um diplomata – o embaixador dos EUA no México, Henry Lane Wilson.

Apesar das evidentes traições do general Huerta, Madero ainda lhe concedeu 24 horas para provar sua lealdade. Huerta aproveitou o gesto magnânimo e avançou na conspiração: Madero foi preso no próprio Palácio Nacional. Para evitar o que

Os mexicanos

se anunciava como um banho de sangue sobre o México, Madero renunciou, em fevereiro de 1913, menos de dois anos após assumir a presidência. Pouco depois, entrou num carro com destino à penitenciária. Durante um intenso tiroteio um major, fanático seguidor do ditador Porfirio Díaz, colocou um revólver no pescoço de Madero e atirou. Morria assim o "presidente místico". Nascia o primeiro grande mártir da Revolução Mexicana.

O camponês apaixonado pela terra – Zapata

Emiliano Zapata era o penúltimo dos 10 filhos de um casal de camponeses indígenas. Ainda criança, encontrou seu pai chorando porque fazendeiros haviam lhe roubado as terras. Naquele mesmo dia, jurou combater os latifundiários usurpadores de terras e defender os camponeses espoliados. Estudou apenas três anos numa escola pública e logo se empregou como peão em uma fazenda. Aos 15 anos, já era um exímio treinador de cavalos. Adulto, tornou-se um pequeno proprietário bem-sucedido, mas sempre leal ao povo de seu vilarejo, Anenecuico, e defensor daqueles que perdiam suas terras para ricos latifundiários ligados a políticos influentes.

Quando um fazendeiro se apossou das terras de um grupo de camponeses indígenas que vivia próximo a Anenecuico, Zapata saiu em sua defesa diante de Porfirio Díaz. Em 1906, num diálogo profético, advertiu o ditador: "Se a Suprema Corte não fizer justiça com esses homens, saiba o senhor que logo haverá uma revolução."[12]

Naquele mesmo ano, junto com amigos, Zapata foi apresentado a um professor socialista e opositor do regime porfirista. Orientado pelo novo mestre (mais tarde seu compadre), começou a ler jornais da oposição. Pouco depois, conheceu a literatura revolucionária por indicação de outro professor, que também viria a ser seu compadre. Em 1908, Zapata já integrava várias agremiações políticas liberais, tendo sido nomeado presidente do Comitê de Defesa de seu vilarejo. Alguns anciãos lhe trouxeram documentos e mapas (muitos deles escritos em língua asteca, o náhuatl) com títulos de propriedade das terras injustamente expropriadas. Depois de estudá-los com o grupo por oito dias no interior da igreja local, com ajuda de um padre indígena que falava náhuatl, conseguiu compreender o conteúdo dos textos que comprovavam as injustas expropriações. Esse episódio fez com que Zapata bebesse "as águas da dor de seu povo" e se vinculasse para sempre "intimamente aos destinos de seus remotos avós indígenas".[13]

Os relatos da vida de Zapata sempre destacam uma profunda ligação com os camponeses expropriados e sua feroz oposição aos fazendeiros ricos e influentes.

Na época em que o regime de Porfirio Díaz dá os primeiros sinais de debilidade, os avanços do movimento revolucionário ocorrem inicialmente no Norte, sob a liderança de Pancho Villa. Mas logo chegam do Sul notícias de vitória das forças revolucionárias, sob o comando de Emiliano Zapata.

O Plano de San Luis Potosí, elaborado por Madero, previa que as terras indígenas usurpadas pelos fazendeiros fossem restituídas a seus legítimos donos. Essa proposta ia ao encontro das ideias de Zapata e criou um vínculo entre ele e Madero. Seus objetivos eram semelhantes, mas discordavam quanto aos meios e ao ritmo para alcançá-los: o presidente optava por uma transição gradual no cenário político e uma reforma agrária feita de maneira lenta e cuidadosa; Zapata carregava no peito os anseios de seu pai e de todos os camponeses pobres injustamente destituídos: uma justiça rápida.

Os objetivos revolucionários de Zapata cedo se revelaram ainda mais radicais. Montado no cavalo que recebera do padre de seu vilarejo, lançou o brado que para muitos marcou o início do zapatismo: "Abaixo as fazendas [latifúndios]. Que vivam os povos!".[14] Um dos precursores mais influentes da Revolução Mexicana, Ricardo Flores Magón, teve suas ideias refletidas no movimento zapatista. Pensando nos camponeses, Magón escreveu:

> Quando possuírem a terra, vocês terão liberdade e justiça. [...] Por isso, tomem as terras! [...] A lei foi imposta a vocês. E nós, homens dignos, devemos responder a essas imposições arbitrárias com a rebelião. [...] Portanto, vamos à luta! Avante, camaradas! [...] Vocês não poderão deixar que um único camarada se recuse a apoiar esse movimento e com todo o poder da convicção devem dar o mais supremo dos gritos, Terra e Liberdade.[15]

"Terra e Liberdade" seria também o ideal de Zapata, para muitos, o verdadeiro símbolo da Revolução Mexicana. A esse respeito, Luis Cabrera, um dos grandes ideólogos do movimento revolucionário, afirmava: "O propósito fundamental é transcendental, porque [as revoluções] buscam mudar as leis, os costumes e a estrutura social existente, com o objetivo de criar uma ordem mais justa".[16]

A Revolução Mexicana não foi socialista, como a Russa ou a Cubana, nem burguesa, como a Francesa, mas simplesmente mexicana. Como tal, orientou o país para a construção de uma identidade popular-nacionalista e para a recuperação do "glorioso legado" do período anterior à dominação espanhola, ou seja, a herança das culturas mesoamericanas. Zapata, com antepassados indígenas, seria um bom símbolo dessa identidade mexicana.

122 | Os mexicanos

A questão agrária foi o grande catalisador da Revolução, mas também o pomo da discórdia entre Madero e Zapata. O presidente pregava a distribuição de terras, mas mantinha boas relações com membros do antigo regime e, após assumir o poder, passou a defender a desmobilização e o desarmamento dos camponeses. Essa atitude gerou desconfiança no seio das lideranças camponesas, especialmente de Zapata, até então seu grande aliado no Sul. Estas responderam com o Plano de Ayala, documento que conclamava a imediata distribuição de terras para os camponeses, sem pagamento de compensação para os fazendeiros. Ao mesmo tempo, o Plano sustentava que "Francisco I. Madero está desacreditado como chefe da Revolução e presidente da República. [...] Nós vamos provocar sua destituição. [...] Nós reconhecemos como chefe da Revolução o general Emiliano Zapata."[17]

A situação política agravou-se com a conspiração do general Huerta, que promoveu um golpe de Estado, assumiu como presidente da República e ordenou o assassinato de Madero. Para combater Huerta, Venustiano Carranza, governador do estado de Coahuila e aliado de Madero, organizou um exército chamado Exército Constitucionalista. Apesar das divergências com Madero, Zapata se aliou a Carranza, juntamente com Pancho Villa. O movimento rebelde carrancista se estendeu a várias regiões do país e venceu importantes batalhas contra as forças golpistas de Huerta. Foram decisivos os apoios da Divisão do Norte, comandada por Pancho Villa, bem como o apoio de Álvaro Obregón, em Guadalajara, e de Zapata, no Sul.

Quando os constitucionalistas finalmente derrotaram Huerta (que fugiu do país), a aliança entre Carranza e os líderes dos exércitos camponeses, Zapata e Pancho Villa, se desfez. Ela durou apenas o tempo de acabar com o inimigo comum e não resistiu às divergências de opinião e interesses. Carranza queria manter a ordem social, promover a estabilidade política e garantir sua permanência no poder; Zapata queria uma reforma agrária radical e definitiva a favor dos camponeses despossuídos. Após a queda de Huerta, em 1913, Carranza assumiu a presidência de fato do país. Em 1914, Carranza e Zapata romperam definitivamente.

Já a relação entre Zapata e Pancho Villa se estreitou quando as forças do general Obregón (aliado de Carranza) passaram a combater as tropas de Pancho Villa. O ponto alto dessa aproximação foi simbolizado em 6 de dezembro de 1914, quando ambos foram calorosamente recebidos pelos populares na Cidade do México e, em

Emiliano Zapata, sempre retratado com o *sombrero*, era um camponês apaixonado pela terra. Foi respeitado líder militar da Revolução e principal ideólogo da reforma agrária. Seu lema *Tierra y Libertad*, transformou-se no grande estandarte dos revolucionários

A Revolução Mexicana | 123

Bain Collection (Library of Congress), 1911

124 | Os mexicanos

seguida, posaram para a célebre fotografia com Pancho Villa sentado na cadeira presidencial, alegre, fanfarrão, tendo ao seu lado Zapata, que parecia pouco confortável. O diálogo dos dois é revelador. Villa se levantou e disse ao amigo que era a vez dele de sentar-se. Zapata respondeu: "Não lutei por isso, lutei pelas terras e para que sejam devolvidas. A mim não importa a política".[18]

Após esse instante de glória, a estrela dos dois líderes revolucionários entrou num irreversível declínio. Pancho Villa perdeu uma batalha após a outra para o general Obregón. Uma vez enfraquecido o Centauro do Norte, Carranza e Obregón concentraram suas investidas contra Zapata, perseguindo-o sem piedade. O algoz escolhido para aniquilar Zapata foi um coronel chamado Jesus. Em 1919, Zapata foi convidado a ingressar no pátio da fazenda onde encontraria Jesus. Hesitou, mas aceitou. A cavalo, entrou no recinto acompanhado de dez seguidores. O som de um clarinete pareceu antecipar-lhe honras militares. Mas a música foi sufocada pelo som de pistolas que terminaram com a vida do grande ídolo popular mexicano, esperança de milhões de camponeses.

Nascia assim um novo mártir da Revolução: o camponês apaixonado pela terra, o ícone da Revolução Mexicana, o líder que dizia desprezar a política.

O Robin Hood mexicano – Pancho Villa

> Era filho de peões ignorantes. Nunca foi à escola. Não tinha a mais leve ideia sobre a complexidade da civilização. Quando finalmente nela ingressa, era um homem maduro, com extraordinária sagacidade natural, que vivia em pleno século XX com a ingênua simplicidade de um selvagem.[19]

Era esse o olhar de John Reed, o jornalista norte-americano fascinado por revoluções que se tornou amigo de Pancho Villa.

Aos 16 anos, Pancho Villa já havia matado um homem, um funcionário público que teria violado sua irmã. Mas só foi considerado um criminoso quando roubou gado de um fazendeiro rico. Por isso foi preso, mas logo escapou, após ferir um dos guardas. A partir de então, o governo ofereceu uma recompensa por sua captura e Pancho Villa tornou-se fugitivo, viveu de roubos e assaltos (com alguns períodos de calmaria, quando atuava como açougueiro), até encontrar o presidente Madero e mergulhar de corpo e alma na Revolução Mexicana.

É difícil descobrir o verdadeiro personagem, tantas são as lendas, canções populares, poemas, filmes e fantasias que cercam sua vida. Mesmo na época em que

Pancho Villa era um simples bandoleiro, qualquer assalto a trem, roubo de gado, assassinato de fazendeiro que ocorresse no norte do México era automaticamente atribuído a ele. É certo que antes de 1910 já havia muito sangue em suas mãos. Pancho Villa cometeu vários homicídios, assaltou fazendas, incendiou propriedades, queimou prédios do governo, sequestrou pessoas, roubou ouro e prata extraídos de minas ricas. Apesar de tudo isso, muitos de seus crimes eram cercados de uma mística de justiça social. Os exemplos são muitos e povoam ainda hoje o imaginário coletivo mexicano. "Era conhecido em todas as partes como 'o amigo dos pobres'. Foi uma espécie de Robin Hood mexicano".[20]

Uma das histórias envolvendo seu nome conta que Pancho Villa, ao tomar conhecimento da condição miserável dos peões da fazenda Los Álamos, formou um pequeno bando, assaltou a casa-grande, saqueou seus donos e distribuiu o dinheiro do saque para a população pobre.

Para mim, um bom caminho para conhecer Pancho Villa na intimidade foi ler *México insurgente*, de John Reed. O jornalista-ativista conviveu bom tempo com Villa. Entre eles surgiu uma empatia mútua. Apesar de todas as atrocidades que comete, o personagem que surge nas páginas de Reed é um homem pragmático, intuitivo e munido do que se poderia chamar de sabedoria popular: defendia os pobres e punia os ricos; repreendia com extrema severidade os faltosos; expulsava sumariamente de seu exército soldados bêbados; dançava uma noite inteira, mas não abandonava sua tropa no dia seguinte; não aceitava traições e executava traidores a sangue frio; tinha uma autoconfiança sem limites e um senso de justiça peculiar, que vinha do seu instinto, e não das leis ou das regras sociais.

Quando Pancho Villa teve o "encontro da sua vida" com Madero, em 1910, ele ainda era um fugitivo. Contou sua história de vida ao futuro presidente, que demonstrou grande compaixão e empatia a ponto de convidá-lo a juntar-se às hostes revolucionárias. Villa sentiu que essa poderia ser a grande oportunidade de redenção na sua vida, o momento para expiar o passado de banditismo. "Repentinamente colocou sua pessoa, seu bando, seus conhecimentos, sua fortuna às ordens de Madero."[21] Logo foi nomeado capitão e, na Cidade do México, acabou promovido a general do exército maderista.

Os seguidores de Villa eram recrutados em fazendas que ficavam distantes de cidades, povoados ou linhas férreas. Muitos deles acabariam incorporados ao exército regular, vários chegaram a oficiais e alguns até se tornaram generais constitucionalistas, como o general Urbina.

Depois de Pancho Villa abraçar a causa da Revolução, sua aura de herói popular imbatível e justiceiro cresceu com as imaginosas lendas a seu respeito: não confiava em ninguém; nunca dormia durante as jornadas secretas nas montanhas; mantinha em segredo todos seus planos até o último minuto; alimentava regiões inteiras nos períodos de seca e miséria no campo; e protegia os pobres desalojados de suas terras pelas leis arbitrárias do ditador Porfírio Díaz.

Pancho Villa ganhou fama e notoriedade como comandante da Divisão do Norte. O general Huerta, ao nele identificar um concorrente, conduziu-o à Corte Marcial, que sumariamente o condenou à morte por fuzilamento. Pouco antes da execução, Pancho Villa foi salvo por Madero. Villa, contudo, permaneceu na prisão, mas se manteve – como ao longo de toda a vida – fiel a seu protetor, Madero (que, no entanto, não quis romper com Huerta). Nesse período, Villa aproveitou para se alfabetizar e, em nove meses, já conseguia ler jornais e escrever.

Ao sair da prisão, seguiu para El Paso, no Texas. "Daí saiu, em abril de 1913, para conquistar o México, com quatro acompanhantes, levando três cavalos, um quilo de açúcar, de café e meio quilo de sal."[22] Nessa época de sua vida, nem ele nem seus amigos tinham dinheiro para comprar cavalos. Para conseguir montaria, mandou dois de seus amigos para uma pensão que alugava cavalos. Diariamente cada um alugava um cavalo, pagando pelo aluguel religiosamente. Assim, quando pediram para alugar oito cavalos, o dono não hesitou em ceder os animais. Pancho Villa e seus amigos partiram logo em seguida. Seis meses depois, porém, quando Pancho Villa entrou vitorioso na grande Ciudad Juárez, pagou ao dono da pensão o dobro do que lhe devia pelos cavalos.

Pancho Villa tinha enorme capacidade de arregimentar soldados, atributo que vinha de sua popularidade e de seu carisma. De quatro companheiros na partida de El Paso, passou a ter, ao fim de um mês, um exército de três mil soldados. Em sete meses e meio, Pancho Villa e seus seguidores já haviam conquistado o estado de Chihuahua, tomado posse de Ciudad Juárez, vencido as tropas inimigas e libertado todo o norte do México das tropas de Porfírio Díaz. Vitorioso, Pancho Villa se autoproclamou governador militar do estado de Chihuahua.

Era preciso financiar a revolução, e o empréstimo bancário implicava juros de 30% a 40% do capital. Villa achou isso um absurdo. A situação econômica do estado que governava foi se agravando, com considerável queda do poder aquisitivo da população e do dinheiro em circulação. Os fornecedores e comerciantes se retiravam por falta de compradores. A solução de Villa foi criar uma moeda que tinha como garantia o seu próprio nome. Começou a pagar os soldados com a "moeda de Villa". Para evitar especulação, tabelou os preços, depois decretou que qualquer outra moeda era considerada falsa, não poderia ser trocada pela "moeda de Villa" e os desobedientes seriam punidos com 60 dias de prisão.

Quando, em 22 de fevereiro de 1913, Madero foi assassinado a mando de Huerta, que assumiu o poder, Venustiano Carranza, governador do estado de Coahuila, não reconheceu o traidor como o novo presidente e passou a organizar um exército constitucionalista para combatê-lo. "Emiliano Zapata tampouco reconheceu o novo governo. Ao chamado de Carranza, acudiram antigos maderistas, como Francisco (Pancho) Villa e um grupo que havia combatido Orozco, entre os quais se destacava Álvaro Obregón."[23]

Em 1914, uma empresa cinematográfica de Hollywood mostrou-se interessada em filmar as aventuras de Pancho Villa. Ele concordou e assinou um contrato no valor de US$ 25 mil, permitindo que uma equipe de cinema acompanhasse as ações das forças insurgentes por ele lideradas no norte do México. No contrato estavam especificados locais, horários e demais detalhes, de forma a assegurar a melhor qualidade das cenas. De fato, Pancho Villa aceitou iniciar seus combates às 9 horas da manhã e terminá-los às 4 horas da tarde, uma vez que as filmagens precisariam ser feitas com a luz do dia. Também os atos de execução dos inimigos ocorreriam às 4 horas da tarde, segundo acordado com Villa.

O objetivo original do filme era retratar cenas de batalhas do general, tendo ele como protagonista. Entretanto, a produção final – *La vida del general Villa* – combinou ficção com realidade ao reconstituir sua trajetória de vida, desde o momento em que sua irmã foi violada até as diversas batalhas como revolucionário e comandante da Divisão do Norte. O roteiro resgatou a imagem pública de Pancho Villa como justiceiro e combatente por uma causa, a Revolução. Foi um sucesso de bilheteria.

Essa história revela o lado *showman* do herói da Revolução, transformado em "mocinho" do cinema americano. Em 2003, Antonio Banderas atuou no filme *Starring Pancho Villa as Himself* (no Brasil ganhou o nome de *E estrelando Pancho Villa*), sobre a produção hollywoodiana dos anos 1920 tendo o próprio revolucionário mexicano como protagonista.

Os Estados Unidos, convencidos de que a Revolução era irreversível, apoiavam pragmaticamente as ações de vários chefes revolucionários. Ofereciam asilo aos perseguidos e forneciam armas para a luta. Pancho Villa se beneficiou dessa "magnanimidade" dos Estados Unidos, que lhe concederam armas e abrigo quando perseguido por Huerta e apoio logístico para movimentar tropas ao longo da fronteira.

Apesar da lealdade inicial de Pancho Villa ao chefe Carranza, cedo começaram as divergências, que foram crescendo, se tornaram rivalidades e, mais tarde, conflitos. Carranza não aceitava as arbitrariedades, a indisciplina e a impossibilidade de controlar Villa, que a cada dia se tornava mais hostil.

Villa, o mítico comandante da Divisão do Norte, seria o principal responsável pela derrota do inimigo Huerta. Mas nem assim Carranza lhe concederia mais poderes e recursos. Ao mesmo tempo em que as vitórias do "Centauro do Norte" foram escasseando, Carranza consolidava seu poder. Com a posse de Carranza como presidente, os EUA reconheceram oficialmente o novo regime – o que Villa interpretou como um gesto de hostilidade pessoal a ele, em função de suas divergências com Carranza.

Em resposta, em março de 1916, em gesto de extrema ousadia, Pancho Villa invadiu a cidade norte-americana de Columbus. O ataque resultou em incêndios, violações, saques a bancos e ao comércio, roubos de armas e na morte de 17 americanos. A partir de então, Pancho Villa se transformou em um bandido desumano aos olhos da população, da imprensa e do governo dos EUA. Por outro lado, subiu mais ainda no conceito e na admiração do ressentido povo mexicano. A origem mais profunda dessa delirante ousadia reside naturalmente no espírito incontrolável de um homem movido por impulsos e, estranhamente, por um sentido de lealdade para com seus chefes.

A afronta de Pancho Villa em invadir os EUA, incendiar instalações em uma pequena cidade do país, executar cidadãos norte-americanos, tudo isso exigia a punição imediata e a condenação à morte de Pancho Villa. Mas a punição acabou nunca acontecendo. O experiente general John Pershing, à frente de bem armada força expedicionária, combateu durante longos 11 meses o revolucionário mexicano. Em vão. Uma investida após outra, Pancho Villa sempre saía ileso, inalcançável. A "expedição punitiva" contra Pancho Villa, enviada pelo governo norte-americano foi um total fracasso. Os norte-americanos ainda tiveram que aguentar o sarcasmo das mensagens enviadas pelos adeptos de Villa: "Temos a honra de informar que Francisco (Pancho) Villa se encontra em todas as partes e em nenhuma."[24]

A Revolução Mexicana | 129

Bandido sanguinário, guerrilheiro irresponsável, ator de Hollywood, grande comandante militar da Revolução? Na vida real Pancho Villa foi tudo isso e no imaginário popular foi também o Robin Hood mexicano, inspiração para muitas histórias saborosas.

Villa conseguiu escapar das tropas norte-americanas, que ao final desistiram da perseguição. A população norte-americana ficou indignada, mas a mexicana passou a admirar ainda mais seu herói-justiceiro.

Contudo, seu exército não mais conquistava vitórias, seu poder bélico declinava. Em 1920, Villa decidiu finalmente aposentar-se dos combates e recolher-se a uma fazenda. Parecia estar realizando o sonho manifestado ao jornalista amigo John Reed: "cultivar milho e criar gado até que eu morra entre meus companheiros, que comigo tanto sofreram".[25]

Se "sua alma, mais que de um homem, era de um jaguar", se ele era "uma fera que em vez de garras tinha metralhadoras e canhões",[26] seria possível um desfecho plácido para um homem com tamanha inquietação? Seu destino final foi coerente com sua vida perigosa e cheia de aventuras. Em 1923, Pancho Villa dirigia seu carro acompanhado de seis seguidores quando soldados armados até os dentes, a mando do presidente Obregón (que sucedera Carranza em 1920), dispararam repetidas vezes contra o automóvel e seus ocupantes.

O povo mexicano lamentou profundamente sua morte. Os mexicanos viam em Pancho Villa uma metáfora de suas próprias vidas. Uma metáfora justiceira.[27]

NOTAS

[1] Essa parte é inspirada no artigo clássico e profético de Daniel Cosio Villegas sobre a Revolução Mexicana: "Mexico's Crisis", em Gilbert M. Joseph & J. Henderson (eds.), *The Mexico Reader: History, Culture, Politics*. Duke, University Press, 2000.

[2] A trajetória de Madero como espírita aqui examinada toma como referência o livro de Enrique Krauze, *Biografia del Poder. Caudillos de la Revolución Mexicana (1910-1940)*. Krauze se baseia no *Cuaderno manuscrito de Madero con sus comunicaciones espiritistas, 1907-1908; 1901-1907*, Archivo particular de la señora Renée González.

[3] Idem, p. 28.

[4] Idem, p. 29.

[5] Idem, ibidem.

[6] Idem, p. 41.

[7] José Vasconcelos foi um dos mais influentes intelectuais mexicanos nas décadas de 1930 e 1940. Foi o arquiteto de uma política cultural destinada a construir uma "identidade mexicana". O muralismo e o cinema seriam veículos dessa política. Vasconcelos foi também o idealizador de uma campanha nacional de educação de massa. Escreveu *Ulises Criollo* e o famoso *Raça cósmica*.

[8] Enrique Krauze, op. cit., p. 42.

[9] Eduardo Blanquel, "The Mexican Revolution: 1919-1920", em *A Compact History of Mexico*, Ciudad de México, El Colégio de México, 2009, p. 123.

[10] Enrique Krauze, op. cit., p. 43.

[11] Idem, p. 50.

[12] Idem, p. 99.

[13] Idem, p. 100.

[14] Idem, p. 101.

[15] Ricardo Flores Magón, "Land and Liberty", em Gilbert M. Joseph e Timothy J. Henderson (eds.), op. cit., pp. 337-8.

[16] Idem, p. 333.

[17] Ricardo Flores Magón, "Plan of Ayala. Emiliano Zapata and Others". Em *The Mexico Reader: History, Culture, Politics*. Edited by Gilbert M. Joseph & Timothy J. Henderson. Duke University Press. 2002, p. 341.

[18] Krauze, Enrique, op. cit., p. 117.

[19] John Reed, *Mexico insurgente*, Barcelona, Editorial Ariel, 1979, p. 94. (tradução nossa)

[20] Idem, p. 95.

[21] Idem, p. 96.

[22] Idem, p. 97.

[23] Álvaro Matute, "Los años revolucionários (1910-1934)", em Gisela von Wobeser (coord.), *Historia de México*, Ciudad de México, Fondo de Cultura Económica, 2010, p. 230. (tradução nossa)

[24] Idem, p. 181.

[25] Idem, p. 183.

[26] Idem, p. 158. A primeira frase é atribuída a Martin Luis Guzmán, e a segunda, a José Vasconcelos.

[27] Idem, p. 185

A REVOLUÇÃO "INSTITUCIONALIZADA" POR UM PARTIDO POLÍTICO

A Revolução Mexicana, um movimento de robusta transformação do país, produziu caos político, desorganização econômica e rebelião social. Com 20 anos de existência, o país não encontrava o caminho da reconstrução.

No último ano da década de 1920, as elites mexicanas aglutinaram representantes das mais diversas origens sociais e facções políticas em torno de um grande projeto nacional. Para isso, cooptaram adversários num amplo espectro da vida do país: representantes políticos, empresários, sindicalistas, latifundiários, camponeses, tecnocratas. Um único partido político personificou esses ideais. Seu nome é uma contradição em termos: Partido Revolucionário Institucional (PRI).

A trajetória política desse partido é tão surpreendente quanto são contraditórias as avaliações a seu respeito. Uns dizem que ele "sepultou a Revolução", outros que "reconstruiu o país" ou que "domesticou a Revolução". Ele "foi o grande marco institucional" ou "engessou a identidade nacional". "Promoveu a cultura" (muralismo e cinema), representou "a ditadura perfeita" e "impediu o jogo democrático". "Industrializou o país", "criou e manipulou sindicatos poderosos", "preservou monopólios, oligopólios e empresas estatais ineficientes".

Enfim, ficou 71 anos no poder (1929-2000). Dele afastou-se por 12 anos (2000-2012) e, depois, voltou. Isso já diz muito, para o bem ou para o mal.

A TENTATIVA DE RECONSTRUÇÃO NACIONAL NOS ANOS 1920

O censo demográfico mexicano de 1921 refletia uma realidade preocupante. A população total era de 14 milhões de habitantes, ou seja, 1 milhão a menos que 10 anos antes, em consequência de 250 mil mortos durante a Revolução e de centenas de milhares de mortes provocadas pela *influenza* (gripe) espanhola e por outras epidemias. Ocorria igualmente queda substancial na produção agrícola e mineira, apenas parcialmente compensada pelo aumento na extração de petróleo.

Apesar dessas dificuldades, em 1921, já estava superado o principal problema nacional: a pacificação do país, com a vitória das tropas do governo sobre os movimentos rebeldes. Em 1921, celebrou-se o centenário da Independência, ocasião em que o governo mexicano buscou projetar no plano internacional a imagem de um México pacífico e estável. Poucos anos depois, o presidente Obregón concluía a negociação da dívida mexicana com os EUA e obtinha o reconhecimento desse país ao novo governo mexicano.

Na presidência de Obregón (1920-1924), um grande número de escolas rurais foram construídas, muitas terras foram distribuídas aos camponeses e surgiam os primeiros sinais de uma reconstrução nacional.

Lançaram-se as bases de uma estratégia destinada a construir uma identidade nacional mexicana a partir de uma política cultural que teve nos pintores muralistas sua mais visível e destacada expressão. O arquiteto desse projeto nacional foi José Vasconcelos, reitor da Universidade Nacional do México e poderoso ministro da Educação nos anos 1920. Teve papel decisivo no impetuoso florescimento cultural e artístico mexicano, deu início a um amplo programa de alfabetização de massa, inspirado no modelo então implantado na União Soviética. Em seu discurso de posse como reitor, já pregava seu evangelho revolucionário: "Nesse momento eu não venho trabalhar para a Universidade, mas sim pedir à Universidade que trabalhe para o povo".[1] Seu projeto – que tinha a arte como eixo central – previa a universalização da educação e o acesso ao conhecimento por parte do maior contingente possível da população.

Novas bases culturais

A Revolução quebrou as referências culturais (europeias) do antigo regime: idealizou o passado indígena e abominou a exploração estrangeira (a Conquista espanhola, o domínio colonial, o imperialismo). Para forjar uma nova identidade mexicana, era preciso construir novas bases à luz das enormes mudanças produzidas pela Revolução. Vasconcelos esteve à frente desse projeto nacional que concebeu a educação como atividade evangelizadora, iniciou campanhas de alfabetização e promoveu a difusão das artes. Ele reformulou o grito de Zapata – "Terra e Liberdade" –, que passou a ter versão mais atual: "Terra e escolas".

Em um de seus livros mais famosos, *A raça cósmica*, escrito após uma viagem à America do Sul, José Vasconcelos visualiza um povo latino-americano – a "raça cósmica" – formado pela mestiçagem (entre europeus e indígenas ou entre europeus e africanos). Os valores desse povo estariam, segundo o pensador mexicano, intimamente ligados à sensibilidade, ao espírito, à estética, contrastando radicalmente com os valores das populações anglo-saxônicas, estas movidas pela racionalidade, pelo pragmatismo e pelas conquistas materiais. Para ele, a hegemonia da "raça cósmica" prevaleceria a longo prazo, porque a estética é superior ao conhecimento racional.

Conforme suas orientações, os pintores muralistas deveriam transmitir esse credo da América Latina como o futuro da humanidade, além de uma visão épica da Revolução Mexicana. Para José Vasconcelos, o importante era criar um nacionalismo cultural, baseado na produção de símbolos e mitos que refletissem um passado heroico que teria como fator de aglutinação a mestiçagem. Ele chegou a afirmar que o equivalente político da mestiçagem é a unidade nacional.

> Os narradores pretendem incorporar-se ao nacionalismo por meio da mexicanidade de seus temas; os pintores chegam até a encontrar formas e coloridos "intrinsecamente mexicanos". Para Vasconcelos, o nacionalismo é o espírito se apoderando de uma coletividade e a transfigurando.[2]

A arte como luta: pintura muralista

"Finalmente encontrei um país surrealista!". Com essa frase, André Breton, um ícone do surrealismo, sintetizou o México das primeiras décadas do século XX. Era um país em ebulição. A Revolução Mexicana de 1910 havia chegado como um terremoto político e social que devastou o antigo regime, mas não foi capaz de construir durante uma década a nova ordem.

As três figuras mais emblemáticas da Revolução Mexicana – Madero, Zapata e Pancho Villa – foram assassinadas. O clima de violência extrema que marcou os primeiros dez anos de uma revolução que se estendeu até o final dos anos 1940,

136 | Os mexicanos

deixou cicatrizes profundas na alma mexicana. Passado esse período sem tréguas, o México viveu outra explosão: uma efervescência artística sem precedentes no país e com poucos paralelos no mundo. A manifestação mais visível desse fenômeno foi a pintura muralista imortalizada por três artistas excepcionalmente talentosos: José Clemente Orozco, Diego Rivera e David Alfaro Siqueiros.

"A pintura mural no México existia já antes da Era Cristã, e dela se conhecem exemplos nos afrescos de Bonampak, Chichén Itzá, Tulum e Teotihuacan".[3] Na era colonial, numerosos afrescos habitavam as paredes dos conventos, mas decaíram muito durante o Porfiriato, como, aliás, a pintura mexicana em geral, que se tornou um pálido reflexo da pintura acadêmica europeia. No início do século XX, porém, o muralismo ganhou novo vigor no México, graças à influência do Dr. Atl.[4] Seu entusiasmo contagiou até o visionário José Vasconcelos, que solicitou que fossem pintadas as paredes de importantes edifícios públicos com temas que divulgassem a história nacional – em particular a temática revolucionária – para a população.

Diego Rivera foi a principal referência desse movimento artístico engajado. Quem visita a Cidade do México não pode deixar de ver o imenso mural de Rivera na fachada externa da Universidade Autônoma do México (Unam). Tampouco pode esquecer as paredes internas do Palácio Nacional, onde Rivera registrou uma visão trágica e ao mesmo tempo heroica da "civilização mexicana", desde os tempos do deus Quetzalcóatl até o período pós-revolucionário. Outro exemplo exuberante de sua obra é o prédio da Secretaria de Educação Pública, que exibe um conjunto de 120 painéis que representam a decadência do capitalismo e a ascensão da revolução proletária soviética e da revolução agrária mexicana, temáticas recorrentes nas obras dos muralistas.

Antes de ficar famoso com seus murais, Diego Rivera estudou pintura no México e em Paris, onde se tornou amigo de Picasso e Georges Braque. Retornou ao México nos anos 1920, quando começou a desenvolver suas enormes pinturas que retratam com imensa força e movimento a história mexicana, com obras marcadas pela visão socialista, pontuadas de críticas aos EUA e elogios à resistência dos oprimidos (indígenas, camponeses, operários). Apesar de membro do Partido Comunista, Diego, por seu talento, chegou a ser convidado para pintar o mural de entrada do Rockfeller Center. O artista escolheu como figuras de primeiro plano Marx e Lenin, além da foice e do martelo. Evidentemente, a obra acabou recusada. Parte dela está hoje no Museu de Belas Artes da Cidade do México.

Em certo momento da vida, Diego Rivera uniu-se a Frida Kahlo, mulher de vanguarda, bissexual, irreverente e também artista de extraordinário talento. A relação de amor e ódio entre Diego (homem imenso e gordo) e a frágil Frida (doente, pequena e magra), 21 anos mais jovem, foi descrita como "a união entre um elefante e uma pomba".

Embora membro do Partido Comunista Mexicano, Diego passou a fazer vigorosa oposição a Stalin e a defender ideias trotskistas. Com sua ajuda, Leon Trotski e a esposa obtiveram asilo do governo mexicano, sob a presidência de Lázaro Cárdenas. Tempos depois, o líder da Revolução Soviética acabaria assassinado por agentes do stalinismo infiltrados no México com a ajuda de mexicanos partidários do ditador, inclusive do renomado muralista David Alfaro Siqueiros.

Siqueiros foi outro dos grandes muralistas mexicanos que colaboraram no projeto de levar arte e história ao povo. Como Rivera, Siqueros tinha fortes posições políticas e convicções artísticas. Aos 15 anos de idade, participou de uma greve na Academia de Belas Artes que terminou com a expulsão de um reitor conservador identificado com os cânones europeus. Aos 17 anos, conspirou contra o general Huerta, que traíra o presidente Madero. Alguns anos depois, ingressou no exército revolucionário, alcançando a patente de capitão. Na Europa, conheceu Diego Rivera e escreveu: "Esse encontro, que reputo transcendental, representou o contato dum período importante do formalismo europeu, o pós-cezanniano, com as aspirações dos jovens pintores mexicanos participantes ativos da Revolução e partidários duma nova arte social".[5] Em 1922, com Orozco, Rivera e outros, Siqueiros integrou o movimento muralista mexicano. Uma década e meia mais tarde, como muitos artistas e intelectuais do seu tempo, incorporou-se ao Exército Republicano na Guerra Civil Espanhola.

"É impossível separar sua vida profissional de suas atividades políticas."[6] Siqueiros – esse Miguel Ângelo indígena, na imagem entusiasmada de seu grande admirador Erico Verissimo – foi ainda secretário geral do Partido Comunista Mexicano na mesma época em que realizou um impressionante mural no Parque de Chapultepec e envolveu-se em manifestações anti-EUA. É muito curioso que, por essas duas facetas, Siqueiros tenha sido agraciado com alta condecoração do governo mexicano e, logo depois, preso por atividades subversivas. "Isso ilustra bem a habilidade mexicana de reconhecer a genialidade de seus cidadãos, ao mesmo tempo que os pune por atos considerados perigosos para o país."[7]

A obra de Siqueiros não se restringiu aos anos 1920, embora permanecesse carregada de mensagens políticas. Seu painel de 12 metros de largura por 5 de altura, no Palácio de Belas Artes da Cidade do México, intitulado *A nova democracia,* retrata uma gigantesca mulher, bela e vigorosa, de fartos seios, nua da cintura para cima, com os braços estendidos para a frente, mostrando as correntes rompidas e tendo numa das mãos um facho luminoso. Pensando nele, Erico Verissimo escreveu:

"Tem-se a impressão de que esses braços saltam da parede e nos golpeiam o plexo solar, tal a força brutal e o relevo escultórico da figura."[8]

Os quadros sombrios de José Clemente Orozco, o terceiro dos grandes muralistas, contrastam com a grandiosidade agressiva de Siqueiros ou o esplendor cultural de Rivera. Suas pinturas no Antigo Colégio de San Ildefonso, por exemplo, transmitem de imediato um sentimento de nostalgia e desesperança diante de um destino trágico. Suas telas retratam o tema da separação de homens que partem para o exílio e mulheres que ficam na solidão com filhos pequenos.

A pintura muralista não teria sido possível sem sua grande luz, que foi a Revolução Mexicana. Mas essa teria perdido muito de sua força cultural sem as imagens e a inspiração de seus artistas.

> O movimento muralista foi antes de tudo um descobrimento do presente e do passado do México, algo que o abalo revolucionário havia mostrado claramente: a verdadeira realidade de nosso país não era o que viam os liberais e os porfiristas do século passado, mas sim outra, sepultada mas viva. [...] Todos temos nostalgia e inveja de um momento maravilhoso que não pudemos viver. O momento em que, recém-chegado da Europa, Diego Rivera volta a ver, como se nunca antes houvesse visto, a realidade mexicana.[9]

O historiador mexicano Carlos Monsiváis, por sua vez, lança um olhar crítico sobre o muralismo e identifica suas raízes ideológicas no populismo latino-americano, que para ele é sentimental e declaratório, além de incorporar vulgarizações do marxismo e versões elementares da luta de classes.

Como se vê, não existe unanimidade. De todo modo, é muito difícil ficar indiferente diante da arte muralista mexicana.

GUERRA DOS *CRISTEROS*

O México foi palco de novo enfrentamento armado com a Guerra dos Cristeros (1927-1930). *Cristeros* tem sua origem na saudação "Viva Cristo Rei", utilizada por católicos fanáticos, sobretudo nos estados de Jalisco e Michoacan. Em 1928, um representante dos *cristeros* assassinou o presidente Álvaro Obregón. Extraordinário barbarismo de ambos os lados prevaleceu na Guerra dos *Cristeros*.

O clero evitava um conflito direto com as autoridades civis, mas transformou-se em oposição atuante após a decisão do governo de restringir a liberdade religiosa e limitar o número de sacerdotes por habitante. Foram impostos obstáculos à entrada de padres estrangeiros no país e proibidas todas as formas de culto religioso fora do recinto das igrejas. Para responder às medidas governamentais destinadas a diminuir o poder da Igreja, os clérigos, que sempre contaram com o apoio dos fiéis, insuflaram camponeses a fazer oposição ao governo. Também nas principais cidades formaram-se Ligas Protetoras da Liberdade Religiosa, que se opunham às cláusulas anticlericais da Constituição de 1917.

Com a decisão do governo de fechar os templos, praticamente todos os bispos se retiraram do México e a maioria das igrejas ficou sem padres durante os três anos do conflito. O movimento católico, enfraquecido, passou a ser comandado por um general. Com sua morte, os conservadores perderam força, sendo finalmente derrotados pelo Exército Nacional, ao mesmo tempo que o governo cedeu, ao tolerar o ensino religioso nas escolas. A Guerra dos *Cristeros* – a última grande controvérsia entre Estado e Igreja no México – representa mais um dos episódios da história mexicana a mostrar nitidamente as contradições entre tradição e modernidade. É muito curioso que o acordo final entre as partes beligerantes tenha sido negociado com a intermediação do embaixador dos EUA no México, Dwight Morrow, em 1929.

ESTABILIDADE E GOVERNABILIDADE: O PRI NO PODER

A vitória sobre o clero católico e os *cristeros* não significou, contudo, tranquilidade política. No final dos anos 1920, o México foi palco de nova crise institucional em razão do desejo do general Obregón de voltar à presidência da República, em flagrante desrespeito a uma das cláusulas mais relevantes da Constituição de 1917 – a proibição de reeleição para presidente da República.

O desfecho do impasse reeditou um traço recorrente da história mexicana: o binômio poder político e assassinato de líderes. Obregón foi vítima de um atentado a dinamite quando viajava num carro aberto, mas sobreviveu e foi reeleito presidente em 1928. Entretanto, durante banquete em sua homenagem, um desenhista aproximou-se com o aparente objetivo de fazer sua caricatura. Em lugar disso, disparou seu revólver e matou Obregón. O artista assassino foi condenado à morte e executado, mas, no curso da investigação, descobriu-se que tinha como cúmplice uma freira, madre Conchita, e que o próprio presidente Elias Calles, sucessor de Obregón, e um ministro de seu gabinete também estavam envolvidos no crime.

O ano de 1929 foi o da crise econômica internacional, mas para o México foi o grande marco de inflexão política: a criação do Partido Nacional Revolucionário (PNR), depois transformado no Partido Revolucionário Institutcional (PRI). O PRI

140 | Os mexicanos

permaneceria no poder ininterruptamente até o ano 2000 e seria peça-chave na engenharia política, social e econômica do México por mais de sete décadas. Sua hegemonia política seria conseguida por meio da ampla cooptação de representantes dos diversos segmentos da sociedade mexicana.

Entre 1929 e meados dos anos 1930, a política mexicana foi dominada pela figura marcante de Elias Calle, conhecido também como "Líder Máximo" e inspirador da expressão *maximato*. Seu poder era tanto que eclipsou o de vários outros presidentes. Um deles renunciou e o sucessor, general Abelardo Rodrigues, escolhido pelo Congresso em 1932, foi figura apagada na História mexicana e tem seu nome lembrado mais pela construção do Cassino de Tijuana, convertido em famosa atração turística para americanos que queriam fugir da lei seca.

Desde o início, o PRI (então ainda chamado PNR) demonstrou visível eficiência na mobilização de diversos setores da sociedade, como trabalhadores, camponeses e militares. Essa habilidade logo se revelou importante em função das greves e pressões dos trabalhadores sindicalizados e das organizações trabalhistas de camponeses e operários, que exigiam uma política social mais radical. Coube ao PRI a elaboração de planos sexenais (o mandato presidencial passou a ser de seis anos) que contemplavam medidas nas áreas política, econômica e social.

Até meados dos anos 1930, o México era ainda um país moldado pelos sonhos e frustrações da Revolução. O ideal de democracia, tal como defendido pelo primeiro presidente da Revolução, Francisco Madero, não se cristalizou e seus sucessores foram, em sua maioria, generais. A segunda grande bandeira, a reforma agrária, se concretizou apenas na parte relativa à distribuição de terras aos camponeses, mas não na criação de um modelo agrícola produtivo. Na verdade, a distribuição das terras teve mais o propósito de controlar os movimentos camponeses (diminuindo a pressão política que faziam) do que elevar a eficiência do campo. As conquistas trabalhistas, terceiro grande objetivo da Revolução, avançaram com a formação de sindicatos, confederações e centrais de trabalhadores. Entretanto, vítimas de excessiva politização, o sindicalismo mexicano deformou ao longo do tempo os propósitos originais do movimento trabalhista.

FRÁGIL DEMOCRACIA

No campo da política, como vimos, a hegemonia do PRI foi essencial para transformar o caos pós-revolucionário num prolongado período de estabilidade política e avanço econômico. É bem verdade que os ideais de igualitarismo presentes no cerne da Revolução foram colocados de lado – com a marcante exceção do governo de Lázaro Cárdenas nos anos 1930, que consolidou a reforma agrária e nacionalizou o petróleo em 1938. Ao mesmo tempo, o PRI construía uma estabilidade ilhada, unipartidária, com ausência do jogo democrático. O dogma da não reeleição, inscrito na Constituição de 1917 e até hoje vigente, preservava o princípio de alternância de poder a cada seis anos; mas, na prática, por muitas décadas, foi impossível a vitória e o acesso ao poder de candidatos de fora do partido hegemônico.

O sistema político excludente só encontraria seu primeiro confronto de peso na rebelião estudantil e de intelectuais de 1968, quando centenas de manifestantes foram mortos (no Massacre de Tlatelolco) e o regime priista não pôde ocultar sua face despótica e repressiva. Hoje, são muitos os analistas que identificam nesse momento uma oportunidade perdida de abertura em direção a uma democracia real, e não apenas formal. O segundo momento de confronto ocorreu nas eleições presidenciais de 1988. O candidato do Partido da Revolução Democrática (PRD), Cuauhtémoc Cárdenas saiu vitorioso nas urnas; mas, em função de óbvia fraude eleitoral, o candidato do PRI, Carlos Salinas de Gortari, assumiu a presidência. Com isso, houve visível perda de legitimidade do regime, que mereceu a qualificação de "ditadura perfeita" por parte do escritor peruano Mario Vargas Llosa.

Apenas na virada do século foi permitida a alternância de partidos no poder, com a eleição de Vicente Fox, fenômeno que se repetiu em 2006 com Felipe Calderón, ambos do Partido de Ação Nacional (PAN), de centro-direita.

Durante longo período, as distorções inerentes a esse caminho antidemocrático do México não se fizeram sentir ou foram amortecidas e compensadas pelo binômio estabilidade política com crescimento econômico. Entretanto, no México de hoje, as sete décadas de hegemonia do PRI, embora parcialmente interrompida por dois mandatos de presidentes advindos do PAN, estão na raiz dos grandes desafios do país.

Um dilema central da sociedade mexicana está associado à grave escalada da violência, da insegurança e da frustração com a política do presidente Calderón (2006-2012) de combate ao narcotráfico e ao crime organizado. O crescimento de homicídios ligados ao narcotráfico teve salto exponencial, partindo de um patamar de cerca de 1.500 mortes no início do mandato, em 2006, para mais de 15.000, em 2010.

Ao assumir a presidência, fortemente questionado quanto ao verdadeiro resultado do pleito, Calderón lançou rapidamente uma grande bandeira política capaz de marcar uma diferenciação em relação ao desgastado mandato de Fox. Assim,

142 | Os mexicanos

da noite para o dia, concebeu um plano que consistia em lançar uma guerra aberta contra o narcotráfico e o crime organizado: sem estratégia, sem sistema de inteligência, sem coordenação entre as mais de 2.600 distintas forças policiais, sem o apoio da população. O propósito de Calderón era rapidamente apresentar à sociedade mexicana um amplo projeto político, de modo a legitimar sua (discutível) vitória eleitoral. Nesse contexto de precipitações, equívocos e ausência de rumos, a política de segurança caminhou no sentido de crescentes frustrações, que se agravaram diante de uma política norte-americana de insensibilidade e indiferença, traduzida na ausência de medidas efetivas para a redução do consumo de drogas nos EUA, na preservação dos interesses dos influentes *lobbies* norte-americanos a favor das armas e na repetição de elogios fáceis do *State Department* ao governo Calderón.

Outro dilema de peso para o México está associado à confluência de distorções que se originaram na enorme cooptação de setores empresariais, lideranças sindicais, industriais e camponesas que plasmaram o PRI desde suas origens. Uma delas é a exacerbação de um sindicalismo com grande poder eleitoral, forte sentido corporativo e importante aliado do PRI no jogo dos interesses partidários, que contribuiu para sua perpetuação no poder. Outra distorção é a preservação de uma burocracia composta de membros indicados pelo PRI, o que resulta na falta de profissionalismo, ausência de quadros apartidários, de sistema de mérito e de planos de carreira. E, finalmente, as distorções inerentes a uma economia com importantes setores estatizados e fortemente oligopolizada, o que tende a preservar interesses estabelecidos e a desestimular investimentos em ciência e tecnologia, bem como ganhos de competitividade.

Os mexicanos parecem ter se acostumado à fragilidade da democracia. Com apenas pouco mais de uma década de alternância de partidos no poder e com episódios de eleições reconhecidamente fraudulentas (1988) ou duvidosas (2006), a população mexicana exibe visível descrédito e indiferença em relação ao sistema político, o que condiciona reduzido grau de participação popular no debate de temas políticos.

A percepção da população sobre atores essenciais ao processo democrático (tais como meios de comunicação, sindicatos e partidos políticos) é a de que são manipulados por grupos econômicos e políticos influentes e, assim, se situam distantes das reais necessidades da população. Episódios de desmandos governamentais, de corrupção evidente por parte de membros do governo ou do setor privado são recebidos com indiferença por boa parte da população, o que demonstra visível desencanto com a democracia.

Esse quadro teve como um de seus corolários a vitória do PRI no pleito eleitoral de 2012, embora já contando com forte e tradicional rejeição por parte da população. Numerosos analistas interpretaram esse resultado como sinal de retrocesso

A Revolução "Institucionalizada" por um partido político | 143

Imagens da manifestação na praça central da Cidade do México, ocupada por vários meses com barracas montadas por professores da rede oficial. Protestavam contra as reformas liberais e modernizadoras do presidente do PRI, Peña Nieto: exigência de concursos públicos para o ingresso no magistério e fim do monopólio da Pemex (a estatal de petróleo mexicana).

numa democracia que se afirmou como pluripartidária apenas a partir de 2000. Entretanto, as primeiras medidas tomadas pelo presidente Peña Nieto – reforma energética, educacional e combate aos monopólios no setor de televisão e de telecomunicações – produziram expectativas mais otimistas com relação ao futuro por parte de empresários, investidores e da classe média mexicana.

A grande incógnita atual consiste nas reais possibilidades de serem essas reformas efetivamente implementadas. Vale lembrar que tais reformas são muito impopulares, porque reduzem privilégios, atingem interesses corporativos de sindicatos altamente influentes (como o de professores e de petroleiros) e desmontam monopólios estatais considerados ícones do nacionalismo mexicano, como é o caso da Pemex e das estatais do setor elétrico.

Em síntese, o México posterior às celebrações do bicentenário da Independência e do centenário da Revolução, em 2010, resiste a assumir reformas essenciais à construção de um país renovado e com visão de futuro. Um país que preserve seus heróis e mitos, mas sem deles se tornar refém; que se desfaça das armadilhas de um sistema político funcional no passado, mas desagregador e paroquial no presente; que estimule os ventos de mudança capazes de transformar uma economia oligopolizada, um comércio exterior dependente virtualmente de um só mercado (EUA), em uma economia mais aberta à concorrência e com parceiros diversificados e dinâmicos. Veremos mais detalhes sobre a economia no capítulo seguinte.

NOTAS

[1] Carlos Monsiváis, "Notas sobre la cultura mexicana en el siglo XX", em *Historia general de México*, Ciudad de México, Colégio de México, Versión 2000, p. 985. Discurso de posse de José Vasconcelos como reitor da Universidade Nacional do México em 1920.

[2] Erico Verissimo, *México*, Rio de Janeiro, Globo, 3. ed., p. 989.

[3] Idem, p. 214.

[4] Pseudônimo de Gerardo Murillo Ornado, pintor, escritor, médico, político e professor mexicano. Durante sua formação artística na Europa, entusiasmou-se com os renascentistas italianos, depois trouxe ideias novas para a arte mexicana.

[5] Erico Verissimo, op. cit., p. 221. Texto de entrevista de Siqueiros a Erico Verissimo, em 1957.

[6] Marvin Alisky, *The A to Z of Mexico*, Lanham, Toronto, Plymouth, UK, The Scarecrow Press, 2010, p. 480.

[7] Idem, p. 481.

[8] Erico Verissimo, op. cit., p. 225.

[9] Idem, p. 990. O texto reproduz uma observação de Octavio Paz. Carlos Monsiváis. Notas sobre la cultura mexicana en el siglo XX, em *Historia general de México*, Versión 2000, Ciudad de México, Colégio de México.

ECONOMIA MEXICANA

A trajetória econômica mexicana foi pautada pela enorme abundância de prata na época colonial, pela volátil riqueza do petróleo nos anos 1980 e pelo acordo de livre comércio com EUA e Canadá (Nafta), em 1994, que pavimentou um caminho de ampla abertura comercial, estruturado em Tratados de Livre Comércio (TLCs) com 44 países. Nosso exame dos avanços econômicos e dos principais desafios com que se defronta o país nos dias de hoje terá como parâmetro esses elementos estruturantes e essenciais para a compreensão do México atual.

*

Com a chegada dos primeiros colonizadores do México, o sistema econômico praticado pelos indígenas, baseado na agricultura de subsistência, passou a incorporar um setor exportador, destinado a gerar riqueza para a Coroa espanhola e para os próprios colonizadores e que ajudava a pagar as importações da colônia.

Com a descoberta de gigantescas reservas de prata, o México passou a gerar abundante riqueza para a metrópole e, ao mesmo tempo, ampliou as atividades econômicas voltadas para o mercado interno, que adquiriram uma dinâmica própria. Com elevadas exportações de prata, o México teve assegurado um papel destacado na economia internacional, sobretudo nos séculos XVII e XVIII. Nessa época, o mercantilismo era o paradigma da economia internacional e do pensamento econômico, assim como hoje ocorre com a globalização. Para os economistas mercantilistas, os países tinham por objetivo maximizar sua riqueza, que era sinônimo de saldo positivo na balança comercial (exportações menos importações). O saldo (superávit) era então transformado em prata (o ouro era muito escasso), o que explica sua importância para o mundo. O país com muito estoque de prata (Espanha, graças ao México e ao Peru) era considerado rico, assim como hoje país rico é aquele dotado de tecnologia de ponta e competitivo na exportação de serviços ou manufaturas sofisticadas (Estados Unidos, Alemanha, China, Japão e Coreia do Sul). Mas voltemos ao México.

Segundo a lenda, a "Corrida da Prata" teve sua origem na cidade de Zacatecas, quando um índio chichimeca colocou uma pepita de prata na mão de um colonizador espanhol. Pouco depois, em 1548, os espanhóis já exploravam uma mina de prata e operavam numerosas caravanas que transportavam a riqueza até o porto e daí seguiam em caravelas para a metrópole. A mão de obra utilizada na extração mineral e no transporte era formada por indígenas ou mestiços que habitavam aquelas regiões e que antes do advento da mineração se dedicavam à agricultura. Como a mineração era uma atividade exportadora de riquezas naturais de grande valor, a ampla maioria da renda gerada era destinada aos proprietários das minas (que, em geral, viviam nas grandes cidades), aos funcionários da empresa mineradora e à burocracia colonial. Apenas parcela pequena da renda ia para os mineiros.

Embora os benefícios para as classes mais pobres fossem reduzidos, como a população mineira era grande, criou-se um mercado interno de dimensões modestas, mas em expansão. Esse mercado gerava postos de trabalho e oportunidades para pequenos negócios com comércio e produção de manufaturas locais.

Diferentemente de outras atividades que exigem mão de obra intensiva e promovem maior distribuição de renda, a mineração gerava grande riqueza, mas muito concentrada, sobretudo nas mãos de espanhóis, *criollos* ou representantes da Coroa espanhola. Isso explica o florescimento de cidades arquitetonicamente riquíssimas, como Zacatecas, cuja catedral exibe uma fachada no mais primoroso estilo *churrigueresco*.[1] Atualmente, a beleza de sua arquitetura atrai intenso turismo, junto com a emblemática mina El Eden, que produzia, além de prata, ouro, ferro, cobre e zinco. A visita à mina é feita em um vagão minúsculo de uma estrada de ferro com uma bitola muito estreita. O turista se sente amedrontado, quase claustrofóbico, ao visualizar o túnel todo escuro logo na entrada. A primeira parada dentro da mina já dá uma ideia do que eram as condições de trabalho dos mineiros no passado. O visitante com alguma consciência social tende a sentir revolta e indignação, agravadas por saber que muitos trabalhadores eram crianças, algumas com menos de doze anos. A exploração da mão de obra era tão brutal que, no período de grande produção da mina El Eden (séculos XVII e XVIII), diariamente morriam em média cinco mineiros, por acidente, tuberculose ou silicose. À medida que o trem avança e penetra nos níveis mais baixos dos sete andares da mina, o visitante vai ficando cada vez mais convencido de que a mineração não deixava de ser uma modalidade de tortura por conta das condições de trabalho indignas, desumanas. (Onde já se viu chamar esse inferno de El Eden?) Também cresce a empatia com os mineiros que perderam suas vidas numa atividade que devastou legiões de jovens e crianças – um velho não aguentaria um dia naquelas profundezas escuras, infestadas de poeira e com desabamentos frequentes.

Entre os séculos XVI e XVIII, o México foi responsável por um terço da prata produzida no mundo. Zacatecas era o mais importante centro mineiro do país. Essa riqueza é visível nos ornamentos e detalhes do frontispício da catedral da cidade.

A literatura sobre a economia mexicana nos séculos XVI a XIX revela que uma das maiores minas de prata do México e do mundo não era a famigerada El Eden, mas sim La Valenciana, na cidade de Guanajuato, descoberta em 1558 e que durante 250 anos produziu simplesmente 20% de toda a prata do mundo. Os "barões da prata" (os grandes proprietários das minas) ficaram enfurecidos quando o rei Carlos III da Espanha decretou, em 1765, a redução substancial da participação da colônia nos lucros da mineração. Essa decisão e a expulsão dos jesuítas do México, dois anos depois, causaram enorme irritação na elite da colônia, que, usando os trabalhadores mineiros como massa de apoio, se insurgiu contra a Coroa. Começava a germinar a semente da independência do México.

Embora concentradora de renda, como vimos, a mineração contribuía para dar mais dinamismo às atividades agropecuárias e ao comércio, pois as populações mineiras aumentavam o consumo de alimentos e de bens básicos. Mas as abundantes riquezas minerais ocultavam marcantes debilidades do sistema colonial: desigualdade social, atraso tecnológico e sucessivas crises na agricultura, em função da queda de preços das *commodities* com efeitos devastadores sobre as populações do campo.

148 | Os mexicanos

De 1877 até 1911, a economia mexicana cresceu de forma lenta, mas sustentada. Isso ocorreu graças à superação do caos político e ao fim da turbulência econômica que prevaleceu no período posterior à Independência, em 1821. A estabilidade política imposta de cima para baixo na presidência de Porfirio Díaz e uma série de transformações no plano econômico moldaram a modernização do país. Dentre as mudanças, sobressaíram: grande expansão do investimento direto estrangeiro, sobretudo nos setores de mineração e petróleo (as empresas estrangeiras tornaram-se donas de 97% do setor mineiro do país); ampliação da infraestrutura (com estradas de ferro e rodovias); e profissionalização da burocracia federal durante o Porfiriato (com um grupo de tecnocratas chamado "*los científicos*").

Entretanto, a modernização trouxe no seu bojo um alto custo social, sob a forma de expulsão dos indígenas das terras que cultivavam (transformadas em *plantations* dedicadas à exportação e dominadas por grandes proprietários rurais). Isso se refletiu no descontentamento generalizado e nas rebeliões que culminaram na vitória da Revolução Mexicana de 1910. Contribuiu para esse desfecho a circunstância de que a mão de obra era abundante, crescentemente desocupada, em função do avanço do latifúndio, e em processo de migração para a periferia mais pobre das cidades. Fato determinante da Revolução foi, portanto, a nova condição dos camponeses (em sua grande maioria indígenas, mas também mestiços), que se tornaram despossuídos ao perderem suas terras para os grandes proprietários, em sua maioria aliados políticos de Díaz.

O período que vai de 1910 até 1925 pautou-se pelos devastadores efeitos da Revolução sobre a economia mexicana. Os setores de mineração e petróleo se expandiram a taxas elevadas; mas, em consequência da desorganização gerada pela divisão de terras produtivas entre camponeses e do caos político, outras atividades sofreram sério revés: a agricultura estagnou, os setores bancário e creditício se reduziram substancialmente, o gado foi quase totalmente devastado e o investimento estrangeiro direto estancou.

Em 1929-1930, o México sentiu os efeitos da crise econômica internacional. As exportações mexicanas declinaram quase 70% e as importações sofreram queda igualmente forte, pela elevada dependência mexicana em relação a seu principal parceiro, os EUA, foco central da crise.

A década de 1930 é reconhecida no México como época de amplas reformas com robusto impacto econômico e social. Foram tempos de institucionalização da Revolução, com a criação de bancos, avanços concretos na reforma agrária (promovidos pelo presidente Lázaro Cárdenas)[2] e a criação, em 1938, da estatal de petróleo Pemex.

O período que vai da crise de 1929 até os nossos dias foi inaugurado com uma primeira fase (1929-1970) de crescimento econômico acelerado, baseado na industrialização por substituição de importações (ISI)[3]. Seguiu-se uma etapa de desaceleração do crescimento, motivada pelo esgotamento daquele padrão de industrialização, de 1970 até meados dos anos 1980. A fase final, que dura até os nossos dias, é caracterizada por uma série de reformas econômicas destinadas a modernizar a economia, integrar mais intimamente as economias do México e de EUA e Canadá (através do Nafta), promover uma participação mais ampla do México na economia internacional e a aumentar a competitividade da economia mexicana e sua capacidade exportadora. Uma análise dessas três etapas da economia mexicana é necessária para a compreensão da situação atual, suas oportunidades e seus desafios.

1929-1970

A fase inicial de substituição de importações teve um impacto muito positivo para o crescimento econômico do país. Os anos 1930 trouxeram transformações profundas na estrutura da economia, na política econômica e no papel do Estado. Para o presidente Lázaro Cárdenas, a ampliação do papel do Estado era fundamental para favorecer seus projetos de reforma agrária e para o "nacionalismo revolucionário" (ele nacionalizou as empresas petrolíferas e criou a Pemex).

Nessa época, o petróleo representava quase 70% das exportações totais mexicanas e correspondia a cerca de um terço da receita do Estado. Durante a Segunda Guerra Mundial, a economia mexicana cresceu a taxas muito elevadas, porque os EUA tiveram acelerado crescimento do PIB – suas indústrias estavam concentradas no esforço de guerra e, em consequência, as exportações mexicanas para aquele país tiveram aumento notável, com efeito dinamizador sobre o crescimento do PIB mexicano. Esse dinamismo se manteve dos anos 1950 até 1962, com taxa média anual de crescimento econômico de 6,2% e crescimento industrial de 7%.[4]

Um fator relevante para explicar esse dinamismo excepcional durante tão longo período foi o aumento substancial da taxa de investimento, em função de amplo esquema de proteção à indústria nacional a partir de 1947.[5] Dos anos 1960 até o início da década de 1970, o crescimento econômico continuou a uma taxa bem elevada, superior a 7% ao ano, explicado em grande medida pela ampliação do setor industrial – beneficiamento de alimentos, bebidas, vestuário e têxtil –, que elevou substancialmente sua participação no PIB, enquanto caía drasticamente a participação da agricultura e da mineração.[6]

Posto de gasolina da Pemex em rua de Cancun.
A Pemex é a maior empresa do México e uma
das maiores da América Latina.

É interessante observar que essa trajetória da economia mexicana é muito semelhante à da brasileira. Ambos os países se desenvolveram com base no processo de industrialização com substituição de importações (ISI), o mercado interno foi altamente protegido e a taxa de investimento era muito elevada, o que explicava o elevado crescimento econômico. Mas algumas diferenças entre os dois países eram marcantes. O período de 1955 a 1971 no México ficou conhecido como "de desenvolvimento estabilizador", ou seja, crescimento com inflação baixa; enquanto no Brasil, sobretudo no período de 1955 a 1965, houve crescimento, mas com elevadas taxas de inflação.

Apesar dos indicadores positivos da economia mexicana, estavam escondidas diversas debilidades que comprometeriam o crescimento a longo prazo. A primeira era o amplo aparato protecionista. Foi útil no início, porque configurava a chamada proteção à indústria nascente. Mas posteriormente se tornou um mecanismo de desestímulo à concorrência externa e à competitividade das exportações industriais mexicanas. A segunda vulnerabilidade era a política de fortalecimento dos sindicatos, sobretudo daqueles atrelados ao governo. A força política dessas agremiações resultou em constantes elevações de salários reais, com o consequente aumento de custos de produção e o agravamento da perda de competitividade das empresas mexicanas. O terceiro ponto vulnerável era a estrutura de oligopólio que se preservou (até hoje) como característica da economia mexicana, o que inibe a competição, desestimula investimentos em ciência e em tecnologia, aumenta custos e reduz a competitividade.

Aqui cabe novamente um paralelo com o Brasil. Nós também exibimos essas vulnerabilidades, mas o poder do sindicalismo no México começou mais cedo do que no Brasil, tem mais tradição (historicamente ligado ao PRI) e conta com maior capacidade de arregimentação e poder político. (Mas o Brasil percorre nos últimos 10 anos um caminho que se aproxima da trajetória mexicana.)

1970-MEADOS DOS ANOS 1980

Por volta de 1970, o "desenvolvimento estabilizador" do México dava sinais de visível esgotamento. Apesar da alta taxa de crescimento do PIB naquele ano, a inflação foi o dobro da do ano anterior, em função do descontrole fiscal e da expansão do crédito, o déficit do setor público quase duplicou como percentagem do PIB. Era clara a trajetória de desequilíbrios macroeconômicos.

O quadro político também se deteriorava visivelmente; havia repressão brutal do governo às manifestações estudantis contra o monopólio de poder do PRI e ausência de democracia e cerceamento das liberdades civis. As centenas de jovens assassinados pelas forças de repressão em 1968 plasmaram uma tragédia nacional que marcou, segundo analistas, o começo do declínio do PRI. Octavio Paz, indignado com a absurda brutalidade policial diante de uma manifestação estudantil sem qualquer caráter de confrontação armada, abandonou sua carreira diplomática. Muitos outros respeitados intelectuais se insurgiram contra o governo, acusando-o de violência criminosa e de ter perdido uma oportunidade histórica de iniciar uma legítima inflexão política e, assim, inaugurar nova etapa de respeito à vontade popular expressa nas urnas em vez de continuar com as desgastadas manipulações eleitorais.

O quadro econômico também se deteriorava. Em meados dos anos 1970, o presidente López Portillo firmou acordo com o Fundo Monetário Internacional (FMI) que obrigou o país a implantar um programa ortodoxo de ajustamento econômico.

Em 1978, quando os preços do petróleo começavam a seguir uma tendência de aumentos frequentes, aconteceu algo marcante na história do México. Imediatamente, governo e políticos, fascinados com a bonança do petróleo, elevaram os gastos públicos a níveis insustentáveis e deixaram de lado as reformas econômicas tão necessárias. As evidentes vulnerabilidades estruturais e conjunturais da economia mexicana se agravaram. Mas o gigantesco campo petrolífero de Cantarell parecia ser "a solução para tudo!".

A visão dos governantes mexicanos de que a chegada da era do petróleo abundante (a ideia de uma Arábia Saudita nos trópicos) inaugurava um ciclo de benesses e prosperidade cedo revelou-se simplista e ilusória. Como bem demonstra a história de Cantarell, riqueza mineral abundante pode ser mais maldição que graça. E a fronteira entre o êxito e o fracasso reside numa governança esclarecida e com visão de futuro. O México – como tantos outros países no passado e no presente – demonstrou como é falaciosa e infundada a crença de que quanto maior for a participação do governo na renda do petróleo ou o conteúdo nacional dos equipamentos, mais expressivo será o benefício para a sociedade. Basta cotejar experiências latino-americanas com a trajetória da indústria do petróleo em outros países, como a Noruega, para constatar como é decisivo um governo lúcido. Como em outros setores, uma indústria petrolífera com bom desempenho e com externalidades positivas para o conjunto da sociedade depende de boa gestão, de insumos e de equipamentos modernos que garantam competitividade a todo o ciclo industrial.

O primeiro efeito das descobertas dos enormes campos petrolíferos de Cantarell foi a substancial elevação nos gastos governamentais: eram 30,9% do PIB em 1978 e saltaram para 40,6% apenas três anos depois, em 1981. Como as receitas governamentais ficaram estáveis – em torno de 20% do PIB –, os efeitos negativos foram inevitáveis: os gastos públicos mais que duplicaram como percentagem do PIB (6,7% em 1977 e 14,6% em 1981).[7] Nesse contexto, foi inevitável também o surgimento da "doença holandesa":[8] as exportações petroleiras geravam superávit comercial e, em consequência, o peso mexicano se valorizava fortemente; um peso forte penalizava as exportações e estimulava as importações, aumentando o déficit comercial. O México passou, então, a importar manufaturas que antes eram produzidas no país, provocando o agravamento da desindustrialização e mais "doença holandesa".

Com elevadas receitas petrolíferas, o governo ingressou numa espiral de desequilíbrios: gastos descontrolados; déficit público crescente, fuga de capitais, estancamento do aporte de investimentos estrangeiros, dívida externa crescente e fora de controle e crise da dívida. O resultado não demorou. "No começo de 1982, o México vivia sua pior recessão desde a grande depressão de 1929."[9]

1983-DIAS DE HOJE

A partir de 1983, diante de nova crise que se aprofundava, o presidente De la Madrid (1982-1987) inaugurou um programa de estabilização que continha instrumentos ortodoxos e heterodoxos, como controle de preços e salários. O programa visava eliminar o componente inercial da inflação, utilizar o tipo de câmbio como âncora nominal e induzir mudança nas expectativas de inflação que refletisse a confiança na economia a longo prazo. O programa foi acolhido positivamente pelos mercados. Esse cenário prevaleceu também em função de diversos outros fatores: avanços nas negociações do Plano Brady,[10] redução do déficit público, aumento na entrada de capital estrangeiro, reprivatização dos bancos que haviam sido nacionalizados e o anúncio da decisão de negociar um acordo de livre comércio com os Estados Unidos.

Assim, a partir de 1983, o México seguiu uma trajetória de políticas econômicas de corte liberal que foram continuadas e aprofundadas no mandato do presidente Salinas de Gortari (1988-1993) e culminaram com a assinatura do Nafta (Acordo de Livre Comércio da América do Norte) em 1º de janeiro de 1994.

O Nafta é considerado pelos economistas mexicanos um divisor de águas na economia do país, para o bem ou para o mal.

Os críticos da Nafta alegam que o acordo tornou o México ainda mais dependente dos EUA, como ficou visível no fato de ter sido o México um dos países que mais sofreram com a crise econômica internacional de 2008, pela vinculação excessiva com a economia norte-americana. Sustentam que o país se especializou em exportações de manufaturas de baixo conteúdo tecnológico e que a entrada da China no mercado dos EUA – com mão de obra mais barata que a das *maquiladoras* mexicanas – inviabilizou esse modelo.

Os defensores do Nafta incluem numerosos economistas de inclinação mais liberal e muitos empresários, que reconhecem no Nafta o mérito de ter contribuído para institucionalizar e consolidar o equilíbrio macroeconômico sustentável e fundamentado num processo de reformas liberais: equilíbrio fiscal, inflação baixa e reduzida intervenção do Estado na economia. No âmbito do comércio exterior, foram adotadas medidas destinadas a promover a abertura, a tornar mais competitivas as exportações de manufaturas e a privatizar alguns setores básicos.

Mas o nascimento do Nafta coincidiu com dois acontecimentos graves: a rebelião zapatista em Chiapas e a crise econômica mexicana de 1994-1995. Por um lado, era o vigor da sociedade civil que se insurgia contra o Estado – num movimento armado e de cunho separatista –, por outro, era o governo que consolidava – após mais de quatro anos de negociação do Nafta – uma política econômica marcadamente liberal e vinculada aos EUA. O levante zapatista foi uma frustração política imediatamente após um êxito econômico, aos olhos do governo.

A crise de 1994-1995, que teve suas origens na liberalização financeira e na reprivatização bancária, provocou ataques especulativos recorrentes e teve como principais agravantes os seguintes problemas: o crédito aumentou exponencialmente; a inadimplência quadruplicou num período de quatro anos, atingindo 53% do PIB; o déficit em conta corrente superou muito o nível das reservas internacionais; o governo fez ampla emissão de *Tesabonos* (títulos público com taxa de juros superior à do mercado e resgatáveis na data do vencimento ao câmbio do dia) para evitar a perda de reservas, mas com resultado muito negativo; a dívida pública interna em dólares alcançou 90% do PIB.

O resultado da crise foi uma acentuada contração da economia mexicana, da ordem de 6,2% em 1995, mas isso teve curta duração. No período 1996-2000, o PIB cresceu a uma taxa média anual de 5,5% e com taxa de inflação declinante. Apesar da rápida recuperação, as sequelas da crise financeira foram profundas. O governo norte-americano abriu uma linha de crédito de US$ 50 bilhões, o que permitiu a retomada do sistema de pagamentos, mas milhares de devedores perderam seus ativos e outros tantos se declararam em moratória. Prevaleceu em amplos segmentos da população a imagem de falta de transparência e de corrupção e a percepção de que o governo teve apenas a preocupação de salvar os bancos e os banqueiros.

Esse quadro econômico desfavorável ao governo se refletiu na perda de apoio popular. O corolário político foi inevitável. Após 71 anos de hegemonia do PRI, pela primeira vez no século XX, um candidato da oposição saía vitorioso nas eleições e assumia a presidência. O Partido da Ação Nacional (PAN) governaria o México de 2000 a 2011, nas presidências de Fox e Calderón.

Porém, os dois mandatos presidenciais do PAN não foram capazes de realizar as reformas necessárias e, em 2012, o PRI voltou ao poder, fenômeno interpretado por muitos como descrédito na democracia. Apesar do ceticismo de grande parte dos analistas, os primeiros meses da administração do presidente Peña Nieto sinalizaram na direção de avanços no processo de reformas nos setores de educação, telecomunicações e energia/petróleo. Além dessas reformas, o país ainda precisa eliminar monopólios e oligopólios em outras áreas-chave, bem como limitar o poder excessivo dos sindicatos.

NOTAS

[1] O estilo *churrigueresco* representa uma modalidade extremamente ornada do barroco mexicano. O nome se origina de seu idealizador e realizador, o arquiteto mexicano José Bento Churriguera (1665-1723). As duas referências maiores desse estilo são as catedrais de Zacatecas e da Cidade do México. Marvin Alisky, *The A to Z of Mexico*, op. cit., p. 114.

[2] Por tudo isso, o presidente Lázaro Cárdenas tornou-se, ao lado de Benito Juárez, o mais popular mandatário do México.

[3] ISI é o modelo de industrialização que caracterizou a América Latina. Consistiu em elevar as tarifas (dificultando as importações de produtos industrializados) e em estimular as indústrias locais. Daí o nome industrialização por substituição de importações.

[4] Enrique Cárdenas, "La economia en el dilatado siglo XX, 1929-2009", em Sandra Kuntz Ficker (coord.), *Historia económica general de México: de la colonia a nuestros días*, Ciudad de México, El Colégio de México, Secretaría de Economia, Comisión Organizadora de las Celebraciones del Bicentenario. agosto de 2010, p. 511.

[5] Idem, p. 516.

[6] Idem, p. 517.

[7] Idem, p. 525.

[8] Em economia, a "doença holandesa" refere-se à relação entre o aumento da exportação de recursos naturais e o declínio do setor manufatureiro. A abundância de recursos naturais gera vantagens comparativas, como especialização na produção e exportação de *commodities*. Em consequência, ocorre valorização cambial que desestimula a exportação de bens industriais, podendo gerar desindustrialização.

[9] Robert S. Noth, *The Economy in Mexico – A Country Study. Foreign Area Studies*, edited by James D. Rudolph, Washington, The American University, p. 171.

[10] Plano de reestruturação da divida externa de países em desenvolvimento, sobretudo latino-americanos, lançado no final dos anos 1980 e idealizado pelo secretário de Tesouro dos EUA Nicholas F. Brady. O México concluiu o acordo em 1989 e o Brasil, em 1994.

MÉXICO
E ESTADOS UNIDOS

"Pobre México. Tão longe de Deus e tão perto dos Estados Unidos." Essa frase é atribuída ao ditador Porfirio Díaz, que, apesar da crítica nela implícita, era ardoroso defensor dos interesses americanos no México.[1] A frase virou uma espécie de mantra que explica as adversidades enfrentadas pelo México em consequência de sua vizinhança com os EUA.

Concordando ou não com ela, é fato que uma análise da economia mexicana deve ter como parâmetro básico sua condição geográfica de vizinho de uma superpotência detentora da maior economia do mundo. Essa circunstância geográfica favorece ou prejudica o México?

Um economista liberal – defensor da ideia de que são as empresas e o mercado que produzem riqueza e que o papel do Estado é, sobretudo, o de promover o bom funcionamento do mercado – tenderá a dizer que a geografia favorece o México, ou seja, é bom ter um vizinho forte e rico, que proporciona ao México ter um mercado de enormes dimensões para seus produtos de exportação, receber investimento estrangeiro para a construção de fábricas e incorporar tecnologia. Além disso, seu nível de desemprego é menor, porque o vizinho absorve imigrantes que estariam desempregados no país de origem, e ainda se beneficia de muitos bilhões de dólares de remessas desses imigrantes.

Entretanto, um economista defensor da intervenção direta do Estado na economia tende a pensar que o vizinho poderoso termina por interferir na política e na economia do México e a prejudicar seu desenvolvimento econômico.

Se nós olharmos para o passado, sobretudo para o século XIX, quando o expansionismo americano acabou absorvendo metade do território mexicano, o economista intervencionista parecerá ter razão. Mas, se nosso objeto de análise for a história recente – em que o México se transformou em grande exportador de manufaturas para os EUA e, beneficiado pelo Nafta, desenvolveu uma indústria competitiva em escala global –, o economista liberal parecerá ter razão. Ou seja, se nosso foco for político, a vizinhança prejudica, mas se for econômico, a vizinhança favorece.

"Viver ao seu lado é como dormir com um elefante. Com o menor movimento dele, você pode ser esmagado." Essa frase é atribuída a um grande presidente do Canadá, Pierre Trudeau. Se vale para o Canadá – uma nação com relações muito amistosas com os EUA –, a frase é mais verdadeira ainda para o México.

Nas últimas décadas, o México mantém um relacionamento correto e sem sobressaltos com os EUA. Mas no século XIX e na primeira metade do XX, os vínculos entre os dois países estiveram bem próximos de uma tragédia nacional mexicana.

A perda de metade do território em consequência da guerra entre EUA e México em 1848 é até hoje uma ferida aberta no peito de cada mexicano. Debilitado pelo caos político posterior à Independência, o México não pôde resistir e perdeu para os EUA o território hoje ocupado por seis estados norte-americanos.

Esses foram tempos bicudos para o México. Os EUA eram uma potência emergente diante de uma Europa inconformada com a perda de poder. Daí resultou a famosa Doutrina Monroe, de 1823: "A América para os americanos". Mas para mexicanos e centro-americanos – vítimas de tantas invasões dos EUA –, o *slogan* historicamente mais verdadeiro seria: "A América para os norte-americanos".

Em meados do século XIX, como vimos, a inquietação da elite conservadora mexicana, temerosa de novos avanços e anexações norte-americanas, levou a um gesto desesperado, uma aliança com a França, que invadiu o México com tropas militares. O medo da interferência demasiada dos EUA na política nacional não era infundado. Logo após a Revolução Mexicana de 1910, por exemplo, o embaixador dos EUA no México conspiraria com os generais ligados ao antigo regime e com os conservadores para derrubar o presidente Francisco Madero. Este foi executado e o caos instalou-se no país. O ressentimento para com os EUA ficou uma vez mais gravado no coração e na mente dos mexicanos.

Em 1914, era o presidente Woodrow Wilson quem enviava tropas para ocupar o porto de Veracruz. Triste destino mexicano: livre dos franceses, novamente ameaçado pelo vizinho do norte.

Tropas norte-americanas voltaram a invadir o México em 1916. Dessa vez, na perseguição (frustrada) a Pancho Villa. O legendário herói mexicano cometeu duas "ousadias": cruzar a fronteira com seu grupo de revolucionários e assassinar 17 norte-americanos na cidade de Columbus.

Nas décadas seguintes, foi o petróleo o pomo da discórdia. Em 1938, o presidente Lázaro Cárdenas, hostilizando os estrangeiros, decretou a nacionalização do petróleo e a criação da estatal Pemex, com imenso apoio popular (a data é até hoje celebrada como redenção do país).

México e Estados Unidos | 159

As relações entre EUA e México são marcadas por feridas históricas e pelo sonho de milhões de mexicanos de emigrar para o país vizinho. Grandes personalidades norte-americanas são reverenciadas pelos mexicanos, como Martin Luther King (acima) e Abraham Lincoln (ao lado), homenageados em Polanco, bairro da Cidade do México.

160 | Os mexicanos

Depois da descoberta de imensas reservas de petróleo nos anos 1970, o México se sentiu mais poderoso. Passou a alimentar esperanças de estabelecer uma relação menos desigual com os EUA. Novas frustrações. O então presidente López Portillo não ocultou seu descontentamento diante da recusa sistemática do governo do país vizinho em ampliar o acesso das exportações mexicanas ao mercado norte-americano e de sua insistência em limitar a entrada de imigrantes mexicanos. O presidente López Portillo revelou esses sentimentos pouco antes da visita de Jimmy Carter ao país em 1979: "Um dos problemas é que eles [os americanos] não nos concedem prioridade nem nos respeitam".

O histórico tumultuado envolvendo os dois países alimentou entre os mexicanos um nacionalismo exacerbado, mas compreensível por várias razões: assimetria de poder, perdas territoriais, invasões de tropas, hostilidade e incompreensão. Nos anos 1980, surgiu de novo a pergunta: política nacionalista? Nesse momento, era um sonho irrealizável. O México se via impossibilitado de assumir maior autonomia em relação aos EUA em razão da enorme dependência dos investimentos, do comércio exterior, da agricultura e dos serviços norte-americanos. A alternativa foi uma política externa marcada pela ambiguidade. O México precisava distanciar-se dos EUA numa área que não lhe fosse vital, então passou a adotar uma política externa terceiro-mundista e não alinhada, ou seja, voltada para a defesa dos países em desenvolvimento nas questões internacionais e comprometida com um distanciamento de posições em relação às duas potências hegemônicas da Guerra Fria, Estados Unidos e União Soviética.

Em 1983, porém, o presidente De la Madrid, num gesto revelador de marcante mudança política, promoveu firme aproximação com os EUA. O objetivo era atrair capitais e ampliar o comércio. Apesar das graves crises financeiras pelas quais o México atravessou, sobretudo em 1982 (moratória mexicana) e em 1994 (a "Crise da Tequila"), a aproximação com os norte-americanos avançou. O processo culminou, em 1º de janeiro desse último ano, com a assinatura do Nafta.

O Nafta seria alvo das mais veementes críticas da esquerda mexicana por exibir fracos resultados na área social. Mas demonstrou resultados econômicos positivos: dinamizou exportações (ao eliminar muitas barreiras tarifárias); multiplicou rapidamente os investimentos estrangeiros diretos (IED); tornou mais eficiente a logística de transportes; modernizou o setor industrial (com elevados investimentos norte-americanos, sobretudo em manufaturas); e, apesar da grave crise de 1994, produziu maior equilíbrio macroeconômico no médio prazo ao evitar políticas que produzem benefícios imediatos para ampla parcela da população, mas comprometem a estabilidade e o crescimento a longo prazo.

Esse ciclo virtuoso na economia sofreu, contudo, sério revés com a emergência da China, sobretudo a partir de 2000, com seu ingresso na Organização Mundial de Comércio (OMC). A China ganhou espaço no mercado dos EUA (antes ocupado pelo México), por contar com mão de obra mais barata, maior avanço tecnológico, logística eficiente, bons canais de distribuição e crescente integração produtiva nas cadeias globais de valor (CGVs).

O país asiático aumentou seu comércio com os EUA, em detrimento do México. Debilitados, os mexicanos sofreriam profundamente com a crise econômica internacional de 2008-2009 em razão dos vínculos de dependência em relação aos EUA. Assim, nesse último ano, o PIB mexicano caiu 7,5% – a maior queda entre as economias da América Latina (a título de comparação, o PIB brasileiro regrediu apenas 0,9 %) – e a recuperação nos anos seguintes foi muito lenta. Entretanto, a partir da vitória do presidente Peña Nieto, em 2012, o cenário econômico mostrou melhoras. Além disso, reformas essenciais em áreas de decisiva importância (educação, petróleo) começaram a ser implantadas. O governo também passou a combater monopólios nos setores de televisão e comunicações. Por ironia da história – ou amadurecimento político do país –, o partido que realiza essas reformas (PRI) é o mesmo que, durante os 71 anos consecutivos em que esteve no poder, sempre procurou adiá-las em nome de um populismo hoje sem futuro. Esses novos ventos de reforma, sobretudo em setores como o educacional, o energético e o de telecomunicações, abrem espaço para consideráveis investimentos norte-americanos no México e, assim, contribuem também para a aproximação política entre os dois países. Muitas *maquiladoras* que haviam migrado para a China já voltaram ao México e retomaram suas exportações para os EUA.

NOTA

[1] Embora seus cinco mandatos presidenciais (1875-1910) tenham sido períodos de estabilidade e acelerado crescimento econômico, foram ao mesmo tempo de crescente desigualdade e exclusão social. Sua imagem pública está mais próxima do vilão que do herói.

OS MEXICANOS NOS EUA

Carlos Galindo era um mexicano pobre que resolveu construir um futuro melhor para o filho. Como 15 milhões de outros mexicanos, decidiu cruzar a fronteira e tentar a vida nos EUA. Comeu o pão que o diabo amassou, ficou nas mãos de "coiotes" (intermediários que ganham dinheiro com o tráfico de mexicanos para os EUA), caminhou dezenas de quilômetros e, finalmente em território estrangeiro, começou uma vida nova. Separado da mulher, vivia com seu filho adolescente, que frequentava uma escola na periferia de Los Angeles, onde muitos alunos eram viciados em drogas. Seu sonho era melhorar de vida e dar uma boa educação para o filho. Conheceu um compatriota proprietário de caminhão, com quem começou a trabalhar. O novo amigo tinha uma clientela de americanos ricos que lhe pagavam bem por trabalhos de limpeza e jardinagem. Certo dia, esse amigo decidiu regressar ao México e vendeu-lhe o caminhão. Galindo passou orgulhoso com o caminhão na escola do filho, que ficou igualmente radiante. No dia seguinte, ofereceu trabalho como ajudante a um amigo desempregado. Ao trabalharem juntos, enquanto Galindo subia em um coqueiro para ensinar o serviço ao novato, o empregado rapidamente pegou as chaves e roubou o caminhão. Desesperado, Galindo foi ao encontro do filho e ambos saíram à procura do veículo roubado. Após desesperadas buscas, encontraram o caminhão num ferro-velho. Pularam a cerca e fugiram com o caminhão felizes da vida. Depois de avançarem poucos quilômetros, foram parados por um policial. Sem documentos, Galindo foi preso, algemado e enviado a uma penitenciária, de onde foi deportado para o México. Algum tempo depois, Galindo reaparece tentando uma vez mais atravessar a árida fronteira. Buscava resgatar o sonho de construir uma vida melhor para ele e o filho que ficara nos EUA.

Essa é a história de *Uma vida melhor* (*A better life*), filme de Chris Weitz. Embora singelo e sem pretensões artísticas, é um retrato do drama de milhões de mexicanos *indocumentados* (sem documentos, ilegais) nos EUA. Estudos do Pew Hispanic Center, um *think tank* sediado em Washington e dedicado à pesquisa de temas ligados às condições de vida de mexicanos nos EUA, indicam que o número de *indocumentados* mexicanos vivendo nos EUA atingiu cerca de 6 milhões de pessoas em 2012, o que corresponde a mais da metade do total de estrangeiros nessa condição naquele país.

Os imigrantes mexicanos clandestinos vivem, em geral, na periferia das grandes cidades, em bairros com alta taxa de violência, consumo e tráfico de drogas. Os empregos disponíveis para eles são os de menor qualificação e com salários muito baixos. Além disso, o nível de desemprego entre eles é muito elevado.

O drama dos *indocumentados* tem sua origem já no dramático cruzamento da fronteira de quase 3.200 km entre EUA e México. Nos anos 1970, na cidade fronteiriça de Tijuana, acompanhado de minha esposa, fui testemunha do desespero de uma jovem mexicana que tentava entrar nos EUA com seus dois filhos pequenos. A moça chorava convulsivamente, soluços descontrolados, os braços abertos a suplicar a proteção de Deus. Ela tentava explicar às autoridades que seu marido vivia há alguns anos nos EUA. Porém, o sonho da jovem mãe de reunir a família acabara de ser destruído. Algum tempo depois, quando atravessávamos uma larga avenida do lado mexicano, avistamos um carro em altíssima velocidade perseguido por um veículo da polícia. Os policiais atiraram e, logo em seguida, no carro da frente, uma pessoa com quase metade do corpo para fora respondeu com tiros. Um verdadeiro *bang-bang* se instalou na avenida, diante de todos. Era como se tivéssemos voltado aos tempos do faroeste, mas sem "mocinhos". Regressamos apavorados ao prédio da aduana.

A fronteira entre os dois países continua violenta. Não só pelo drama dos imigrantes que tentam cruzá-la a qualquer custo (muitos morrem nessa aventura), como pela questão do narcotráfico.

Os EUA são um dos maiores consumidores de drogas do mundo, e o México, seu principal fornecedor. As diferentes políticas de combate ao narcotráfico implementadas pelos EUA e pelo México são fonte de tensão e divergência entre os dois países. Para muitos analistas, os EUA deveriam priorizar a redução do consumo doméstico de drogas em vez de pressionar o México a canalizar recursos ainda mais vultosos para a guerra ao narcotráfico. Nessa mesma linha, especialistas mexicanos sustentam ser ineficaz o combate à produção e ao tráfico no México enquanto os EUA continuarem a permitir o livre fluxo de armas na fronteira e não atuarem de forma efetiva na redução do consumo doméstico.

Ciudad Juárez, o centro urbano mexicano mais populoso na região fronteiriça, detinha, até meia década atrás, o triste recorde de cidade mais violenta do mundo. A decisão do presidente Calderón de empreender um obstinado combate ao narcotráfico terminou por elevar a níveis alarmantes as cifras de homicídios no México ligados ao narcotráfico: cerca de 60 mil num período de 6 anos (2006-2011).

Fronteira é aquela linha em que a geografia se encontra com a história. No caso do México, fronteira evoca o passado amargo de perda territorial e o presente de dramas pessoais, desilusões, narcotráfico e chacinas.

Os mexicanos nos EUA | 165

O muro ao longo da fronteira EUA-México, construído para impedir o fluxo de imigrantes irregulares, é o símbolo da divisão entre o sonho de uma nova vida e os riscos e perigos que podem dar fim a ele. Nas fotos, trechos do muro que separa Tijuana no México e San Diego nos EUA.

A OUTRA FACE DA IMIGRAÇÃO

O drama dos imigrantes mexicanos nos EUA é objeto de numerosos livros, filmes, canções e habita o imaginário coletivo da nação. Se são tantos e tão altos os riscos envolvidos, por que muitos ainda se aventuram?

A verdade é que a saga dos imigrantes mexicanos nos EUA não está escrita apenas com tintas de sangue. São numerosos aqueles que ingressaram no país, trabalharam duro, tiveram oportunidade de estudar (ou de proporcionar estudo a seus filhos), iniciaram pequenos negócios, tiveram êxito em suas atividades profissionais, transformaram-se em renomados professores universitários, ricos empresários ou influentes políticos. As *success stories* evidentemente não dizem respeito à imensa maioria dos imigrantes, mas seu número não é nada desprezível. Por exemplo, um total de cerca de um milhão de imigrantes, de várias nacionalidades, vivendo em situação irregular nos EUA, obteve residência permanente em 2012. Desse total, cerca de 140 mil eram mexicanos. Isso tudo anima muita gente.

É significativa a força econômica e o peso político dos chamados "latinos" nos EUA. Com um contingente superior à população negra norte-americana, os latinos tiveram na eleição presidencial de Barack Obama um papel de grande relevo. Segundo diversos analistas, os "latinos", junto com os negros e os jovens, foram os fatores determinantes na eleição de Obama.

A vitória de um presidente negro, jovem, carismático e com uma plataforma de defesa das minorias naturalmente criou altas expectativas junto aos "latinos" residentes nos EUA. Não há dúvida de que surgiu um novo ambiente político, com maior espaço para políticas migratórias mais flexíveis.

Apesar da viva oposição dos republicanos conservadores e, sobretudo, dos radicais arregimentados no *Tea Party*, no primeiro mandato de Obama havia fortes esperanças de normalização do *status* de milhões de mexicanos nos EUA. No entanto, tais expectativas não se materializaram e o tema "imigrantes" desceu muitas posições no *ranking* das prioridades políticas norte-americanas. O resultado foi desencanto, frustração e sentimento de abandono por parte de milhões de mexicanos residentes nos EUA.

Os imigrantes mexicanos nos EUA fazem questão de preservar seus laços afetivos, culturais e religiosos com seu país de origem. Esse comportamento tem muito a ver com a convergência de dois fenômenos interligados: a forte identidade nacional mexicana e uma relação historicamente amarga com os EUA. Mesmo os imigrantes muito bem-sucedidos nos EUA têm sempre o coração no México.

Os que deixam a mulher e os filhos no México se dividem em dois grupos. O primeiro é formado pelos que regressam muitos anos depois, já com economias suficientes para comprar uma casa ou um táxi. O segundo é constituído por aqueles que trazem suas famílias para os EUA. No exterior, os imigrantes do primeiro grupo enfrentam o problema da solidão, da saudade e da privação de divertimentos em virtude da necessidade de fazer economia. No México, a esposa e os filhos sofrem com o desmembramento da família, porém, em muitos casos o padrão de vida aumenta com as remessas de dinheiro do imigrante, mas a vida familiar continua a sofrer com a ausência do pai. Quando a mãe consegue juntar-se ao pai nos EUA, os filhos em geral ficam com os avós, que têm menor controle e autoridade sobre os netos, com consequências sociais negativas em termos de educação e de convívio social. Muitas vezes esses problemas são agravados pelas remessas de dinheiro para a casa, pois os jovens passam a ter recursos suficientes para comprar um carro, por exemplo, e se consideram superiores aos vizinhos e aos parentes, o que só aumenta o grau de desajustamento social.

No segundo caso, quando a família emigra para os EUA, o problema central é a educação dos filhos, pois os pais em geral trabalham muitas horas, ganham pouco e têm menos tempo para se dedicar à família. Em muitos casos, as famílias vivem em bairros da periferia das grandes cidades, com escolas de padrão inferior. Em consequência disso, a inserção da segunda geração no mercado de trabalho se faz com desvantagem em relação aos jovens americanos.

Do ponto de vista norte-americano, ainda que muitos políticos republicanos insistam em negar, os imigrantes mexicanos são um importante segmento da força de trabalho dos EUA. Sem sua participação, os custos de produção – sobretudo nos setores de manufaturas e de serviços – seriam certamente mais elevados, o que reduziria a competitividade da economia norte-americana. Mesmo em setores que exigem maior qualificação, como tecnologia da informação, os Estados Unidos (e o Canadá) reconhecem a falta de mão de obra nacional e desenvolvem com frequência programas de captação de imigrantes com especialização nessas áreas.

Essa carência de trabalhadores está ligada ao reduzido crescimento demográfico dos Estados Unidos, que, embora superior ao de muitas nações europeias, precisa ser complementado pela imigração. Assim, estima-se que por volta de 2026 deverá haver uma escassez de cerca de 20 milhões de trabalhadores nos EUA, que precisará ser compensada pela imigração.

Mas os mexicanos não trazem apenas contribuição relevante para a economia americana. São também um fator de peso na vida cultural e política dos EUA. O número de "latinos" (a maioria mexicanos e descendentes) nesse país assume importância crescente no campo do cinema, do teatro, da literatura e da música.

168 | Os mexicanos

Seus ritmos musicais criaram nos EUA ídolos que muitas vezes foram exportados para seus países de origem. Os EUA também consagraram cineastas e atores mexicanos de grande talento, como Alejandro González Iñarritu e Gael García Bernal, respectivamente o diretor e o protagonista de *Babel* (2006). Iñarritu dirigiu também *Amores brutos* (2000), considerado pelo *New York Times* um dos mil melhores filmes do mundo. Outras películas, como *E sua mãe também* (2001), de Alfonso Cuarón, *O crime do padre Amaro* (2002)*, de Carlos Carrera, e *Diários de motocicleta* (2004), estrelado por Gael García Bernal no papel de Che Guevara e dirigido pelo brasileiro Walter Salles, foram grandes êxitos de bilheteria. Não se pode esquecer de Cantinflas, o cômico notável que recebeu um Oscar por sua atuação em *A volta ao mundo em 80 dias* (1956).

Quase todas as universidades americanas têm cursos de Espanhol – a segunda língua do país, falada por 38 milhões de pessoas (cerca de 13% da população norte-americana) – e de Literatura Hispano-Americana. Não são poucos os escritores mexicanos de talento com amplo reconhecimento público e acadêmico nos EUA, como é o caso do Prêmio Nobel Octavio Paz, do historiador Daniel Cosío Villegas e do romancista Carlos Fuentes, autor de *Gringo velho,* consagrado também no cinema.

A "latinidade" – uma dimensão relevante da vida cultural norte-americana – tem no fenômeno da imigração seu instrumento vivo e dinâmico. Cerca de 10% da população total do México, ou seja, 12 milhões de imigrantes, vive atualmente em situação irregular nos EUA. A imigração é um dos capítulos mais comoventes e mais carregados de dimensão humana das relações entre o México e os EUA.

CINEMA

Pouca gente sabe disso no Brasil: o México teve uma indústria cinematográfica importante e de grande dimensão já na época da Segunda Guerra Mundial. Os nossos vizinhos latino-americanos, contudo, conhecem bem essa história e sabem até os nomes dos principais atores e diretores do cinema mexicano dessa época. O México exportava muitos filmes e, por causa do idioma comum, a penetração era maior nos países de língua espanhola do que no Brasil. Como os EUA e a Europa estavam concentrados no esforço de guerra, reduziu-se no México o número de filmes importados e cresceram as produções nacionais.

Durante a guerra, o México produzia em média 200 filmes por ano, um volume significativo. Esse cenário, porém, mudou consideravelmente com o fim do conflito e com o auge de Hollywood. Mas o México ainda é o sétimo mercado para cinema no mundo, sendo que os filmes mexicanos correspondem a 10% do total exibido no país.

OS PRIMEIROS ANOS

A primeira curiosidade sobre o cinema mexicano está ligada ao hábito de comer pipoca no cinema. Ora, o hábito da pipoca começa há cerca de 2.500 anos, na mais antiga das culturas mesoamericanas, a olmeca, localizada na região do Golfo do México no século V a.C. Os olmecas cultivavam milho e, nos rituais de fertilidade, enchiam vasos de cerâmica com o fruto da planta que consideravam sagrada e os esquentavam. Aí está a origem da pipoca!

O cinema propriamente dito começou muito cedo no México, sobretudo se compararmos com outros países latino-americanos. Apenas oito meses após a invenção do cinema pelos irmãos Lumière, em 1896, dois enviados seus visitaram o México com o objetivo de divulgar o cinematógrafo. E, dois anos depois, Salvador Toscano Barragán abriu a primeira sala de exibição no país, com o filme de ficção *Don Juan Tenório*. Em 1907, foi exibido o primeiro longa-metragem de ficção mexicano: *El Grito de Dolores o La Independência de México*, de Felipe de Jesus Haro.

CINEMA E REVOLUÇÃO

O primeiro grande ímpeto do cinema no México está intimamente ligado à Revolução Mexicana de 1910. Esse foi seu grande tema, inspirador de tantas películas, algumas hoje consideradas clássicas. Aliás, a Revolução Mexicana em si foi o primeiro grande acontecimento do século XX amplamente registrado pelo cinema.

A produção de filmes de temática histórica, sobretudo no México, mas igualmente em outros países, como a antiga União Soviética, está intimamente ligada ao processo de reconstrução do passado com o objetivo reforçar ou de moldar a ideia de nação e de identidade nacional. Esse é bem o caso do México, sobretudo entre os anos 1920 e 1940.

Como vimos, o cataclisma social e político representado pela Revolução devastou o edifício do antigo regime e, com novos atores no poder, era preciso não só construir novas instituições para organizar o país, mas igualmente apresentar novas referências culturais e ideológicas. Sabemos que no México isso foi particularmente importante com a chamada pintura muralista (além de sua beleza plástica, o muralismo foi instrumentalizado pelo Estado para fazer chegar ao povo novas ideias históricas e concepções de sociedade). O cinema mexicano não teve o papel de destaque do muralismo na difusão das mensagens revolucionárias, mas também prestou sua contribuição ao propósito de moldar um imaginário coletivo vinculado à Revolução. Os dois filmes mais consagrados que tiveram como tema central a Revolução foram *O compadre Mendoza* (1934) e *Vamos com Pancho Villa* (1935), ambos do famoso diretor Fernando de Fuentes. Ao contrário de muitos filmes mexicanos sobre esse período, esses dois não têm a preocupação de glorificar a Revolução nem seus mitos.

Ao comparar *O compadre Mendoza* e *Vamos com Pancho Villa* com os mais conhecidos murais mexicanos do século XX, percebemos que esses filmes estão mais em linha com o pessimismo de José Clemente Orozco do que com o otimismo oficialista de Diego Rivera ou com o marxismo estridente de David Alfaro Siqueiros: eles enfatizam a dor e a tormenta do tempo da Revolução em vez das transformações proporcionadas por ela. Na opinião do estudioso do cinema mexicano John Mraz, esses filmes revelam um desencanto com os resultados da Revolução em vez de celebrar suas realizações. "A opção de Fernando de Fuentes de colocar seu foco sobre os perdedores no conflito tem implicações interessantes, porque eles são também as forças com a maior dose de compromisso social."[1]

John Mraz sustenta ainda que a consolidação ideológica dos anos 1940 foi um elemento-chave na institucionalização da Revolução. A ideologia foi o cimento para a coesão necessária ao desenvolvimento de um sistema praticamente de partido único, o amálgama que vinculou o PRI aos sindicatos tanto de trabalhadores como patronais, que promoveu o controle do Partido sobre as empresas estatais e sobre o conjunto da máquina pública.

Ora, os dois filmes dirigidos por Fernando Fuentes são anteriores a esse período; por isso mesmo, sua mensagem implícita não endossa a visão oficial e simplista da Revolução como uma luta entre revolucionários (Madero, Zapata, Pancho Villa, Carranza e Obregón) e contrarrevolucionários (seguidores de Porfirio Díaz, como Victoriano Huerta).

O verdadeiro drama da Revolução mostrado pelos filmes é que as batalhas no seio dos próprios revolucionários eram tão intensas quanto àquela entre estes e os inimigos. Aliás, diga-se de passagem, essa avaliação é muito verdadeira e explica em boa medida a enorme instabilidade política de 1910 e depois, mesmo com os triunfos militares em que o inimigo foi derrotado. A interpretação mais matizada da Revolução sugerida por Fuentes se torna clara quando o filme *O compadre Mendoza* aproxima o presidente (revolucionário) Carranza do traidor general Huerta, em clara divergência com a História oficial mexicana ensinada (até hoje) nas escolas e presente nos livros didáticos, nos quais esses dois personagens são apresentados como antagônicos. É essa visão que vai permitir a Fuentes dar a seu filme um desfecho diferente do *happy end* hollywoodiano. Aliás, o próprio diretor Fuentes foi bem eloquente sobre isso.

> Nós acreditamos que nosso público tenha suficiente maturidade cultural para suportar a amarga crueldade própria da realidade. Seria mais fácil ajustar a história de tal forma que o desfecho fosse um final feliz, como estamos acostumados a ver nos filmes americanos. Mas nós acreditamos que o cinema mexicano deve ser um reflexo fiel de nosso modo de ser severo e trágico [...] e não uma pobre imitação de Hollywood.[2]

O outro filme importante de Fuentes – *Vamos com Pancho Villa* – também segue a linha da desmistificação presente em *O compadre Mendoza*. A trama gira em torno do destino de seis camponeses perseguidos pelas forças do general Huerta. Eles se juntam ao exército de Pancho Villa no momento em que veem esse líder distribuindo milho retirado de um trem para uma população pobre. Dos seis camponeses, três morrem em batalha contra o inimigo, mas os demais são vítimas de fogo amigo.

Um aspecto interessante desse filme é que, apesar do título, o personagem principal não é Pancho Villa, mas os seis camponeses, com os quais o expectador logo se identifica. Pancho Villa aparece para dar o contexto histórico e para mostrar que seu carisma é muito mais ligado ao personalismo do que à ideologia. Outra marca muito importante do filme é que a lealdade que serve de cimento para a Revolução é muito mais uma lealdade ao herói Pancho Villa do que à causa

172 | Os mexicanos

revolucionária pregada pelos políticos. Vale frisar que esse comportamento é um traço central da Revolução Mexicana.

*

Um momento memorável na história do cinema mexicano ocorreu quando Sergei Eisenstein, o famoso diretor soviético, depois de uma frustrada passagem por Hollywood, decidiu filmar no México. O resultado – *Que viva México* (1932) – é uma joia de beleza. Diferentemente de outro filme do diretor, *Encouraçado Potemkin* (1925), conhecido por um intenso movimento chamado até de "matemático", o filme rodado no México parece uma sucessão de quadros de grande beleza plástica. Uma descrição extremamente sintética e expressiva do filme reflete essa intenção de captar em imagens o caráter de um povo:

> A morte. Crânios humanos. Crânios de pedra. Deuses astecas e terríveis divindades de Iucatá. Imensas ruínas. Pirâmides. Um mundo que foi e que não é mais. Sequências intermináveis de pedras e de colunas. E rostos. Rostos de pedra. E rostos de carne e osso. O homem de Iucatá de hoje. O mesmo que viveu há milhares de anos. Imutável. Idêntico. Eterno. E a grande sabedoria do México com respeito à morte. A unidade entre a vida e a morte. O desaparecimento de um e o nascimento do seguinte. O círculo eterno. A sabedoria ainda maior do México que consiste em festejar este círculo eterno. O Dia dos Mortos no México. Dia de festa e alegria. Dia em que o México provoca a morte e ri – a morte é apenas uma etapa em direção a um outro ciclo de vida.

No seu conturbado processo de criação, Eisenstein desenhou freneticamente pessoas, paisagens, cenas que funcionariam como roteiro. Porém, a caminho da União Soviética, seus desenhos foram apreendidos pela alfândega norte-americana. Aliás, o filme nunca chegou a ser concluído, pois o diretor regressou a seu país de origem, onde anos mais tarde faria duas obras-primas: *Alexander Nevsky* (1938) e *Ivan, o Terrível* (1944). Apesar de projeto inacabado, *Que viva México* é considerado por alguns uma das criações mais originais do diretor soviético. Fala-se muito da importância de Eisenstein, que influenciou e estimulou o nascimento de um novo cinema mexicano, mas é preciso lembrar como foi relevante o país para o diretor, como ele próprio confessa. O genial cineasta revela que o México foi para ele a época de maior êxtase de sua criação: o país onde nasceram suas mais luminosas intuições artísticas.

*

Outra grande fase do cinema mexicano está associada a Luis Buñuel. Após escapar da Guerra Civil Espanhola, passou pelos Estados Unidos, onde seus projetos fracassam. Chegou ao México em 1946, ali se naturalizou e filmou algumas de suas obras-primas, como *Os esquecidos* (1950) e *O anjo exterminador* (1962). A marca surrealista de Buñuel teve continuidade no cinema mexicano.

O México recebeu Eisenstein e Buñuel por razões muito específicas, que não estão presentes nos demais países latino-americanos: a Revolução Mexicana, que aproximou o país dos princípios socialistas que marcaram a Revolução Soviética, e os numerosos artistas e intelectuais mexicanos que combateram ao lado dos republicanos na Guerra Civil Espanhola, o que gerou expressivo número de exilados espanhóis no México.

OS ANOS DE OURO

O cinema mexicano viveu uma época de ouro dos anos 1930 aos anos 1950. Começou quando era presidente Lázaro Cárdenas (1936-1940) e incluiu os mandatos de Ávila Camacho e de Miguel Alemán (1946-1952). Cárdenas ficou conhecido por sua política favorável aos camponeses, por meio de efetiva reforma agrária baseada nos *ejidos* (terras comunais), pela nacionalização do petróleo em 1938 e pelo forte apoio popular a seu governo. Durante o mandato dos outros dois presidentes, o México se aproximou dos EUA, o que levou ao alinhamento entre os dois países na época da Segunda Guerra Mundial. (À semelhança do ocorrido no Brasil, petroleiros mexicanos haviam sido afundados pelos alemães e o país se juntou aos Aliados na Segunda Guerra Mundial.)

A expansão da indústria cinematográfica mexicana a partir dos anos 1940 está ligada a uma convergência desses fatores externos e internos. Vários filmes norte-americanos da época abordavam temas de guerra e eram feitos sob medida para elevar o moral das tropas norte-americanas. Pouco interesse despertavam na América Latina, circunstância que abriu o mercado regional para os filmes mexicanos. Ao mesmo tempo, o próprio governo mexicano passou a investir mais em cinema, como parte da estratégia cultural destinada a plasmar uma identidade nacional mexicana.

O público mexicano (assim como o de outros países da América Latina) começou a cultivar, além dos ícones de Hollywood, suas próprias divas, como Maria Félix e Dolores del Rio, galãs, como Pedro Armendáriz e Pedro Infante, e cômicos, como o genial Mario Moreno, que interpretava Cantinflas (ver primeiro capítulo).

Cartazes de filmes estrelados por Mario Moreno, o Cantinflas. O comediante é considerado o maior nome do cinema mexicano. Sua marca é o discurso desconexo, costurado e descosturado pela improvisação. Para muitos, é o "Chaplin mexicano".

Esses artistas estiveram presentes nas películas dirigidas por um grupo de talentosos cineastas, tendo à frente o diretor Emilio Fernández (também conhecido como Índio Fernández) e o cinegrafista Gabriel Figueroa.

Foram esses atores e cineastas os responsáveis pela maior parte dos filmes que vieram a dar renome internacional ao cinema mexicano. Quando predominava o "estilo Figueroa" no cinema mexicano, os filmes eram impregnados de nacionalismo cultural e de um sentido plástico que procurava retratar um México sublime, com paisagens idílicas e típicas, homens em trajes de vaqueiro e mulheres com xale. A dupla Fernández-Figueroa, que sofreu a influência dos três muralistas – Diego Rivera, Orozco e Siqueiros –, mudou a imagem (banalizada no cinema hollywoodiano) do mexicano indolente, bêbado, violento e sem caráter. A nova imagem era a de um homem de origem indígena, altivo, heroico e nobre que passaria a representar um México mais digno de ser retratado com orgulho ao mundo.

Muitas películas dessa época exploravam o sentimentalismo e se inspiravam nas radionovelas que retratavam amores impossíveis e um trio em que aparecia a mocinha pobre e linda, o jovem por ela apaixonado e o rico comerciante que o perseguia para roubar-lhe a namorada. O ícone dessa época, que ganhou o prêmio máximo do Festival de Cannes de 1946, foi *Maria Candelária* (1943, direção de Emilio Fernández), com Dolores del Rio no papel principal.

A PRODUÇÃO RECENTE

Nos anos 1950 e 1960, no México, surgiram as cinematecas. A produção passou a ser fortemente influenciada pelo neorrealismo italiano e pela politização do cinema latino-americano, impactado pela Revolução Cubana. A década de 1980 foi de crise para o cinema mexicano, que, contudo, reergueu-se nos anos 1990, com os filmes *Como água para chocolate*, de Alfonso Arau (1992), *Cronos* (1993), de Guillerme del Toro, e *E tua mãe também* (2001), de Alfonso Cuarón. A partir dos anos 2000, o cinema mexicano voltou a brindar o mundo com películas de grande qualidade: *Amores brutos* (2000), *Babel* (2006) e *Biutiful* (2010), de Alejandro Iñarritu; *Batalha no céu* (2005) e *Luz silenciosa* (2007), de Carlos Reygadas; bem como *Sangre* (2006) e *Os bastardos* (2008), de Amat Escalante.

O México e os mexicanos foram também temas de filmes de diretores e atores mundialmente famosos. Nesse grupo estão *Viva Zapata!* (1952), um clássico de Elia Kazan, com roteiro de Steinbeck e tendo Marlon Brando no papel de Zapata. *A marca da maldade* (1958), de Orson Welles, retrata um traficante de drogas, estrelado por Charlton Heston. Muito bom igualmente é a adaptação do romance de Carlos Fuentes, *Gringo velho* (1989), passado durante a Revolução Mexicana, estrelado por Gregory Peck e Jane Fonda. No ano 2000, *Traffic*, de Stephen Soderberg – um relato extremamente violento da guerra de drogas em Tijuana, na fronteira com os Estados Unidos – foi laureado com um Oscar. *Frida* (2002), de Julie Taymor, conta em cores vivas a trajetória da talentosa Frida Kahlo, desde o acidente trágico na juventude até a época de sua relação conturbada com Diego Rivera.

*

A história do cinema ligada aos mexicanos está repleta de produções de grande densidade temática e beleza plástica: imortalizou a Revolução Mexicana; absorveu influências marcantes e também inspirou grandes artistas (Eisenstein e Buñuel); plasmou uma nova imagem do mexicano, distinta do clichê hollywoodiano; encantou o público latino-americano, com divas e galãs imortalizados; inspirou grandes produções internacionais de diretores de renome (como Elia Kazan e Orson Welles); e soube se renovar, ao longo do tempo, por meio de filmes, artistas e cineastas merecedores de amplo reconhecimento internacional.

NOTAS

[1] John Mraz, *The Revolution is History: Filming the Past in Mexico and Cuba*, Film-Historia, Barcelona, V. IX, n. 2 (1999), p. 2.

[2] Octavio Paz, op. cit., p. 5.

CULINÁRIA

Os mexicanos adoram comer em boas quantidades. No dia a dia, as pessoas comem muito, repetidas vezes e em diversos lugares. Ao contrário de países anglo-saxões – como o Canadá –, onde comer na rua é quase considerado falta de educação, no México, comer em público é normal, como, aliás, na América Latina em geral. Come-se muito na rua, nos bares populares (aquilo que o carioca chama de "botequim pé sujo"), nos numerosos quiosques de venda de alimentos ou de pratos preparados.

Como quase tudo no México, a comida também é fonte de *chistes* (piada, gozação). Muitos estrangeiros, ao chegarem ao México, ficam fascinados com a riqueza de sabores da cozinha local, se excedem e terminam passando mal. Os mexicanos, em tom de pilhéria, dão a esse mal um nome original: "vingança de Montezuma".

Mas a qualidade e a variedade da cozinha mexicana são excepcionais. Tanto é verdade que, em 2010, a gastronomia mexicana foi reconhecida pela Unesco como Patrimônio Imaterial da Humanidade. A reconhecida riqueza da culinária mexicana se deve ao casamento feliz da cozinha mesoamericana (ou seja, pré-hispânica) com a europeia, sobretudo a espanhola. Ela também se explica pela diversidade regional mexicana: a variedade de clima, altitude, solo, vegetação e um litoral extenso e piscoso asseguram uma profusão de alimentos vegetais, animais (inclusive insetos exóticos), cultivos, formas de cozinhar e um grande número de ingredientes. O *mole poblano*, por exemplo, é um prato que pode chegar a conter mais de cem ingredientes.

Aliás, o *mole poblano* é um ícone da cozinha mexicana e tem uma história igualmente saborosa. Nos tempos da colônia, quando o vice-rei visitava Puebla, o bispo se esmerava em oferecer-lhe o melhor da cozinha local. Porém, a *chef*, sóror Andrea, estava muito preocupada, porque não sabia o que preparar para o vice-rei. Pois foi aí que um anjo desceu do céu e segredou-lhe uma receita que levava passas, pimenta, sementes de gergelim, cravos, amêndoas, amendoim, canela, aniz e muito mais, em meio a um peru cevado a castanhas e avelãs, tudo coberto com uma boa dose de chocolate. Foi assim que, segundo a lenda, nasceu o famoso *mole poblano*, um prato nacional, mas especialmente obrigatório para quem visita a cidade de Puebla.

Além de qualidade e variedade, a cozinha mexicana tem muita idade. Pode-se dizer que ela começou a nascer há 3.500 anos, quando indígenas mesoamericanos conseguiram domesticar o milho, o que permitiu seu cultivo e sua transformação na base alimentar da Mesoamérica. A dieta comum a muitas culturas mesoamericanas tinha uma dupla base: milho e pimenta. A esses dois alimentos se associavam outros produtos, tais como tomate, cacau, abacate, abóbora, nopal e baunilha. Vários desses povos também desenvolveram a criação de perus e cachorros com a finalidade de servirem de alimento.

Alguns hábitos alimentares ainda da época anterior à Conquista sobrevivem até hoje para o espanto de brasileiros que os consideram repugnantes. É o caso dos pratos feitos com insetos e larvas (grilos, *escamoles*, *jumiles*) ou com répteis (iguanas e cobras). Devo confessar que um prato de grilos bem fritos, crocantes, com massa (*papardele*) é uma delícia! Outros pratos mexicanos originários daqueles tempos, preparados com peixes e animais como rãs, veados, patos ou codornas já causam bem menos estranheza entre nós.

As várias culturas mesoamericanas da época pré-hispânica apresentavam diferentes graus de desenvolvimento, tinham recursos técnicos distintos e habitavam regiões com diferenciados ecossistemas. Havia savanas, florestas, desertos, áreas litorâneas, tudo isso criando uma oferta de diferentes tipos de carnes, frutas, peixes, sementes e raízes. A riqueza da cozinha do México pré-hispânico foi registrada pelos historiadores da Conquista, como Bernal Díaz del Castillo, que acompanhou a expedição de Cortez e descreveu em detalhes a comida do *tlahtoani* Montezuma II.

Uma das técnicas de preparação de comida exclusivas das culturas mesoamericanas era o processo de *mixtamalización*, que consistia em aglutinar os carboidratos e os amidos do milho, de forma a convertê-los em uma massa. Outra técnica era cozinhar com vapor, usada na preparação da pamonha (*tamal*). É fácil identificar hoje um grande número de receitas mexicanas pré-colombianas pelos nomes dos pratos originários das línguas maia, asteca ou de outras culturas antigas.

A Conquista espanhola trouxe para as Américas diferentes plantas, animais e também receitas, propiciando a "miscigenação gastronômica" que está na base da cozinha do México.

Mas, se o país se beneficiou desse aporte dos conquistadores, também eles levaram para a Europa muitas receitas mexicanas. A pimenta, após várias transformações, evoluiu para a páprica, ingrediente de muitos pratos de países europeus. O *jitomate* (tomate italiano, com formato oval e alongado) e a *manzana de amor* ("maçã do amor", maçã caramelizada) são outros exemplos. Aliás, ao falar em *manzana de amor* (que lindo nome), lembrei-me de uma passagem do livro de Erico Verissimo sobre o México: "Quando nos restaurantes digo – *Quiero quesadillas de flores de calabaza!* – tenho a impressão de que estou recitando um poema e não pedindo um prato".[1]

Culinária | 181

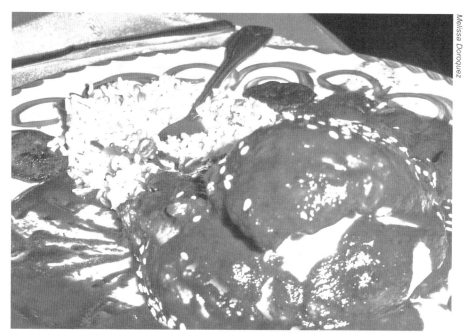

O *mole poblano* é um ícone da culinária mexicana. Entre outros ingredientes, leva passas, pimenta, sementes de gergelim, cravos, amêndoas, amendoim, canela, aniz, peru, tudo coberto com chocolate.

Em sentido horário, *quesadillas* e *nachos* acompanhados de *guacamole*, e *burrito* de carne assada. Pratos típicos que já se espalharam pelo mundo.

A geografia gastronômica do México, em certo sentido, é o oposto da brasileira. Em nosso país, quem cultiva a fama de saber apreciar uma boa carne são os gaúchos (do Sul), enquanto, entre os mexicanos, são os do Norte – uma região mais adequada à pecuária e próxima do Texas e de outros estados norte-americanos com importante rebanho bovino – os que comem mais carne. As carnes têm presença grande na cozinha mexicana em geral, mas é interessante notar que o Centro e o Sul são regiões onde cerca de 80% da alimentação é vegetariana, ou seja, preservaram muito da tradição culinária pré-hispânica. Alimentar-se de carnes foi algo incorporado no México sobretudo com a chegada dos europeus, que introduziram o porco. Mas não esqueçamos que os mesoamericanos criavam cachorros para obter proteínas em uma dieta dominada por carboidratos vindos do milho. Hoje, o porco tem lugar de destaque na cozinha mexicana. Da pele desse animal vêm numerosos pratos e os populares *chicharrones* (torresmos) vendidos nos quiosques das cidades mexicanas. As vísceras, o cérebro, tudo enfim é aproveitado, sendo este último muito procurado para rechear as *exquisitas* (saborosas) *quesadillas*. Além disso, gordura de porco é o óleo de cozinha preferido em muitas regiões.

O alimento que sustentou maias, astecas e outros povos mesoamericanos – o milho – ainda hoje é a base alimentar de grande parte da população mexicana de quase todo o país, talvez com a única exceção do Norte, onde se consome muito trigo. Mais de 42 espécies de milho são cultivadas hoje no país, cada uma delas com distintas características, num total de mais de 3 mil variedades.

O milho tem importância tão grande para os mexicanos que foi um dos temas mais controvertidos (e continua sendo) no Nafta. Esse é um caso emblemático em que a lógica econômica conflita com os valores culturais. Os EUA são muito mais competitivos que o México na produção de milho em larga escala, pela alta tecnologia na seleção de espécies mais produtivas, pela mecanização, pelo melhoramento de solos, transportes e por várias outras razões. Os norte-americanos produzem, sobretudo, o milho amarelo, usado na alimentação do gado. Em contraste, o México produz todo tipo de milho, principalmente aqueles para consumo humano, inclusive o mais branco, tenro e levemente adocicado.

Com o citado tratado comercial, as negociações foram no sentido de garantir que o México exportasse ao mercado americano de milho para consumo humano e os EUA, ao mercado mexicano de milho para ração animal. Os benefícios mútuos seriam maiores do que a situação anterior, quando os dois mercados eram protegidos. Essa foi a conclusão dos economistas, e tudo parecia ir muito bem no universo da economia. Mas a repercussão dessa política não foi nada boa, porque, para os mexicanos, o milho não é apenas uma *commodity*, é um valor cultural e, por isso, alimenta tanto o corpo como o espírito. Comprar milho americano simbolizava uma indesejável dependência. Como os economistas não foram sensíveis, esse fator cultural agravou as resistências ao acordo. Apesar das críticas, o Nafta consolidou-se e completou 20 anos de existência em 2014, sendo atualmente o México exportador de milho para consumo humano para o mercado americano, e os EUA, fornecedor de milho para ração animal ao México.

Do milho vem a famosa *tortilla*, que, misturada com um pouco (ou muita) pimenta, é "o pão diário" dos indígenas e das demais populações pobres. Como se faz a *tortilla*? Em primeiro lugar, o milho precisa ser amolecido, e para isso deve ficar uns três dias de molho em água de sal. Em seguida é moído, utilizando-se para isso duas pedras arredondadas, uma maior e outra menor. O resultado é uma massa que deve ser batida até virar uma lâmina redonda que pode apresentar diferentes espessuras e diâmetros. Só então ela, a *tortilla*, é assada num prato chato de barro e, depois, colocada sobre fogo em brasa.

A *tortilla* de milho é um prato muito saudável e recomendado pelos nutricionistas, porque contribui para manter o equilíbrio bacteriano intestinal. Ela tem uma grande vantagem sobre o pão. Por ser mais flexível e mais fina, serve de base para a preparação de centenas de diferentes pratos. Por exemplo, a *tortilla* é indispensável ao famoso *taco*. Se juntarmos uns pedaços de carne (de boi, porco, frango ou outros animais), misturarmos com fatias de tomate, pedaços de cebola, muita pimenta envolvermos tudo (sem enrolar) numa *tortilla* e fritarmos, teremos então um *taco* saborosíssimo. Os *tacos* feitos com *tortillas* pequenas são chamados *taquitos* – são muito populares. A *tortilla* cortada serve para preparar os *chilaquiles*, que são pedaços de *tortilla gorda* (mais espessa) embebidos em molho de pimenta, misturados a um pouco de queijo e servidos com rodelas de cebola. Há também o *totopo*, que é feito de *tortilla gorda* frita na manteiga para, em seguida, envolver feijões fritos. Em muitos lugares do México o pão de trigo é considerado "artigo de luxo". Assim, pão de trigo pode faltar, mas *tortilla* jamais!

Mas o universo do milho não se resume a *tortillas, tacos* ou *elotes* (espiga de milho assada ou cozida, que pode ser de milho branco, amarelo ou azul, de acordo com a região de origem). Os mexicanos usam milho também para preparar os deliciosos *tamales*, rolos em forma oval, feitos de mingau de milho, recheados de carne (de porco ou de galinha) e envolvidos em palha de milho.

Brasileiro no exterior vive com saudade de pão de queijo, mas se ele mora no México a saudade é menor. Os mexicanos têm as saborosas *quesadillas* (queijadinhas), que podem ser consideradas uma modalidade de *tortilla*, mas com muita personalidade. Nelas, o queijo ralado é misturado na massa crua de milho; bate-se

184 | Os mexicanos

a mistura até atingir a textura de uma *tortilla*. Dentro da *quesadilla* você ainda pode colocar carne, feijão, batata, abóbora ou mesmo queijo.

De milho também é feito o *pozole*, que é a canjica cozida com tomate, pedaços de porco e ervas picantes.

Os mexicanos também consomem muito arroz. O deles é mais seco e menos saboroso que o arroz brasileiro, mas fica gostoso com os ingredientes comuns do México e é em geral servido com molho de tomate, bananas fritas e rodelas de cebola. Às vezes, o arroz mexicano é acompanhado do tradicional *guacamole* (outra marca da cozinha mexicana muito estranha para nós brasileiros, acostumados a tomar "vitamina de abacate", isto é, abacate, leite e açúcar). O *guacamole*, prato salgado, é uma salada de abacate esmagado com cebola picada e ervas aromáticas. Uma delícia para os *gourmets*.

O feijão, por sua vez, é fonte de certo conflito gastronômico-cultural. Para quem ama uma feijoada – com 13 partes do porco – é difícil apreciar os *frijoles* fritos muito populares no México. Nesse prato, primeiro o feijão é cozido, para ficar amolecido, e depois frito. Já o *frijol a la olla* é feito na panela e mais parecido com a nossa maneira de preparar o feijão.

Os espanhóis, que trouxeram para o México o arroz e o trigo, exportaram para a América também o hábito de comer pão. No México são produzidos pães de vários tipos, inclusive alguns típicos, preparados em ocasiões especiais, como o do Dia de Reis (a *rosca de reyes*) e o do Día de Muertos (o *pan de muerto*). Há também os tradicionais de certas regiões, como o *pan de yema*, do estado de Oaxaca.

Os insetos comestíveis são muito comuns em pratos no México. Alguns deles são inclusive considerados iguarias muito sofisticadas, encontradas nos melhores restaurantes das grandes cidades. Meus dois prediletos são os *chapulines* (grilos) – o mais *exquisito* para mim! – e os *escamoles* (larvas de formiga), tão caros que são chamados de "caviar mexicano". Há ainda os *gusanos de maguey* (larvas de borboleta que se reproduzem na planta de maguey), prato delicado, saboroso e muito caro, e os *chinicuiles* (também larvas do maguey, mas de cor vermelha e menores), igualmente apreciados na culinária mexicana. A entomofagia – hábito de comer insetos – era ainda mais comum entre os indígenas pré-hispânicos. Na época da Conquista, o frei Bernardino de Sahagún registrou 96 espécies de insetos que serviam como comida aos habitantes do México.

Se o milho é o fundamento da cozinha mexicana, a pimenta é seu colorido sabor. Como o milho, a pimenta é parte da identidade culinária nacional e precisou ser domesticada para ser cultivada em todo o país. Há milênios que o *chile* (pimenta) condimenta e esquenta a mesa dos mexicanos. O grande teólogo defensor dos indígenas Bartolomé de las Casas cunhou uma boa frase sobre a dieta mexicana: "Sem pimenta os mexicanos pensam que não estão comendo".

Como vimos no primeiro capítulo, a pimenta no México tem também uma relação com a sexualidade que data de milênios e está associada tanto aos efeitos que produz – aquecimento da boca e do corpo – como à sua forma de símbolo fálico. Por isso, nos jejuns praticados por maias e astecas, a proibição de consumir pimenta estava sempre presente.

Além da comida, a bebida mexicana também atravessou muitas fronteiras e hoje está presente nos quatro cantos do mundo. Naturalmente estou falando da tequila, a companheira indispensável de qualquer *fiesta* mexicana. Diferentemente da nossa cachaça, que apenas recentemente vem sendo objeto de uma campanha de *marketing* internacional, a tequila globalizada é importada pelos Liquor Control Boards

Chiles en nogada é um prato representativo das Festas Nacionais – celebrações da Independência durante o mês de setembro. O prato é feito com as cores da bandeira mexicana: pimenta verde, molho branco de nozes e sementes vermelhas de romã.

(conselhos de controle de bebidas que regulamentam o consumo e a importação de bebidas alcoólicas) dos países desenvolvidos.

O México tem também uma cerveja que penetrou em diversos mercados internacionais, a da marca Corona, hoje consumida nos EUA quase tanto quanto as de marcas americanas tradicionais, como a Budweiser.

Outra bebida muito difundida no México é o *mezcal*, produto da fermentação do agave, enquanto a tequila é um destilado. Na época pré-hispânica, o *pulque* era a mais popular das bebidas (os maias tinham uma deusa do *pulque,* chamada Mayahuel). Ainda hoje encontramos pulquerias em alguns estados mexicanos, embora o consumo da bebida seja atualmente muito limitado.

Uma história milenar, uma pródiga variedade e um colorido frondoso fazem da cozinha mexicana um tema inesgotável. E melhor que falar e ler sobre ela é experimentá-la e apreciá-la com todos os sentidos aguçados.

NOTA

[1] Erico Verissimo, *México: história de uma viagem*, Rio de Janeiro, Globo, 1957, p. 141.

A MULHER E A FAMÍLIA MEXICANA

Na era pré-hispânica havia uma hierarquia entre homens e mulheres em que o sexo masculino era o mais poderoso. Embora, nas sociedades indígenas, ambos participassem das atividades agrícolas; nos exércitos e na política, os homens dominavam. Com a Conquista espanhola, modelos europeus foram transplantados para a América e a organização social tornou-se patriarcal, com os homens monopolizando o acesso aos recursos econômicos e detendo um poder autoritário e absoluto sobre os membros da família. A influência da Igreja também pesou para definir ideologicamente a subordinação feminina, pregando a passividade e a obediência da mulher diante do marido. Apenas dentro dos conventos femininos é que elas chegavam a ter alguma autonomia. O convento incluía o universo religioso, mas também era um espaço de possível desenvolvimento intelectual para as mulheres que conseguiam estudar. Foi em um convento, no século XVII, que Juana Inés de la Cruz escreveu os textos poéticos que fariam dela um dos ícones da História mexicana.

Nas três últimas décadas do século XIX, o contexto influenciado pelo iluminismo e pelo positivismo favoreceu a ideia de que a mulher deveria receber educação formal e ter papel mais relevante na vida social do país. Muitas conseguiram, com isso, romper os limites impostos a seu sexo, mas a maioria das mulheres das classes mais altas se manteve circunscrita aos espaços do lar, à função reprodutiva e aos deveres religiosos. As mulheres pobres eram as mais desprotegidas e vulneráveis; muitas eram mães solteiras ou viúvas e tinham que sustentar sozinhas seus filhos. Nas famílias de poucos recursos, o trabalho feminino era imprescindível, as mulheres eram obrigadas a "trabalhar fora". O incipiente setor manufatureiro de então passou a demandar mão de obra mais barata, o que também levou à incorporação de mulheres entre seus empregados, embora esse contingente ainda fosse bem reduzido em termos proporcionais.

Na época da Revolução, várias mulheres entusiasmadas com a possibilidade de maior liberdade lutaram para ampliar sua participação na vida pública do país. No movimento revolucionário existiram as *soldaderas* (soldados do sexo feminino que lutaram de armas na mão ao lado dos revolucionários). A maioria delas chegou aos locais de combate acompanhando seus maridos, lutando por suas famílias. Acabaram pegando em armas durante o conflito para brigar por terra e liberdade. Apesar desse papel heroico a favor da Revolução, a grande maioria das *soldaderas* nunca teve o devido reconhecimento pela sociedade. Porém, um *corrido*[1] composto em sua homenagem, "La Adelita", chegou a ficar famoso. Como não havia consenso sobre quem seria a Adelita da canção, ela se tornou um símbolo genérico da *soldadera*. Na verdade, a letra da composição destaca menos a coragem da mulher em armas e mais a ideia do amor em tempos de guerra. Mas, no imaginário popular, transformou-se em hino que inspira a mulher na luta pela ampliação de seus direitos.

> *Y si Adelita se fuera con otro*
> *La seguiria por tierra y por mar*
> *Si por mar en un buque de guerra*
> *Si por tierra en un tren militar*

A Constituição de 1917 estabeleceu igualdade legal entre homens e mulheres, licença maternidade, pensão e aposentadoria para as mulheres. Esses direitos, na prática, pouco alteraram o quadro de injustiça e desigualdade de sexo no país à época.

Somente em 1947 a mulher passou a ter direito a voto no México, o que permitiu que as mexicanas pudessem fazer valer com maior força seus direitos legais.

A mulher mexicana participa hoje de atividades profissionais, artísticas e políticas num nível muito mais intenso do que nas gerações precedentes. A participação feminina na força de trabalho passou de 17% em 1979 para cerca de 40% em 2005. Ao mesmo tempo, as mulheres têm acesso à educação num padrão de relativa igualdade em relação aos homens. Contudo, apesar dos avanços em direção a uma maior igualdade de gênero, ainda é significativa a diferença entre os salários médios de homens e mulheres. No seio da população pobre, as mulheres ainda se concentram majoritariamente em tarefas domésticas ou trabalham como vendedoras nas ruas, nas feiras livres ou em supermercados.

As profundas diferenças de classe social e a existência de um contingente ainda expressivo de população mexicana no campo tornam arriscadas generalizações sobre a questão de gênero no país. Por exemplo, são também marcantes as diferenças entre a mulher do campo e a mulher da cidade. A primeira, mais voltada para o trabalho doméstico ou para o plantio e a colheita; a segunda, com um leque mais amplo de opções de vida.

A mulher e a família mexicana | 189

Nas classes mais pobres a mulher ainda tem ocupações que trazem a marca do passado. Nas fotos, as lavadeiras de Cuernavaca e as artesãs de San Cristóbal de las Casas, em Chiapas, simbolizam esse passado-presente.

190 | Os mexicanos

O México pode ser a "pátria do machismo", mas ele anda meio decadente e fora de moda para a nova geração de jovens de classe média e alta, fenômeno muito visível nas redes sociais. Apesar dessa tendência, a violência contra as mulheres é um dos mais sérios problemas da sociedade mexicana, com impacto maior no âmbito das populações carentes. Tal problema é interpretado por muitos como uma modalidade de machismo, embora talvez esteja mais diretamente vinculado à pobreza, ao desemprego, ao alcoolismo e ao narcotráfico ou pelo menos seja agravado por essas questões. Segundo as Nações Unidas, a violência contra as mulheres no México tem dimensões de pandemia. Cerca de 25% do total de homicídios contra mulheres ocorrem em Ciudad Juárez, no estado de Chihuahua. Além da atuação de cartéis ligados ao tráfico de droga, que violenta toda a população, essa cidade se transformou num centro de "feminicídios", sendo que a maioria das mulheres assassinadas por lá trabalha como operária em *maquiladoras*. Apenas recentemente o fenômeno passou a merecer maior atenção por parte do governo mexicano e de organizações não governamentais da área de Direitos Humanos, como a Anistia Internacional. Há muito por fazer.

Surpreendentemente, um país com tantos problemas decorrentes do machismo oferece às feministas do mundo todo duas grandes inspirações: Juana Inés de la Cruz e Frida Kahlo.

MULHERES ÍCONES

Duas mulheres se transformaram em ícones da História mexicana: a freira poetisa do século XVII sóror Juana Inés de la Cruz e a talentosa pintora do século XX Frida Kahlo.

Sóror Juana Inés de la Cruz

Desde a infância, Juana Inés de la Cruz revelou enorme curiosidade pelos estudos. Considerada criança prodígio, alfabetizou-se aos 3 anos de idade e, a partir daí, passou a ler todos os livros da biblioteca de seu pai.

Aos 14 anos de idade, tornou-se dama de companhia de Leonor de Carreto, esposa do vice-rei do México, mulher culta e inteligente. Mais tarde, ficaram amigas. A vida na Corte – onde se promoviam tertúlias frequentadas por teólogos, filósofos, matemáticos e humanistas – colocou a jovem Inés em contato com pensadores e intelectuais que ficavam impressionados com seu vasto conhecimento de ciências e humanidades.

Alguns de seus biógrafos atribuem sua saída da Corte a uma decepção amorosa; o fato é que, numa época em que as mulheres não podiam sequer frequentar escolas, sua vontade de saber era tão grande que implorou à mãe que a deixasse estudar na universidade disfarçada de homem. Mas isso se revelou impossível. Como alternativa para poder continuar suas leituras, escolheu o caminho conventual. Ingressou, então, na ordem das Carmelitas Descalças, mas logo se transferiu para a ordem de São Jerônimo, onde tinha mais liberdade para desenvolver suas atividades intelectuais. Permaneceria nessa ordem até o fim de sua vida. "A vida em convento no México colonial não era necessariamente ascética, e sóror Juana foi capaz de manter uma biblioteca diversificada, ler e escrever prodigiosamente, além de socializar-se com muitos dos mais ilustres personagens de sua época."[2]

Sóror Juana foi poetisa primorosa e sua produção pouco tinha de religiosa. Eram poemas de amor, insólitos para qualquer mulher de sua época, ainda mais para uma freira. Sua poesia traduzia profunda solidariedade espiritual com mulheres (essa solidariedade excluía os homens). Ela dedicou várias elegias à Leonor de Carreto, cuja morte lhe causou muita dor. Algumas palavras dirigidas à amiga: "Você ser uma mulher longe de mim não é obstáculo para meu amor. Como você bem sabe, para a alma, distância e sexo não contam". Esses versos lhe valeram acusações de manter relações indecorosas com sua grande amiga. O mais relevante, contudo, é que sua poesia falava de uma afinidade sublime que transcende o sexo.

Em outro de seus poemas, "Homens tolos", que se tornaria um ícone do simbolismo barroco, sóror Juana aborda o tema da hipocrisia masculina e condena os homens que acusam as prostitutas, que, na verdade, são suas vítimas, pois acabam prostituídas por obra dos próprios homens. Para Octavio Paz, os poemas de sóror Juana estão entre os mais belos da literatura ocidental.

Seus escritos sobre teologia eram considerados anátemas. Ela chegou a escrever que os astecas cultivavam um verdadeiro sentido de religiosidade, o que explica o fato de a evangelização dos indígenas ter sido um processo relativamente fácil.

A liberdade de pensamento de Juana Inés de la Cruz e seu espírito irreverente terminaram por provocar a ira do misógino bispo de Puebla. Para puni-la, o bispo publicou uma carta privada que sóror Juana lhe havia enviado (com críticas a um sermão do famoso pregador jesuíta Antonio Vieira, que viveu muitos anos no Brasil), junto com a carta em que ele a censurava por negligenciar sua vida religiosa, concentrar-se em temas profanos e comportar-se de maneira imprópria a seu sexo e sua condição vocacional.

Os mexicanos

Em *Resposta para Sóror Philothea,* Juana Inés de la Cruz faz uma autobiografia intelectual em que defende a liberdade de pensamento e o direito das mulheres à educação. É considerado um de seus mais belos textos.

Com a morte de seus protetores, criticada por detratores e vítima de uma condenação de seus superiores que a proibia de escrever, sóror Juana abandonou suas atividades intelectuais e passou a dedicar-se quase que exclusivamente aos pobres e doentes, entregando-se também a uma vida mística.

Frida Kahlo

Aos 6 anos, Frida contraiu poliomielite e, aos 18, sofreu um gravíssimo acidente. No subúrbio da Cidade do México, um trem chocou-se contra o ônibus onde ela estava. "A batida nos arremessou para longe e a barra de ferro usada pelos passageiros para se segurarem me atravessou como a espada penetra no touro."[3] A barra se cravou entre as suas cadeiras e saiu pela pélvis. As consequências do desastre foram terríveis: fratura da terceira e quarta vértebras lombares, três fraturas na pélvis, onze fraturas no pé direito e ferida penetrante no abdome produzida pela barra de ferro. Frida Kahlo ficou acamada por três meses e chegou a contrair peritonite aguda. Ficou imobilizada com um corso de gesso durante nove meses. "Não morri e tenho um motivo para viver. Esse motivo é a pintura", declarou à mãe ao recobrar os sentidos.[4] Recuperou-se com enorme tenacidade, mas sofreu dores lancinantes pelo resto da vida. Na época em que não podia levantar-se da cama, pintava deitada seguindo seus impulsos criativos e sua vocação artística. Nessa época, pintava cenas do bairro onde morava, retratos de amigos e parentes. Sua melhor pintura de então é um autorretrato que reflete um corpo fragmentado, prestes a desmoronar. Esse será tema recorrente em Frida, uma mulher surpreendente e uma artista genial. A pintura era seu corpo, e o corpo era sua vida.

Limitações físicas gravíssimas a impediram de seguir o curso de Medicina. Mas, felizmente, pôde viver intensamente sua paixão pela pintura.

Frida Kahlo conheceu Diego Rivera quando ele pintava um mural na Escola Nacional Preparatória. Nessa época, Diego já tinha filhos de duas mulheres russas que conhecera na Itália e mais dois filhos com uma esposa mexicana, de quem se divorciaria mais tarde. Aos 22 anos, casou-se com o já renomado pintor, então com 42 anos de idade. No dia do casamento, a segunda mulher de Diego – um inveterado Don Juan – teve crise de ciúmes, e ela e Frida terminaram se esbofeteando. Diego foi a um bar festejar com alegria o incidente entre as duas mulheres que por ele haviam brigado. Enfurecida, Frida se negou a dormir com Diego. Durante vários dias permaneceu na Casa Azul, onde morava com seus pais.

Essa situação se repetiria inúmeras vezes. Artista de grande talento, geniosa e independente, Frida nunca se submeteu a Diego. Os dois formavam o protótipo do casal independente, vanguardista na arte e na vida, demasiado moderno aos olhos da elite conservadora mexicana. Ele com numerosas amantes; ela cortejando homens e mulheres, com relações homo e heterossexuais.

Apesar de uma relação afetiva marcada por conflitos e incompatibilidade de gênios, Diego tinha profundo respeito pelo talento da esposa. Por sua vez, Frida sempre demonstrou sua lealdade ao marido em momentos difíceis. Por exemplo, ao ser expulso do Partido Comunista, sob acusação de receber vultosos pagamentos por pinturas encomendadas por ricos empresários e magnatas norte-americanos, Frida o defendeu e se manteve a seu lado.

Mas a relação com Diego era também um martírio. Pouco depois de um aborto indesejado aos três meses de gravidez, Frida descobriu que Diego a traía com uma de suas ajudantes e pronunciou uma frase que ficaria famosa: "Sofri dois grandes acidentes na minha vida: um foi o ônibus, o outro foi Diego".[5]

Incompreendido pelos amigos, excluído do Partido Comunista, Diego mudou-se para os EUA em 1931. Apesar de ser ex-membro do Partido Comunista, graças à influência de amigos pintores, Diego conseguiu visto de trabalho e foi viver com Frida em São Francisco. Lá ele se tornou amante da tenista americana que era sua modelo. Em represália, Frida passou a manter relações sexuais com Christina Hastings. É dessa época o primeiro quadro de Frida que mereceu amplos elogios de críticos de arte e reconhecimento geral: *Retrato de Luther Burbank*. Ao mesmo tempo em que produzia essa obra, ela pintou o retrato de sua amante Christina. Em 1934, Diego e Frida voltaram para o México.

As desavenças de Diego com o Partido Comunista Mexicano levaram-no a aproximar-se da Quarta Internacional, organização seguidora da linha trotskista. Sofrendo perseguição tenaz de Stalin e da polícia secreta soviética, Trotski vivia foragido em diversas partes do mundo já há longos nove anos. Foi nessa época que o presidente mexicano Lázaro Cárdenas (protagonista da política externa independente) concedeu asilo a Trotski no México, a pedido de Diego Rivera. Aos 58 anos de idade, o grande herói do socialismo, que lutara ao lado de Lenin até sua morte e se insurgira contra a ditadura criminosa de Stalin, chegava com sua esposa à Casa Azul, onde Frida havia vivido a infância com os pais e agora

194 | Os mexicanos

habitava com seu marido Diego. Em 1937, Trotski e sua esposa passaram a viver, protegidos por guardas, em uma residência próxima à Casa Azul (onde hoje se aloja o Museu Trotski).

Durante um período de íntima convivência, a admiração de Frida por Trotski só fez crescer, a ponto de tornar-se uma incontida paixão. O grande líder tampouco ficou imune aos encantos daquela jovem impulsiva e irreverente. Como a esposa de Trotski só falava russo, Frida e Trotski tinham longas conversas em inglês. Os diálogos foram se transformando em expressões de afeto e sensualidade. Tornaram-se amantes. Esse romance insólito gerou ciúmes em Diego Rivera, amargura na idosa esposa e, posteriormente, culpa em Trotski. Mas tudo isso teve curta duração. O futuro foi interrompido pela explosão de outro drama destituído de inspiração sentimental e movido pela vingança torpe e pela sobrevivência no poder a qualquer custo. Em 21 de agosto de 1940, Trotski foi executado por sua oposição a Stalin.

Abalada, Frida Kahlo se dedicou à leitura de *Moisés e o monoteísmo*, de Freud, e pintou um de seus mais consagrados quadros, *O núcleo da criação*, que lhe valeria o Prêmio Nacional para a Arte e a Ciência, da Secretaria de Educação Pública. Em 1946, produziu um dos quadros mais expressivos do mundo dividido em que sempre viveu: *Árvore da esperança. Mantenha-se firme.* Na obra, estão retratadas duas Fridas: uma recém-saída de uma cirurgia, com as cicatrizes ainda abertas, numa cama de hospital; outra, uma mulher bonita, com um vestido alegre e colorido, carregando uma bandeira onde se lê o título do quadro. A artista ingressara em uma fase de intensa criatividade. Sua fama artística crescia, seus quadros foram se valorizando e passaram a participar de diversas exposições internacionais. A década de 1940 foi marcada por turbulências e contradições na vida de Frida. Em 1940, ela se divorciou de Diego (e pouco depois eles voltaram a se casar). No período em que esteve separada do marido, um convênio bancário lhe assegurava que as vendas dos quadros de Diego deveriam cobrir suas despesas pessoais. Frida, porém, insurgiu-se contra essa dependência. "Não aceito nem um só condenado centavo proveniente de Diego. Nunca aceitarei dinheiro de nenhum homem até a morte."[6]

Sua saúde, sempre muito precária, piorava de forma acelerada. Pouco antes do aniversário de 25 anos de casamento com Diego (ocorrido em 1929), Frida lhe deu de presente um anel de prata. Indagada sobre o porquê de tal antecipação, Frida confessou: "Porque creio que vou lhe deixar muito cedo". Em 1954, com apenas 47 anos, morria Frida Kahlo. Em sua autobiografia havia escrito: "Minha pintura tem a mensagem da dor. Não é revolucionária. Por que haveria de continuar querendo ser beligerante? Não posso. A pintura preencheu a minha vida."[7]

A FAMÍLIA MEXICANA

No México, como em outros países latino-americanos, a família nuclear – pai, mãe e filhos – tem se consolidado, ao longo das últimas quatro décadas, como o padrão de referência. Entretanto, apesar dessa evolução, a chamada "família ampliada" – que inclui outros parentes, como avós, tios, cunhados e primos – ainda ocupa um lugar de relevância na vida familiar mexicana.

Se comparamos a família mexicana e com a norte-americana, fica bastante claro que a primeira tem como referencial a figura dos avós, tios e primos com uma intensidade muito maior do que a segunda. Isso é facilmente evidenciado na vida diária, mas, sobretudo, nos fins de semana. Nesses dias, a família americana permanece dentro do padrão nuclear, enquanto a mexicana se torna "ampliada", reunindo diversos parentes em torno de uma refeição ou qualquer outro programa familiar.

Depois do almoço domingueiro, por exemplo, os velhos descansam sentados em bancos à sombra das árvores que margeiam as praças, conversando ou dormindo (dormir em público é um "esporte" muito mexicano que, para mim, demonstra uma intimidade com o espaço externo que deve ter raízes nas culturas indígenas pré-colombianas). As crianças correm atrás de bolas multicolores, de bichos coloridos e infláveis ou jogam bola com seus pais. Os jovens andam de *skate*, jogam futebol, namoram e se casam. É impressionante o número de noivas que se vê nos fins de semana. Elas aparecem muito mais que os noivos, ficam radiantes. Eu tenho a impressão de que, depois do casamento religioso, os casais ficam passeando pela cidade, como personagens de seu próprio filme.

No México, também não é rara a mulher mexicana que telefona diariamente ou a cada dois dias para sua mãe, enquanto esse comportamento seria visto por uma americana no mínimo como estranho ou revelador de excessiva dependência.

Fazer generalizações sobre o convívio dos pais com os filhos e as expectativas com relação à educação dos rebentos é mais difícil no México que nos EUA, em virtude das pronunciadas desigualdades sociais existentes entre os mexicanos. A ampla maioria das famílias mexicanas de classe alta tem babás que ficam com as crianças a maior parte do tempo; os pais são relativamente ausentes dessa primeira fase da vida dos filhos. Isso já não ocorre nas famílias de classe média, em que a convivência dos pais e avós com as crianças pequenas é bem maior. Os filhos de uma família de classe média alta geralmente estudam em colégios particulares, muitas vezes têm motoristas privados e, em certos casos, até mesmo segurança pessoal, com guarda-costas, pois é grande o medo de sequestros. Os filhos de famílias de classe média e classe baixa em geral estudam em escolas públicas e usam transporte coletivo. O investimento dos pais e a expectativa com relação à educação superior dos filhos também variam em função da posição na hierarquia social. Em geral, a elite e a classe média alta desejam que os filhos sejam aceitos em alguma universidade da Yvy League dos EUA (Harvard, Princeton, Yale, Columbia e Stanford). Já os pais de classe média se consideram altamente recompensados se os filhos ingressam em universidades mexicanas bem classificadas no plano nacional, tais como o Instituto Tecnológico de Monterrey, para a área de Exatas, El Colégio de México, no terreno das Humanas, e ITAM e CINDES, para Economia.

A família mexicana tem exibido profundas mudanças de comportamento ao longo das quatro últimas décadas. Nos anos 1970, uma família típica mexicana era composta de cerca de cinco filhos. No curto espaço de 25 anos – entre 1970 e 1995 –, a população mexicana quase dobrou, ao passar de 48,2 milhões para 92,2 milhões. O pai – considerado o cabeça do casal – era o esteio econômico, enquanto a mãe era a responsável por toda a administração do lar.

Nesse mesmo período, mais do que dobrou o percentual de mulheres que trabalhavam fora, ao passar de 17% para 35%. Em 1970, cerca de 30% das mulheres eram analfabetas, enquanto, em 1995, o percentual já havia caído para 13%. Esses dois fatores contribuíram para o desenvolvimento de relações de gênero menos desiguais no país.

Qualquer análise da família mexicana deve necessariamente levar em consideração o elevado contingente de cerca de 12 milhões de imigrantes mexicanos que vivem atualmente nos Estados Unidos (ver no capítulo "Os mexicanos nos EUA" considerações a respeito da questão familiar no âmbito da emigração).

NOTAS

[1] *Corrido* originalmente significava poema da Andaluzia de inspiração romântica em versos octossílabos, mas no México denota livreto ou poema popular semelhante à literatura de cordel no Brasil.

[2] Sóror Juana, "On Men's Hypocrisy" ("Sobre a hipocrisisa dos homens"), em Gilbert M. Joseph e Timothy J. Henderson (eds.), *The Mexico Reader: History, Culture, Politics*, New York, Duke University Press, 2002, p. 156.

[3] Garry Souter, *Frida Kahlo: detrás del espejo*, Ciudad de México, Voion Printing Group, 2010, p. 25. (tradução nossa)

[4] Idem.

[5] Idem, p. 57.

[6] Idem, p. 195.

[7] Idem, p. 251.

FUTEBOL E OUTROS ESPORTES

Nas tardes de sábado ou domingo, em qualquer lugar da capital do México, todos os taxistas e quase todos os motoristas que circulam pela cidade estão ouvindo rádio, conectados com a paixão pelo futebol. O esporte é tão popular por lá que o país já sediou duas Copas do Mundo de Futebol, sendo um dos poucos com essa credencial. Apesar disso e do interesse nacional pelo esporte, o México nunca se sagrou campeão mundial. Mas sobrevive a esperança. Daí a expressão que se popularizou nos últimos anos: "*Sí, se puede*".

Sobre essa "paixão não correspondida", há uma interpretação que se generalizou e até hoje prevalece no país. É a do jornalista e escritor norte-americano Alan Riding, autor de um livro muito saboroso sobre o México e sua relação com os EUA, *Vizinhos distantes*. Alan Riding argumenta que o mexicano possui caráter individualista,[1] o que dificulta muito seu bom desempenho em esportes coletivos, como o futebol; o mexicano não é um "jogador de equipe".

Para reforçar esse argumento, os que concordam com ele lembram o contraste entre o bom número de medalhas obtidas pelo México em esportes individuais e a virtual ausência de grandes vitórias em esportes coletivos. De fato, o México registra um número expressivo de grandes boxeadores, tenistas, golfistas, lutadores mascarados de luta livre e corredores, mas demonstra um desempenho modesto em esportes coletivos, como *baseball*, basquete e futebol. No histórico de todas as Olimpíadas, por exemplo, o México alcançou um total de 55 medalhas, das quais 47 em esportes individuais e apenas 8 em coletivos.

De qualquer modo, o desempenho da seleção mexicana nas Copas do Mundo costuma criar uma fonte de esperança inicial, logo seguida de frustração. Embora tenha um dos maiores estádios do mundo, historicamente a seleção mexicana quase nunca ultrapassa a fase de quartas de final. Até hoje, o México classificou-se para 14 Copas do Mundo de Futebol, e ainda não se sagrou campeão mundial. Mas isso em nada diminui o entusiasmo pelo futebol no país. É bem verdade que nos últimos cinco anos a

198 | Os mexicanos

performance da seleção mexicana vem melhorando. O time do México ganhou quatro vezes a Copa Pan-Americana de Futebol, nos anos 1967,1975, 1999 e 2011, número igual ao do Brasil e inferior ao da Argentina, que foi campeã seis vezes. Na Olimpíada de 2012, os mexicanos venceram a final contra o Brasil e se sagraram campeões.

No México, o campeonato de futebol da primeira divisão engloba cerca de 20 times de vários estados do país. O clube mais popular é o América, da Cidade do México, também conhecido como "Águias", seguido do Guadalajara, apelidado de "Cabras" (*Chivas*), do Cruz Azul, chamado também de "Máquina", do Pumas, do Monterrey, do Toluca e muitos outros. O futebol é o esporte mais difundido no México, e a Federação Mexicana de Futebol já tem longa história, desde 1922. A Liga Mexicana tem quatro divisões, mas o torneio da Liga MX é o que desperta mais atenção: os oito times mais bem classificados têm o direito de disputar a "*liguilla*", que define então o campeão. Os times com maior número de títulos no país são o América (11 vezes campeão da Liga e 5 vezes campeão dos campeões) e o Guadalajara/Chivas (11 vezes campeão da Liga e 7 vezes campeão dos campeões).

O Estádio Azteca, com capacidade para 105 mil pessoas, em muito suplanta o Maracanã de hoje, que comporta um público máximo de 78 mil. O México tem ainda dois grandes estádios – o Olímpico Universitário, com capacidade de 70 mil e o Jalisco, com capacidade de 64 mil. O primeiro gol na inauguração do Estádio Asteca, em 1966, foi feito por um brasileiro, Arlindo. (Fiquei amigo desse legendário craque e sempre o homenageava pelo feito nas festas de 7 de Setembro, na Embaixada do Brasil no México.) Até hoje o sorridente goleador do América é admirado por mexicanos e brasileiros. Também é muito gostoso ver a simpatia dos mexicanos pela seleção brasileira. Esses sentimentos se originam talvez de dois fatores. O primeiro são os numerosos jogadores brasileiros que atuam no México e são estrelas em seus times. O segundo está ligado à brilhante atuação do Brasil na Copa de 1970, ajudada por uma torcida numerosa, vibrante e incansável de mexicanos.

O Azteca é o único estádio de futebol que sediou duas finais de Copa do Mundo: a de 1970 e a de 1986. A Copa de 1970 consagrou Pelé, enquanto a de 1986 tornou célebre Maradona. Ficou na História do futebol a partida Argentina *versus* Inglaterra, pelas quartas de final, quando Maradona marcou dois gols. O primeiro, o inesquecível gol com a mão (atribuído à "mão de Deus"). O segundo, sempre lembrado como o "Gol do Século", foi realmente incrível, pois "Don Diego" começou a jogada no campo argentino, foi levando a bola, driblou seis ingleses, até mesmo o goleiro, antes de desferir seu tiro mortal. Se de Maradona foi o "Gol do Século", a "Partida do Século" foi a inesquecível batalha na semifinal entre Alemanha e Itália, quando a Itália acabou vencendo dramaticamente por 4 x 3.

O Estádio Azteca foi palco de duas finais históricas de Copa do Mundo de Futebol: a de 1970, da seleção tricampeã brasileira de Pelé, e a de 1986, vencida pela Argentina de Maradona. Na foto, o estádio em plena Copa de 1986.

Mas nós, brasileiros, não esquecemos mesmo é a final Brasil x Itália, de 1970, no Colosso de Santa Úrsula, como também é chamado o Estádio Azteca. Foi ali que Pelé, Gerson, Jairzinho e até o grande lateral Carlos Alberto fizeram tremer as redes italianas no célebre 4 x 1 que nos deu a posse da Taça Jules Rimet para sempre. Para os brasileiros, a Copa de 1986 não teve o mesmo brilho. Na verdade, até para o México foi uma Copa complicada, pois ocorreu um ano após o terremoto de 1985, tão devastador e com tantas vítimas fatais que se chegou a cogitar de transferir a sede do evento para outro país.

Se os mexicanos amargam não se terem sagrado até hoje campeões mundiais, eles demonstram um justificado orgulho pela vitória na Copa das Confederações de 1999, no México. O entusiasmo foi maior ainda por terem derrotado os EUA por 1 x 0 na semifinal. Um hipotético Galvão Bueno mexicano diria: "É bom ganhar, mas ganhar dos EUA é muito melhor". Mas a apoteose no Colosso de Santa Úrsula chegou mesmo na partida seguinte, no dramático 4 x 3 sobre o *"equipo carioca"*, uma das designações dos mexicanos para o time brasileiro. O México se sagrou campeão do segundo torneio de futebol mais importante da Fifa.

200 | Os mexicanos

BASEBALL

O *baseball* é o segundo esporte coletivo do país e o primeiro nos estados do Norte, por influência dos EUA. Dentre os esportes profissionais, o *baseball* é, logo após o boxe, o que tem dado maiores alegrias aos mexicanos. No torneio nacional, participam equipes de praticamente todos os estados da federação. A seleção mexicana de *baseball* – integrada apenas por jogadores dos estados de Sinaloa, Sonora e Baixa Califórnia – participa da Série do Caribe, o mais importante evento de *baseball* da região, no qual também jogam os campeões das ligas da Venezuela, de Porto Rico e da República Dominicana. O México já ganhou sete campeonatos regionais.

Esse esporte surgiu no México em meados do século XIX. Sua introdução coincide com a penetração de tropas americanas no país, na década de 1840, durante a guerra entre México e EUA. Nessa época, os soldados americanos jogavam *baseball* em território mexicano e procuravam ter a participação da população local. O esporte mudava de localidade no compasso do avanço das tropas invasoras. A prática do *baseball* ia mudando de cidade à medida que as tropas americanas conquistavam novos territórios.

Além dos vínculos entre esse esporte e o conflito armado, existe também uma ligação entre o *baseball* e a construção da ferrovia Monterrey-Tampico, no Norte, financiada com capitais americanos e com a presença de engenheiros do país vizinho, na segunda metade do século XX.

A História oficial do *baseball* mexicano começa somente em 1925, quando foram fundadas as Ligas Mexicanas Profissionais de *Baseball*, com seis times. Nos primeiros anos das Ligas, a prática do *baseball* se limitava à Cidade do México e o esporte ganhava visibilidade com a presença de astros cubanos famosos. Nos anos 1940, houve uma tentativa frustrada de promover o *baseball* no país por meio da contratação de grandes ídolos americanos, inclusive do célebre Joe di Maggio. Não deu certo, mas foi possível contratar jogadores das Ligas Negras e também das *Major Leagues* americanas (equivalentes à primeira divisão no futebol), o que contribuiu para difundir ainda mais o esporte no país.

Em meados dos anos 1950, o *baseball* passava por uma fase de visível decadência no México. Contudo, o presidente do Monterrey Sultanes, Anuar Canavati, conseguiu reerguê-lo por meio da contratação de jogadores americanos. Aliás, a cidade de Monterrey, no norte do México, foi decisiva na história do *baseball* mexicano. Um time infantil daquela cidade, os Little Giants, se destacou tanto que os meninos chegaram a ser recebidos nos EUA pelo presidente

Eisenhower. Essa equipe de garotos foi o único time estrangeiro a ganhar, em 1957, a Little League World Series (Campeonato Mundial da Liga Infantil), tendo como grande expoente Angel Macias. Com um jogo perfeito – "The Perfect Game" –, projetou o *baseball* mexicano em seu país e também nos EUA. Essa história – já retratada em livro e filme – é interessante porque a equipe era composta de crianças muito pobres da periferia de Monterrey que demonstraram grande talento para o esporte. Sua projeção internacional mudou a paisagem do *baseball* no México e revigorou o esporte no país. Construiu-se, então, naquela cidade um estádio de *baseball* para 26 mil espectadores, obra difícil de se imaginar alguns anos antes, quando o *baseball* ainda era um esporte inexpressivo.

BOXE

O México é a segunda potência mundial em boxe, já teve 116 campeões mundiais e se destaca, sobretudo, nas categorias de peso leve e peso médio. Os estados do Norte do México são os de maior excelência em boxe, sobretudo a Baixa Califórnia, que chegou a ter cinco campeões praticamente no mesmo período.

É reconhecido como o esporte mais popular do país, logo depois do futebol. Está impregnado de um significado marcante, sobretudo para as populações fronteiriças aos EUA. Em ambos os lados da fronteira, os lutadores mexicanos são queridos por seus conterrâneos como exemplos de esperança, força e resiliência.

No panteão dos grandes pugilistas mexicanos estão lutadores como Rubem Olivares, Salvador Sanchez, Ricardo Lopez e Carlos Zarate. São renomados ídolos e verdadeiros heróis em sua terra natal. O caso mais emblemático é o de Julio Cesar Chávez, que lutou de 1980 a 2005, permaneceu invicto durante 87 lutas e se aposentou do esporte com um incrível recorde: 107 vitórias, 6 empates e 2 derrotas. Um depoimento muito pitoresco sobre a mística em torno desse grande pugilista foi prestado por outro campeão, Oscar de la Hoya: "Quando derrotei Julio Cesar Chávez, até mesmo pessoas de minha própria família deixaram de falar comigo. Isso revela o Deus que ele era".

Acadêmicos dedicados à Sociologia do Esporte no México revelam que os fãs mexicanos de boxe nunca deixam de alimentar a expectativa de que seus campeões estejam sempre decididos a enfrentar o perigo, correr todos os riscos e perseguir o nocaute.

LUTA LIVRE MEXICANA

A luta livre mexicana é uma versão da luta livre profissional que consiste de embates tanto no solo como aéreos. É uma combinação de esporte, entretenimento e teatro. Comporta diversas categorias, sendo a mais popular e prestigiada a disputa de peso leve. Suas principais características são a combinação de sequências acrobáticas de saltos e chaves. Os lutadores usam máscaras que produzem grande efeito junto ao público. Essas máscaras têm um significado especial que remonta aos tempos das culturas mesoamericanas, em especial a asteca. Nos primeiros anos da versão moderna do embate, as máscaras se diferenciavam apenas pelas cores, tendo somente a função de distinguir um lutador de outro. Com o

Fachada de arena de *lucha libre* na Cidade do México e modelos de máscaras usadas pelos lutadores. A luta livre mexicana é extremamente popular no país.

passar dos anos, elas se tornaram mais sofisticadas, com desenhos que lembram deuses, animais e heróis e servem para individualizar o lutador ao longo de toda sua carreira. Geralmente, cada lutador começa sua trajetória no esporte com uma máscara que deverá acompanhá-lo pelo resto da vida. No princípio da carreira, a identidade do lutador é desconhecida do público. É comum em grandes eventos públicos (não só esportivos, mas também culturais), um lutador, mesmo já famoso, comparecer mascarado. Perder a máscara para um adversário simboliza um grave fracasso. Uma das principais formas de encerrar uma rivalidade entre dois lutadores consiste em colocar suas máscaras em jogo, o que é chamado de "luta de apostas". O derrotado perde o direito de utilizar a máscara e, então, fica destituído de sua "marca registrada" no esporte. A máscara é, portanto, o elemento identificador do personagem, símbolo da honra e bem valioso. Ao perder uma luta de apostas, o lutador é obrigado a revelar sua verdadeira identidade.

A luta livre mexicana tornou-se parte da cultura do país a partir da década de 1930. Um dos maiores ídolos do esporte de todos os tempos foi El Santo, conhecido pela extraordinária performance nos golpes aéreos dotados de grande força. Outras figuras míticas do gosto popular mexicano incluem os personagens/lutadores Blue Demon, El Hijo del Santo (O Filho do Santo) e Mil Máscaras.

PELOTA BASCA

A pelota basca é um esporte praticado no México desde 1895 e o que mais prêmios dá ao país em campeonatos mundiais, num total de 104 medalhas, sendo 42 de ouro. É jogada normalmente entre duas equipes que se colocam frente a frente, com uma bola que é batida com a mão, com um bastão de madeira ou com uma raquete.

A partir de 1916, desenvolveu-se no México uma modalidade de pelota conhecida como *frontenis*, em que a bola que é lançada contra uma parede. Desde o surgimento de campeonatos mundiais, a equipe mexicana ganhou todos, com uma única exceção: em Havana, no ano de 1990.

NOTA

[1] O individualismo do mexicano se cristaliza nas relações de trabalho ou no comportamento grupal. Isso não o impede de ter, no âmbito familiar e nos momentos de lazer, uma atitude tipicamente gregária.

OS "DEZ MAIS" DO MÉXICO

Os mexicanos gostam muito de conhecer sua história. Com frequência, os pais levam seus filhos aos museus para visitarem o passado mexicano e os heróis da pátria. Mas essas figuras também estão representadas nos imponentes monumentos erguidos em sua honra, nos murais com cenas históricas, nos programas de TV e no cinema. A galeria de ídolos é grande, mas há também os vilões. Assim, é um passatempo comum escolher os personagens mais amados e os mais odiados. Até um guia turístico – *Lonely Planet* – traz uma lista desse tipo, que serviu de base para elaborar a seleção a seguir.

OS CINCO MAIS AMADOS

Cuauhtémoc, o herói estoico

Cuauhtémoc foi o último imperador asteca, sobrinho, genro e sucessor de Montezuma II. Enquanto este simboliza a rendição sem luta diante do conquistador Hernán Cortez, Cuauhtémoc personifica o herói que combateu bravamente

Escultura de Cuauhtémoc na Cidade do México. Último imperador asteca, ele é considerado o primeiro grande herói do México. Foi torturado durante a Conquista espanhola, mas não revelou o local do tesouro asteca.

206 | Os mexicanos

os espanhóis. De fato, a impotência de Montezuma II contrasta com a coragem de Cuauhtémoc. Seu estoicismo e sua resistência se tornaram fonte de admiração e passaram a habitar o imaginário coletivo dos mexicanos. "Cuauhtémoc resiste, mesmo sabendo da derrota". Nisso reside o trágico de seu combate e da história do México.[1]

Bartolomé de las Casas, o defensor dos índios

Na cidade de San Cristóbal de las Casas, no estado de Chiapas, duas imagens estão sempre presentes nas ruas, nas lojas, nas igrejas: a do bispo Bartolomé de las Casas e a do subcomandante Marcos. Por mais profunda que seja a diferença entre os dois, um traço de união vincula o bispo ao guerrilheiro: a defesa dos indígenas. Talvez tenha sido pela ação desses dois personagens que Chiapas seja tão legitimamente orgulhoso de suas origens indígenas, que cultiva e preserva até hoje. Bartolomé de las Casas viveu em San Cristóbal apenas três anos, mas deixou um forte legado de respeito ao indígena. Tendo como base conceitos considerados os mais válidos para sua época, as categorias de Aristóteles e de São Tomás de Aquino, refutou o paradigma que definia os indígenas como bárbaros, ao apontar os notáveis avanços científicos e artísticos das culturas mesoamericanas. Sua abnegada dedicação à causa dos indígenas de Chiapas é até hoje merecedora de reconhecimento e homenagens.

Cura Hidalgo, o pai da Independência

Miguel Hidalgo, o cura Hidalgo, é também conhecido como o pai do país, por ter plantado a semente da Independência em 1810, embora ela só tenha finalmente frutificado em 1821. Não há cidade do México que não tenha uma estátua ou uma rua em sua homenagem. Os três grandes muralistas mexicanos (Rivera, Orozco e Siqueiros) retrataram Hidalgo em obras famosas.

Hidalgo é um arquétipo do México. Símbolo da rebelião contra os poderosos (os *guachupines,* espanhóis espoliadores), defensor dos indígenas e de todos os despossuídos. Na narrativa histórica a seu respeito, a mancha em sua reputação causada pelos excessos de violência e destruição protagonizados pelos rebeldes sob sua liderança foi compensada pela tenacidade de sua luta em prol da Independência. "A História não só o desculpou: o cobriu de glória, o canonizou e finalmente o santificou. O padre Hidalgo é e será o Pai da Pátria."[2] Embora acusado de excessivo orgulho, Hidalgo ficou gravado na memória do povo mexicano como patriota genuíno e incansável defensor dos oprimidos.

O destacado historiador Enrique Kravze chegou a questionar:

> "Quem era Miguel Hidalgo? Um teólogo renovador, um religioso iluminado, um sequaz da neoescolástica política, um piedoso sacerdote de almas, um empresário empreendedor, um *criollo* proverbial identificado com os índios, [...] um libertador visionário, um grande sedutor?".

Porém, não deixou de reconhecer que sua "memória emociona ainda e, enquanto exista esse país, emocionará sempre o povo mexicano".[3]

Hidalgo foi fuzilado e decapitado em 31 de julho de 1811. A cabeça do "sacerdote da religião da pátria"[4] pertence hoje ao Monumento à Independência na Cidade do México, e suas façanhas, ao povo mexicano.

Benito Juárez, o índio que virou presidente

Não é difícil entender por que ele é considerado um grande herói mexicano. Sua origem indígena e humilde e sua história privada e pública despertam grande identificação popular. Benito Juárez (1806-1872) era um índio zapoteca de família muito pobre. Perdeu seus pais com apenas 3 anos de idade, foi criado por um tio e até os 12 anos não sabia ler nem falar espanhol. Mudou-se para a cidade de Oaxaca, onde iniciou os estudos e trabalhou como empregado doméstico para o rico proprietário de terras, Antonio Maza. Mais tarde, recebeu ajuda de um frade franciscano impressionado com sua inteligência e sede de conhecimento. Embora tivesse ingressado em seminário religioso, decidiu tornar-se advogado e iniciar uma carreira política, obtendo grande sucesso: foi vereador, deputado e governador do estado de Oaxaca. Aos 37 anos casou-se com Margarita Maza, de 17 anos, filha de seu ex-patrão.

Grande opositor do ditador Santa Anna, foi exilado para os EUA, onde, para sobreviver, trabalhou em uma fábrica de charutos de Nova Orleans. Continuou, entretanto, suas atividades políticas e o combate à ditadura. De regresso ao país, como membro do Partido Liberal, assumiu a presidência da Suprema Corte, foi eleito vice-presidente e, posteriormente, presidente constitucional, em 1861.

Em consequência do caos provocado pelos 11 mandatos presidenciais de Santa Anna, o país estava altamente endividado com as potências europeias. Benito Juárez

208 | Os mexicanos

declarou a moratória da dívida externa. Como retaliação, tropas militares francesas, sob ordens de Napoleão III – interessado na riqueza das minas de prata mexicanas –, invadiram o país e, em 1874, Maximiliano de Habsburgo, com o apoio do Partido Conservador, assumiu o poder como imperador do México. Benito Juárez, foi então deposto, mas organizou um governo paralelo em oposição ao imperador. A guerra entre liberais e conservadores foi intensa e prolongou-se até 1867. Os liberais foram vencedores, a República foi restaurada e seu líder, Benito Juárez, voltou à presidência e implantou reformas modernizantes no país. Advogou o respeito à Constituição, promoveu as liberdades individuais, o ensino laico, o acesso das populações mais pobres à educação básica e teve papel-chave nas Leis da Reforma que levaram a Igreja a vender muitas de suas propriedades, posteriormente distribuídas aos camponeses.

A trajetória do homem de 1,37 m de altura que foi o primeiro e único indígena a assumir a presidência do México ainda empolga o coração dos mexicanos.

Pancho Villa, o bandoleiro revolucionário

Pancho Villa, batizado José Doroteo Arango, vive até hoje como um astro brilhante no imaginário coletivo mexicano. Levou uma vida de aventuras. Poemas, canções, cantigas de ninar, músicas e filmes contam histórias saborosas, picantes, fantásticas, aterrorizantes sobre esse homem-mito. Foi criminoso procurado pela polícia, bandoleiro, revolucionário, general do Exército, governador militar de Chihuahua e protagonista da Revolução Mexicana como líder de um dos três maiores exércitos do país, a Divisão do Norte.

Embora seja visto por muitos como um bandido sanguinário, Pancho Villa era capaz de grande lealdade. Isso ficou muito claro na amizade profunda entre ele e o presidente Francisco Madero. Para o povo mexicano, Pancho Villa é um herói, o defensor dos pobres, um Robin Hood encarnado em razão das façanhas que protagonizou e que foram descritas no capítulo sobre a Revolução Mexicana.

Viveu como queria, se aposentou como sonhara, morreu como era de se imaginar. Sua memorável Divisão do Norte foi perdendo número e força até desaparecer. Pancho Villa sempre sonhara em retirar-se para uma fazenda, onde ficasse cercado de alguns companheiros de luta, pudesse cultivar milho e criar gado. Esse sonho se tornou realidade e foi viver na fazenda Canutillo, com uma aposentadoria de 636 mil pesos e recursos para manter pequena tropa, comprar utensílios e pagar pensão às esposas de seus companheiros mortos em combate. Distraia-se, então, com brigas de galo. Desfecho surpreendente? Final inesperado para um herói-revolucionário? Não.

Afinal, Pancho Villa tinha sido funcionário público, com livro de ponto e horário de expediente. Como? Sim, no contrato que assinara e cumprira com uma empresa de cinema de Hollywood.

OS CINCO MAIS ODIADOS

Hernán Cortez, o conquistador espanhol

Cortez aparece com destaque na lista das figuras mais odiadas no México. Nada de estranho nisso. Afinal, foi o conquistador responsável pela queda do Império Asteca e o subsequente domínio espanhol. Contribui para a percepção popular de Cortez como o grande algoz dos astecas o fato de sua expedição, limitada a pouco mais de 800 homens, ter sido capaz de conquistar uma civilização com milhões de habitantes e uma cidade, Tenochtitlán, com população superior à de qualquer cidade europeia da época.

A imagem sintetiza a Conquista espanhola: o herói asteca Cuauhtémoc (quarto a partir da direita) é abordado por Hernán Cortez, o invasor vitorioso, e Malinche, intérprete e amante de Cortez.

210 | Os mexicanos

Cortez foi o invasor que subjugou a gloriosa civilização asteca. Por isso, o povo mexicano nele vê a personificação da dominação espanhola. Entretanto, não é menos verdade ter sido também instrumental para a criação de uma Nova Espanha miscigenada, embrião do México pluricultural dos dias de hoje.

Malinche, traidora de seu povo

Por que Malinche é odiada? Ela era uma das vinte jovens que foram oferecidas como presente aos espanhóis logo após sua chegada ao México. Falava nahuatl, língua dos astecas, e também a língua dos maias, pois havia sido vendida a estes como escrava. No início, o diálogo de Cortez com os astecas seguia uma linha de transmissão. Ele falava em espanhol com Jerónimo Aguilar, que se dirigia em maia a Malinche, e esta falava em nahuatl com os astecas. Mas logo Malinche aprendeu espanhol e encurtou os caminhos da comunicação. Tornou-se um grande trunfo dos espanhóis. Muitos mexicanos ainda hoje acreditam que Malinche tinha ódio dos astecas, ou pelo menos os desprezava. Assim, teria se aliado aos espanhóis, para quem era mais do que simples intérprete, pois também explicava a Cortez o comportamento e a cultura dos indígenas.

Malinche é acusada de ter adotado, com o tempo, atitudes muito mais próximas dos conquistadores do que dos indígenas (passou a ser chamada de Dona Marina pelos espanhóis). Ela foi amante de Cortez desde sua partida da península de Iucatá para a Cidade do México até a derrocada do Império Asteca. Com ele teve um filho, Martim. Mais tarde, foi oferecida em casamento a um dos oficiais. Mesmo assim continuou auxiliando Cortez a compreender os nativos para melhor dominá-los. Um cronista da época chegou a escrever: "Dona Marina tinha muita personalidade e autoridade absoluta sobre os índios em toda a Nova Espanha. Cortez, sem ela, não podia entender os índios".[5]

Já vimos em outras partes deste livro as interpretações de Octavio Paz referentes a Malinche e à aversão que sua figura desperta nos mexicanos. Tanto a versão de Paz quanto a visão popular a respeito de Malinche contrastam com a interpretação de muitos autores mexicanos ou estrangeiros que a absolvem das acusações recorrentes e recuperam sua importância como alguém ligado às raízes da mexicanidade. Todorov é um dos expoentes dessa visão.

> Vejo-a sob outra luz: ela é, para começar, o primeiro exemplo, e por isso mesmo o símbolo, da mestiçagem das culturas; anuncia assim o Estado mexicano moderno

e, mais ainda, o estado atual de todos nós, que, apesar de nem sempre sermos bilíngues, somos inevitavelmente bi ou triculturais. A Malinche glorifica a mistura em detrimento da pureza (asteca ou espanhola) e o papel de intermediário. Ela não se submete simplesmente ao outro, adota a ideologia do outro e a utiliza para compreender melhor sua própria cultura, o que é comprovado pela eficácia de seu comportamento, embora "compreender" sirva, nesse caso, para "destruir".[6]

De um modo ou de outro, podemos pensar: se ela tivesse agido de modo diferente, teria sobrevivido pelo tempo que conseguiu sobreviver?

Porfirio Díaz, o ditador inimigo da Revolução

O período da história do México que vai de 1876 até 1911 é dominado pela figura de Porfirio Díaz, hoje mais lembrado pelas injustiças sociais cometidas em seu governo. O progresso econômico e a estabilidade política conquistados no Porfiriato não escondem o aumento das diferenças existentes entre os setores da população que enriqueceram (industriais, mineradores e grandes proprietários rurais) e aqueles que ficaram à margem dos avanços (os mineiros e os camponeses que perderam terras).

No início, seu governo teve respaldo popular, fez aliança com líderes militares e obteve o apoio de caciques regionais (que controlava por meio do clientelismo, dando-lhes cargos na administração e na política) e até da Igreja e de grupos conservadores (aos poucos incorporados a seu governo "liberal"). De fato, ele usou o Estado como instrumento de contenção da efetiva participação popular e colocou antigos companheiros de farda como governadores de ¾ dos estados mexicanos, o que lhe garantiu lealdade e estabilidade no poder.

Porém, no último período do Porfiriato, apesar das conquistas na economia e nos setores de transporte e comunicações, a estabilidade política do regime começou a enfrentar desafios de movimentos agrários contra a política central (representante dos interesses de fazendeiros ricos, que exploravam de forma desumana os camponeses, seja se apoderando de suas terras e das terras comunais, seja abusando com maus tratos os trabalhadores). Seu nome ficou ainda mais manchado em razão da repressão violenta com que combatia os camponeses rebelados e os grevistas urbanos. Esses desafios se tornaram mais ameaçadores ao governo por uma razão muito específica: "Provavelmente a maior fragilidade do regime porfirista radicou em não ter criado os mecanismos para a transmissão pacífica do poder político".[7]

212 | Os mexicanos

Porfírio Díaz cometeu o inescapável equívoco de todo ditador: a obsessão de perpetuar-se no poder a qualquer custo. Em 1892, apoiado pela tecnocracia, buscou sua terceira reeleição. O ditador já estava velho, não tinha o mesmo dinamismo, e havia uma esplêndida oportunidade para Porfírio protagonizar uma saída democrática: um jovem e talentoso político, com crescente apoio popular, Francisco Madero, havia se oferecido para ser candidato a vice-presidente na chapa de Porfírio. Mas as desconfianças falaram mais alto, o ditador insistiu em continuar a ser ele o presidente e ter como vice um político desmoralizado, mas leal ao chefe. O resultado dessa obsessão de Porfírio foi seu desastre político. Cresceu assustadoramente o movimento antirreeleicionista. Madero se tornou o símbolo da política renovada e democrática. A Revolução Mexicana eclodiu. Derrotado, Porfírio Díaz renunciou e exilou-se na França. Ao olhar para trás, os mexicanos de hoje o percebem como o primeiro grande adversário da gloriosa Revolução Mexicana e do herói nacional Francisco Madero.

Santa Anna, o general 11 vezes presidente

Na segunda metade do século XIX, durante mais de 25 anos, o general Santa Anna dominou a cena política mexicana: foi 11 vezes presidente da República. Sua ditadura e sua parcela de responsabilidade na perda de metade do território mexicano para os EUA colocaram-no entre os homens mais odiados do país.

De fato, sua trajetória política foi pautada por falta de ética, comportamento errático e traições. Talvez o traço mais marcante de sua personalidade seja o oportunismo político. Lutou contra o movimento de Independência, mas, após a vitória desta, juntou-se ao imperador Iturbide. Contudo, pouco depois, arquitetou um plano que resultou na sua destituição. Com relação a outro líder liberal da Independência, Guerrero, Santa Anna agiu de maneira semelhante: inicialmente o apoiou; mas, depois, insurgiu-se contra ele em favor do conservador Bustamante. Em seguida, apoiou os liberais e, ao final, terminou presidente.

Em um de seus mandatos, demonstrou grande inabilidade nas relações com os americanos, sobretudo nas desavenças com Stephen Austin, o que teria contribuído para acirrar os ânimos dos texanos. Quando esses se revoltaram, durante a decisiva Batalha de San Jacinto, Santa Anna teria autorizado uma *siesta* para a tropa sem o cuidado de destacar alguém para ficar de guarda, o que facilitou a vitória dos americanos.

Os "dez mais" do México | 213

Santa Anna, signatário do armistício que implicou imensas perdas territoriais ao país, é considerado um grande traidor. Ditador desvairado, foi personagem de histórias fantásticas, mas verdadeiras, como a de ter mandado construir um monumento em homenagem à perna que perdeu em luta contra os franceses.

Meade Brothers, c. 1853

Nas fases em que se entediava do círculo de bajuladores que ele próprio cultivara, ausentava-se da presidência por longos períodos, refugiando-se na fazenda Monte Clavo, onde esperava ser chamado de volta, o que ocorreu diversas vezes.

Depois de ter sido banido do país pelos liberais, regressou após a intervenção francesa de 1862, oferecendo seus serviços ao líder liberal Benito Juárez. Entretanto, mudou de lado e apoiou o imperador Maximiliano, aliado ao Partido Conservador. Viveu seus últimos dias na Cidade do México, cego e ignorado pelo povo. Até hoje, não existe uma única estátua ou monumento em sua homenagem.

Salinas de Gortari, o governante frio e truculento

A avaliação que os mexicanos fazem de Salinas de Gortari é muito reveladora dos aspectos mais perversos do sistema político do país.

Salinas é um dos presidentes mais impopulares do México, embora tenha sido arquiteto de um projeto ambicioso de modernização econômica que lhe assegurou, durante grande parte do mandato, uma aura de grande estadista e de reformador de visão.

Seu governo (1988-1993) era uma república de tecnocratas egressos das melhores universidades norte-americanas. Ele próprio era graduado de Harvard, seu ministro das Finanças vinha do Massachusets Institute of Technology (MIT), um de seus assessores econômicos era formado em Princeton e tanto o ministro do Planejamento e Orçamento como o do Comércio haviam estudado em Yale. Era, enfim, um time de tecnocratas que administrava o país. O projeto de governo apresentado aos mexicanos incluia sepultar o populismo na política, o estatismo na economia e abrir caminho a passos largos para o ingresso do México no Primeiro Mundo. Como parte desse projeto havia a intenção de modernizar o PRI, por meio de eleições internas e da renovação de seus quadros.

Os resultados econômicos cedo se materializaram. A inflação caiu drasticamente, de 15% em janeiro de 1988 a 0,4% em agosto do mesmo ano. As reformas no campo acabaram por transformar o regime de propriedade da terra de forma que o camponês pudesse escolher entre a propriedade coletiva (*ejidos*) ou a propriedade privada – com mais liberdade, o camponês ficaria menos dependente do Estado. Houve ainda a privatização de diversas empresas estatais, com exceção das consideradas estratégicas e politicamente sensíveis, como a estatal de petróleo Pemex. Todas essas reformas transformaram radicalmente a imagem externa do México, antes visto como "o patinho feio das finanças internacionais" (especialmente em razão da moratória mexicana de 1982), transformou-se então em "país modelo".

Já no final do período de Salinas, 85% das antigas empresas estatais haviam sido vendidas ou decretado falência. As privatizações e o maior rigor fiscal reduziram a dívida líquida total do setor público de 66% do PIB em 1988 para menos da metade, 24,8% do PIB em 1994. A aprovação do Nafta em 1º de janeiro de 1994 foi o ponto culminante de sua política liberal: o aproveitamento da complementaridade das economias envolvidas para aumentar a competitividade da região e fazer frente à concorrência asiática foi chamado de "*perestroika* à la Salinas".

Entretanto, como já visto, o Nafta foi alvo de severas críticas por parte de historiadores, alguns economistas, jornalistas e sindicalistas. Mas, para a maioria dos mexicanos, o erro imperdoável de Salinas foi ignorar as demandas políticas e, mais ainda, usar a velha política para impulsionar a moderna economia. Deu errado. O primeiro sintoma de que a política havia sido esquecida do universo das reformas foi a insurreição em Chiapas, já descrita neste livro. Foi um balde de água fria: uma rebelião indígena era o último pensamento que poderia ocorrer aos tecnocratas salinistas. A tecnocracia, como ocorre com frequência, perdeu o bonde da história. Não foi capaz de ver com clareza que o México necessitava de uma reforma política e que os êxitos econômicos de Salinas lhe davam boas condições para incursionar nessa direção. Assim, em lugar de ser lembrado pelas muitas medidas acertadas no terreno da economia, Salinas ficou gravado na memória dos mexicanos como político frio e truculento, conivente com a corrupção (que deixou correr solta) e governante ilegítimo, pois chegara ao poder por meio de uma eleição reconhecidamente fraudulenta.

NOTAS

[1] Octavio Paz, op. cit., p. 105.

[2] Enrique Krauze, *De héroes y mitos*, Ciudad de México, Tusquets Editores, 2010, pp. 95-6. (tradução nossa)

[3] Idem, p. 115. (tradução nossa)

[4] Idem, p. 114. A expressão é do historiador Justo Sierra.

[5] Tzvetan Todorov, *A conquista da América: a questão do outro*, São Paulo, Martins Fontes, 1999, p. 120. O texto original é do historiador Bernal Díaz del Castillo, em seu livro *Historia verdadeira de la conquista de la Nueva España*.

[6] Idem, p. 121.

[7] Sandra Kuntz Ficker e Elisa Speckman Guerra, "El Porfiriato", em *Historia general de México ilustrada II*, edición conmemorativa por el início del bicentenario de la Independencia y el inicio del centenario de la Revolución, Ciudad de México: El Colégio de México. 2010, p. 157. (tradução nossa)

MEXICANOS E BRASILEIROS

Durante grande parte do século XX, o México procurou não identificar seu modelo político-econômico com o socialismo nem com o liberalismo. Ao longo da Guerra Fria, lá prevaleceu (como também em outros países) a ideia de que o mundo em desenvolvimento poderia optar por um "modelo intermediário", situado entre o capitalismo e o socialismo. Essa opção teria a vantagem de incorporar a eficiência da economia de mercado e a justiça social do regime socialista. A trajetória concreta da Guerra Fria e a queda do Muro de Berlim trouxeram maiores questionamentos a esse "modelo intermediário".

Durante o período da Guerra Fria e até o início dos anos 1980, México e Brasil protagonizaram uma política externa alicerçada no não alinhamento e identificada com os ideais do Terceiro Mundo – opções corretas na época. Mas os dois países se dissociavam na política interna. O Brasil, excetuados os 21 anos de ditadura militar, vivia um Estado democrático, com alternância de partidos e de presidentes no poder, enquanto no México perdurava a hegemonia incontestável do PRI.

No plano econômico, entre os anos 1940 e 1980, o México – como o Brasil – alcançou altas taxas de crescimento econômico baseadas no modelo de industrialização por substituição de importações (ISI). Uma mudança marcante na trajetória mexicana remonta aos anos 1980, com a liberalização econômica promovida pelo presidente De la Madrid. Mas o verdadeiro ponto de inflexão foi o surgimento do Nafta, em 1994, com a criação de uma efetiva zona de livre comércio entre EUA, Canadá e México, a expansão acelerada das exportações de manufaturas mexicanas e o elevado aporte de investimento direto estrangeiro (IDE).

No Brasil, o ponto de inflexão foram as amplas reformas econômicas e sociais realizadas pelo presidente Fernando Henrique Cardoso e inauguradas com o Plano Real, em meados dos anos 1990. Essas reformas econômicas foram preservadas e as políticas sociais foram ampliadas no primeiro mandato do presidente Lula. Entretanto, a partir da metade de seu segundo mandato ocorreu forte mudança de rumos.

Embaixada do Brasil no México. As relações entre os dois países ganharam mais intensidade nos anos 1864-67. Ambos eram império e seus imperadores (Maximiliano e D. Pedro II), primos. Com o fim do Império Mexicano, o Brasil rompeu relações, retomadas com a proclamação da República.

Assim, na esfera econômica, as diferenças recentes entre os dois países se tornaram marcantes, sobretudo na década de 2010. O Brasil segue uma trajetória de maior intervenção do Estado na economia, aumento excessivo dos gastos públicos, flexibilização da Lei de Responsabilidade Fiscal, aumentos do salário mínimo acima da inflação, infraestrutura marcadamente precária, intervencionismo em empresas estatais com prejuízos para sua gestão e para a credibilidade externa (Petrobras e Eletrobras), perda de competitividade, déficits comerciais recorrentes, ausência de acordos de livre comércio com outros países ou agrupamentos regionais e visível isolamento em sua política de comércio exterior.

Em contraste, o México consolida ampla abertura comercial, mantém-se competitivo nas exportações de manufaturas, integra-se nas cadeias globais de valor (CGVs), exibe uma política atraente para investimentos diretos estrangeiros

(IDE) e preserva fundamentos macroeconômicos sólidos. Um diagnóstico parece emergir desse paralelo entre os dois países: o México de hoje está mais preparado que o Brasil para enfrentar um mundo globalizado e competitivo.

*

Há um livro estimulante intitulado *Brasil-México: intimidades, conflitos e reconciliações*, de Guillermo Palacios, professor do Colégio de México, a respeito dos dois países. Palacios chegou a comentar comigo que muitos leitores lhe perguntavam: "[...] mas onde estão as intimidades?".

Certamente as intimidades não estão no passado pré-colombiano. Maias e astecas refletiam o zênite do florescimento do gênio humano de suas épocas. Nossas culturas indígenas estavam distantes de tão altos voos. Na época colonial, também éramos diferentes. A Nova Espanha foi, durante mais de um século, responsável por metade da prata comercializada no mundo. O Brasil colonial era essencialmente agrário, com os ciclos econômicos do açúcar, cacau, tabaco, café. É bem verdade que contamos com o ouro das Minas Gerais, mas isso teve vida efêmera se comparado à longevidade da prata na Nova Espanha.

As independências foram também muito distintas. No México, um conflito armado prolongado e sangrento, com destaque para figuras históricas até hoje admiradas como heróis da pátria (Hidalgo, Allende, Morelos e tantos outros). Já nossa Independência, como todos sabem, foi declarada por um príncipe português que se transformou no primeiro imperador do Brasil, sem uma verdadeira guerra para conquistá-la, ou pelo menos sem uma guerra nas dimensões da que ocorreu no México.

O século XIX mexicano foi pautado por rebeliões, perdas territoriais e profunda instabilidade política e social. As grandes figuras foram o presidente indígena e popular Benito Juárez, assim como o autocrata modernizador Porfirio Díaz. No Brasil, com exceção do conturbado período da Regência, o XIX foi um século de estabilidade. As grandes figuras políticas foram José Bonifácio e o imperador D. Pedro II, que permaneceu no poder durante meio século, numa prolongada monarquia, alicerçada no tripé de relativa estabilidade política, algum progresso econômico e enorme injustiça social (a escravidão só foi abolida tardiamente, em 1888).

No início do século passado, as diferenças entre os dois países se acentuaram ainda mais. O México inaugurou a primeira grande revolução do século XX, transformou camponeses expulsos de suas terras sob a ditadura de Porfirio Díaz em legítimos *ejidatários*, em cidadãos livres, em sujeitos, e não mais objetos da história nacional. Nessa mesma época, a chamada República Velha no Brasil congelava reformas sociais; mais parecia prolongar a Monarquia que produzir ventos de transformação republicana.

Contudo, a partir dos anos 1930, as diferenças entre os dois países aparentavam diminuir. Ambos seguiriam caminhos mais próximos. Houve uma espécie de "convergência das diferenças". Vivemos então, Brasil e México, a época de ouro das grandes reformas da vida nacional. O *cardenismo* trouxe ao sonho revolucionário de "Terra e Liberdade" uma concretude que não possuía antes. O petróleo passou às mãos do Estado mexicano (gesto avançado numa época em que, diferente de hoje, as inversões estrangeiras produziam enclaves, exploração e não dinamizavam as economias). No Brasil, o getulismo em sua primeira fase empreendeu também vigoroso reformismo: num país em que o eixo político vinha do campo e este perdia dinamismo com a crise internacional de 1929, Vargas teve a lucidez de fazer um "keynesianismo antes de Keynes" e de lançar as bases da industrialização nacional. As duas economias então se industrializavam, substituindo importações. Nos dois países, o Estado fazia investimentos em infraestrutura e concedia os incentivos que exigiam as indústrias nascentes.

A Segunda Guerra Mundial não interrompeu a trajetória de crescimento, que prevaleceu até os anos 1970 em ambos os países. A partir de 1964, o Brasil viveria o período de chumbo da ditadura militar. Foram altos os custos em vidas humanas, em liberdades individuais, em desaparecimentos forçados, em supressão do Estado de Direito. A luta pela democratização, entretanto, gerou aos poucos coesão social, uma opinião pública engajada no processo democrático e organizações sociais defensoras de direitos fundamentais, liberdade de imprensa, políticas sociais e transparência.

O México dessa época preservava a hegemonia do PRI, mas com um déficit democrático cada vez maior (eleições fraudulentas em 1968) e com episódios de insatisfação social – como as manifestações estudantis de 1968 brutalmente reprimidas. O modelo político não sabia se renovar e dava sinais de esgotamento.

No início dos anos 1990, reeditaram-se diferenças marcantes entre os dois países. O México era uma economia com equilíbrio fiscal, inflação sob controle e forte expansão das exportações. Em contraste, o Brasil exibia altas taxas de inflação (chegaram a superar 2000%), fundamentos macroeconômicos frágeis e uma sucessão de quatro planos de estabilização fracassados. O México olhava para o norte, tendo o Nafta como referência. O Brasil se fixava no sul, com a construção do Mercosul. Os olhares divergiam e as distâncias cresciam.

Em 1833, chega ao México o primeiro encarregado de Negócios do Brasil, Duarte da Ponte Ribeiro, que terminou sua missão em 1835. Na foto, sala da embaixada com retrato de Ribeiro.

Na segunda metade da década, a globalização se acentuou e, nos dois países, introduziram-se vigorosas reformas. Vigoroso e amplo reformismo econômico no Brasil superou quatro décadas de inflação: o Plano Real estabilizou a economia, pavimentou a estrada para um desenvolvimento sólido e iniciou políticas sociais efetivas. Com as diretrizes macroeconômicas preservadas, crescimento exponencial da demanda chinesa e preços das *commodities* em alta, o Brasil conseguiu navegar com grande êxito numa economia internacional em expansão no período 2004-2008.

O México, com uma economia atrelada ao mercado norte-americano e uma pauta exportadora formada sobretudo de manufaturas (ausência de *commodities*), não se beneficiou da conjuntura internacional favorável. Além disso, a expansão da economia chinesa – um robusto estímulo para o setor exportador brasileiro – representava para o México séria ameaça de perda de fatias importantes do mercado americano.

A crise econômica internacional de 2008-2009, porém, teve efeitos distintos em cada país. Forte recessão abalou o México, enquanto o Brasil sofreu bem menos. O

México necessitava diversificar mercados para reduzir a excessiva dependência das exportações para os EUA. Crescendo a ritmo acelerado como as demais economias emergentes, nosso país passou a ser mercado atrativo para o México. Ao mesmo tempo, o Brasil precisava firmar acordos comerciais com economias de grande porte, como a mexicana. Desenhava-se uma oportunidade histórica para ambos os países. O México teve clara consciência. Já o Brasil perdeu a oportunidade de firmar com o México seu primeiro acordo de livre comércio com uma economia expressiva. Continuamos fora do grande movimento mundial em direção a acordos bilaterais ou regionais de livre comércio. Talvez uma mentalidade anacrônica tenha nos distanciado de um salto qualitativo em nossa política comercial. O mundo do comércio internacional se ampliava, os mercados se aproximavam e o Brasil ficou para trás. Nesse aspecto, frustração: não houve "convergência das diferenças".

SEMELHANTES, MAS DIFERENTES?

Quando brasileiros se encontram com mexicanos no exterior, há sempre muita sintonia. Inevitavelmente falam de futebol (o Mundial de 1970...), tequila, festa, samba, políticos corruptos e por aí vai. Desse encontro também resultam em geral muita música, dança, tequila sempre e cachaça às vezes. Surge um *sombrero* de um lado, um pandeiro do outro, e todos cantam "Cielito lindo", cada um na sua língua.

O fato é que mexicanos e brasileiros são muito parecidos no caráter gregário e no prazer de exteriorizar alegria. Mas são diferentes nos sentimentos mais profundos: talvez o mexicano seja mais pessimista e o brasileiro tenha uma visão mais alegre do mundo.

Somos muito diferentes também na questão da religiosidade, embora seja intensa nos dois povos. Os mexicanos parecem ter um sentimento religioso mais profundo e uma dose maior de resignação diante do destino que lhes reservam as divindades. Os brasileiros são mais esperançosos – "Deus é brasileiro", dizem –, têm mais otimismo em relação ao futuro e maior expectativa de mobilidade social que os mexicanos. Nossa Senhora Aparecida é a padroeira do Brasil, a Virgem de Guadalupe é a mãe dos mexicanos.

Somos diferentes no futebol, como vimos.

Somos parecidos na indignação diante dos políticos corruptos – adoramos falar mal. Mas somos diferentes no comportamento político, na interpretação do jogo político e na questão da independência dos Três Poderes (seria muito difícil um "julgamento do Mensalão" no México). Os brasileiros não são propensos a mudanças políticas radicais. São historicamente mais inclinados a gradualismos que a revoluções. Os mexicanos fizeram a primeira grande revolução do século XX, mas desde então viveram a hegemonia de um único partido. O PRI domesticou a Revolução Mexicana, absorveu os sindicatos, cooptou os movimentos sociais e venceu todas as eleições presidenciais durante 71 anos. Assim, conseguiu consolidar e preservar a ordem, promover a estabilidade e garantir a governabilidade. Mas tudo isso teve um custo elevado. Gerou uma apatia política que só se rompe logo após as eleições (quando os mexicanos se dão conta de que "o derrotado é sempre vítima de fraude") ou por ocasião do anúncio de reformas para romper corporativismos ou eliminar monopólios, quando os sindicatos protestam, vão às ruas, acampam nas principais praças e avenidas e muitas vezes impedem reformas essenciais.

O padrão da educação no Brasil é profundamente deficiente, mas no México as distorções são ainda mais graves. No México, o professor primário ou secundário não precisa ser formado nem necessita fazer um concurso público, é simplesmente indicado pelo sindicato, pode vender seu cargo ou passá-lo a um descendente. O presidente Calderón (2006-2012) tentou mudar esse anacronismo, mas fracassou. O presidente seguinte, Peña Nieto, prendeu a toda poderosa presidente do Sindicato dos Professores, Ester Gordillo, e tentou introduzir concursos públicos, mas a oposição da classe de professores a essa reforma tem sido imensa. Mais de 75 mil professores ficaram acampados no *Zócalo* da Cidade do México em protesto contra as tentativas de reforma no ensino, e as paralisações foram numerosas em diversos pontos da cidade. Aliás, em geral, as manifestações políticas no México têm forte viés corporativo.

A distância econômica e social entre elite e povo é igualmente enorme em ambos os países. Mas no México a "distância cultural" entre classes sociais é maior que no Brasil. Acredito que isso esteja ligado a nossa herança lusa, certamente mais informal que a hispânica. A informalidade aproxima, embora, ao mesmo tempo, possa "esconder" preconceitos, atitude mais visível quando comparamos o racismo no Brasil (mais sutil) com o existente em nações desenvolvidas. Um fator explicativo adicional para a menor "distância cultural" em nossa sociedade seria a miscigenação. Ela foi intensa em ambos os países, mas no Brasil a miscigenação "cultural" criou raízes mais profundas do que no México, o que explicaria maior aproximação interclasses, apesar da grande distância econômico-social.

Os dois povos têm forte sentido de identidade nacional. Mas os símbolos aglutinadores da identidade são muito diferentes. Embora distintos, temos muitas semelhanças. Por isso, nos sentimos próximos *y hermanos*.

CRONOLOGIA

- 20000 a.C.– Os primeiros seres humanos chegam ao México.
- 6500 a.C. – Início da agricultura. Primeiros cultivos de pimenta.
- 3500 a.C.– Introdução de melhores variedades de milho.
- 2300 a.C. – Início da cerâmica.
- 1200 a.C.-400 a.C. – A civilização olmeca se desenvolve no golfo do México.
- 150 d.C. – Construção da Pirâmide do Sol em Teotihuacan, a terceira maior pirâmide do mundo.
- 250-600 – Apogeu de Teotihuacan.
- 250-900 – Florescimento da Civilização Clássica maia.
- 1325 – Fundação de Tenochtitlán, atual Cidade do México.
- 1517 – O espanhol Alfonso Álvarez Piñeda navega ao longo da costa mexicana do Iucatã, da ilha de Cozumel ao cabo Vemelho.
- 1519 (fevereiro) – O governador de Cuba, Diego Velásquez, envia Cortez à costa do Iucatã. A população da Mesoamérica na época é estimada em 25 milhões de habitantes.
- 1519 (abril) – Cortez funda a primeira comunidade espanhola no México, Vila Rica da Veracruz. Ruma em direção a Tenochtitlán. No caminho, submete o povo tlaxcalteca, que será um importante aliado dos espanhóis.
- 1519 (novembro) – Chegada dos espanhóis a Tenochtitlán. Montezuma II recebe Cortez com honras e o convida a instalar-se em seu palácio. Poucos dias depois, Montezuma II se torna prisioneiro dos espanhóis.

- 1520 – Cortez parte para a costa mexicana e deixa Pedro de Alvarado frente de suas tropas em Tenochtitlán. Astecas enfrentam os invasores e muitos espanhóis são mortos – o episódio ficou conhecido como "Noite Triste".

- 1521 – Os espanhóis cercam Tenochtitlán com a ajuda de 450 mil índios tlaxcaltecas durante 75 dias. Queda de Tenochtitlán e início da hegemonia espanhola sobre a Nova Espanha (México).

- 1524 – Começo da "conquista espiritual" com a chegada de 12 franciscanos, seguidos de dominicanos (1526) e de agostinianos (1533).

- 1527 – Carlos V cria a primeira Audiência no México, com poderes administrativos e judiciários.

- 1539 – Fundação da primeira imprensa no México.

- 1534 -1558 – Descoberta de grandes minas de prata em Pachuca, Zacatecas e Guanajuato.

- 1537 – O papa declara que os indígenas mexicanos são seres humanos.

- 1553 – Fundação da Universidade Real e Pontifícia do México, dotada de cinco faculdades e dos mesmos privilégios concedidos à Universidade de Salamanca.

- 1571 – Fundação do Tribunal do Santo Ofício.

- 1651 – Nascimento de Juana Inés de la Cruz.

- 1767 – Os jesuítas são expulsos do México e das demais colônias espanholas na América.

- 1808 – Napoleão Bonaparte impõe seu irmão José Bonaparte no trono espanhol.

- 1810-1821 – Guerra de Independência no México

- 1810 – Insurreição popular inicia o primeiro movimento independentista, liderado pelo cura Hidalgo (à frente de um exército popular de indígenas e mineiros).

- 1811 – Os insurgentes são derrotados na Batalha de Ponte de Calderón e os líderes Hidalgo, Allende e Aldama são executados. No Sul, o padre José María Morelos inicia movimento independentista, domina o atual estado de Guerrero e recebe o apoio de Vicente Guerrero.

- 1821 – O general Iturbide promulga o Acordo das Três Garantias, prometendo hegemonia da Igreja católica; igualdade entre todos os grupos sociais; e independência do México, sob o regime de uma monarquia constitucional. Em 15 de setembro, o México é declarado independente. Iturbide forma o primeiro governo pós-Independência.

- 1822-1823 – Primeiro Império. Iturbide é coroado como imperador Agustín I, e o território mexicano de então se estende do Oregon e do rio Colorado (nos EUA) até o Panamá.

- 1823 (março) – O general Antonio López de Santa Anna redige o projeto de uma república no México e, com o apoio de antigos insurgentes e do Partido Conservador, declara o fim do império de Iturbide (que se exila na Itália).

- 1823 – A Guatemala se separa da Nova Espanha e declara sua independência.

- 1824 – A Constituição define o México como uma república.

- 1825 – O México reconhece a independência do Brasil.

- 1829 – Abolição da escravidão no México.

- 1836 – O Texas, o Novo México e a Califórnia declaram-se independentes do México. O presidente Santa Anna ataca o Álamo em fevereiro e é derrotado em abril.

- 1845 – O Texas é anexado pelos EUA (29 de dezembro). Prossegue o expansionismo norte-americano, com base na doutrina do "destino manifesto".

- 1846-1848 – Guerra México-EUA. Ao final, o México perde para os EUA metade de seu território. A guerra termina com a assinatura do Tratado de Guadalupe-Hidalgo (2 de fevereiro).

- 1856 – Promulgação das primeiras Leis da Reforma, destinadas a nacionalizar os bens da Igreja e a promover a separação entre Igreja e Estado. Os conservadores se opõem.

- 1857 – Promulgação da nova Constituição. Ignacio Comonfort é eleito presidente e Benito Juárez (do Partido Liberal), vice-presidente. Os conservadores rejeitam a nova Constituição.

- 1858-1861 – Guerra da Reforma. O Partido Liberal – em defesa da legalidade (i.e. da nova Constituição) – inicia guerra contra o Partido Conservador. Os liberais perdem as primeiras batalhas, Benito Juárez se retira para Veracruz, onde instala um governo paralelo e resiste durante três anos.

- 1859 – Em Veracruz, Benito Juárez promulga as Leis da Reforma (nacionalização dos bens da Igreja; criação do casamento civil; criação do registro de estado civil; e liberdade de culto).

- 1861 – Benito Juárez é eleito presidente (torna-se o primeiro e único presidente de origem indígena do México). Crise econômica leva Benito Juárez a suspender o pagamento da dívida externa. Os países credores (França, Inglaterra e Espanha) protestam. Forças francesas invadem o México.

- 1862 – Forças mexicanas derrotam os invasores franceses em Puebla, na Batalha do 5 de maio.

- 1863 – Invasores franceses tomam Puebla e a Cidade do México. Benito Juárez se retira para o Norte e se instala na atual Ciudad Juárez (onde permanecerá durante todo o Segundo Império).

- 1864 – Maximiliano de Habsburgo, da Áustria, torna-se imperador do México e assina com Napoleão III a Convenção de Miramar: Maximiliano se compromete a pagar à França uma soma exorbitante pelo custo da intervenção militar no México e a aplicar a política ditada por Napoleão III.

- 1867 – Napoleão III, ameaçado pelo crescente poderio militar da Prússia, concentra suas tropas na Europa e retira o apoio militar ao Império Mexicano. Maximiliano se fragiliza, é preso e fuzilado. Benito Juárez assume a presidência da República.

- 1873 – Os "soldados de Cristo" se revoltam contra as Leis da Reforma e a favor da volta dos antigos poderes da Igreja. São derrotados.

- 1876-1910 (26 de novembro) – Porfirio Díaz ocupa a presidência do México, promove estabilidade política e crescimento econômico, mas se torna um ditador.

- 1893 – Para obter o reconhecimento da Inglaterra a seu governo, Porfirio Díaz cede aos ingleses o território onde hoje se situa Belize.

- 1910 – Francisco Madero inicia a Revolução Mexicana e promove a queda de Porfirio Díaz, que embarca para a Europa.

- 1910-1920 – Período mais sangrento da Revolução Mexicana, com a morte estimada de 2 milhões de pessoas.

- 1913 – Com o apoio do embaixador dos EUA no México, o general Victoriano Huerta trai o presidente Madero, obriga-o a renunciar e assume a presidência. Porém, a união dos líderes revolucionários Carranza, Pancho Villa, Zapata e Obregón promove a queda de Huerta. Carranza então assume de fato a presidência.

- 1914 (21 de abril) – México e EUA rompem relações diplomáticas, em consequência da intervenção armada norte-americana no porto de Veracruz.

- 1915 – O Brasil reconhece o governo constitucional de Carranza. Argentina, Chile e EUA, além de outros países, já haviam reconhecido.

- 1917 – A Constituição de 1917 promove direitos civis, proíbe a reeleição para presidente e protege a soberania mexicana.

- 1919 – Zapata é assassinado.

- 1920 – Carranza é assassinado. Obregón é eleito presidente (entre 1920 e 1924, investe em escolas rurais e redistribui terras para camponeses).

- 1923 – Pancho Villa é assassinado.

- 1927 – Início de nova rebelião dos "soldados de Cristo", provocada pela reedição de tensões entre a Igreja e o Estado.

230 | Os mexicanos

- 1929 – Fundação do Partido Nacional Revolucionário (PNR), embrião do Partido Revolucionário Institucional (PRI).

- 1934 – Lázaro Cárdenas é eleito presidente e promove ampla redistribuição de terras, a maioria sob a forma de *ejidos* (propriedades comunais).

- 1938 (18 de março) – Cárdenas nacionaliza o petróleo e cria a estatal Pemex (Petróleo Mexicano).

- 1945 – Ata de Chapultepec reafirma a solidariedade continental e o fortalecimento do sistema regional interamericano, em reação a propostas de criação de uma nova organização mundial. É adotada a Carta Econômica das Américas, baseada nos princípios liberais de Bretton Woods.

- 1960 – Criação da ALALC (Associação Latino-Americana de Livre Comércio), tendo como membros Brasil, México e outros países da região.

- 1968 – Massacre do Tlatelolco (o governo reprime com grande violência manifestação pacífica de estudantes e provoca centenas de mortes).

- 1970 (21 de junho) – O Brasil é tricampeão mundial de futebol no México.

- 1982 – Moratória mexicana desencadeia a crise da dívida na América Latina dos anos 1980.

- 1985 – Terremoto com magnitude de 8.1 atinge a Cidade do México e provoca a morte de mais de 10 mil pessoas.

- 1986 – Segunda Copa do Mundo de Futebol no México. Argentina é campeã.

- 1994 – (1º de janeiro) – O Nafta entra em vigor. Início da luta do Exército Zapatista de Libertação Nacional (EZLN).

- 2000 – Vicente Fox (do Partido da Ação Nacional) é eleito presidente. Depois de 71 anos, o PRI perde a presidência do México.

- 2003 – A população mexicana atinge 100 milhões de habitantes.

- 2006 – Felipe Calderón assume a presidência e declara "guerra ao narcotráfico". López Obrador (do Partido da Revolução Democrática) atribui a vitória de Calderón a fraude eleitoral. Centenas de manifestantes contra o governo ocupam a principal avenida da Cidade do México durante seis meses.

- 2012 – Peña Nieto assume a presidência e o PRI volta ao poder após 12 anos de mandato do PAN. Dá início à reforma na educação e prende a presidente do Sindicato dos Professores. Anuncia reformas para quebrar o monopólio das telecomunicações e avança na reforma energética/petrolífera, com a inédita participação de empresas estrangeiras na exploração de petróleo no México.

BIBLIOGRAFIA

Aguirre, Armando Fuentes (Catón). *La otra historia de México. Hidalgo y Iturbide*: La Gloria y el Olvido. Ciudad de México: Diana, 2008.
Alisky, Marvin. *The A to Z of México*. New Jersey: The Scarecrow Press, 2010.
Assad, Carlos Martínez. *La Ciudad de México que el cine nos dejó*. Ciudad de México: Secretaria de Cultura del Distrito Federal, 2008.
Barros, Luitgarde Oliveira Cavalcanti. *A derradeira gesta*: Lampião e Nazarenos guerreando no Sertão. Rio de Janeiro: Mauad, 2007.
Baruque, Julio Valdeón. *La Reconquista*: el concepto de España: unidad y diversidad. Madrid: Espasa Calpe, 2006.
Baumann, Renato; Franco, Ana Maria. *Algumas implicações do Nafta para a participação do Brasil na Alca*. Brasília: ipea; cepal, 2002.
_____. *Integração regional*: teoria e experiência latino-americana. Rio de Janeiro: ltc, 2013.
Bernal, Ignacio. The Pre-Columbian Era, in: Villegas, Daniel Cosio. et al., *A Compact History of México*. Ciudad de México: El Colegio de México, 2009, p. 23.
Bethell, Leslie (org.). *História da América Latina*: volume I – América Latina Colonial. São Paulo: Edusp/Imprensa Oficial e Funag, 1984.
_____. *História da América Latina*: volume ii – América Latina Colonial. São Paulo: Edusp/Imprensa Oficial e Funag, 1984.
Bielschowsky, Ricardo. *Compliador*: sesenta años de la Cepal. Textos Selecionados Del decênio 1998-2008. Ciudad de México: Siglo Veintiuno, 2010.
Brading, D. A. *Mexican Phoenix*: Our Lady of Guadalupe. Cambridge: Cambridge University Press, 2001.
_____. *Nueve sermones guadalupanos*. Ciudad de México: Centro de Estudios de Historia de México-Condumex, 2005.
Brading, David A. *La Virgen de Guadalupe*: imagen y tradición. Ciuadad de México: Taurus, 2002.
Castañeda, Jorge G.; Pastor, Robert A. *Limits to Friendship*: The United States and México. New York: Alfred A. Knopf, 1988.
Castañon, Adolfo. *Arca de Guadalupe*: cinco siglos de inspiración. Ilustraciones de Carmen Parra. Ciudad de México: Jus, 2007.
Crónica de sus delegaciones. Ciudad de México: Secretaria de Educación del Distrito Federal, 2007.
Cosio Villegas, Daniel et al. *A Compact History of México*. Ciudad de México: El Colégio de México, 2009.
De la Cruz, Sóror Juana Inés. *Obras completas de sóror Juana Inés de la Cruz*. Ciudad de México: Fondo de Cultura Económica, 2009.
Enríquez Perea, Alberto. *Alfonso Reyes en los albores del Estado Nuevo Brasileño (1930-1936)*. Ciudad de México: El Colégio Nacional, 2009.
Florencio, Sergio Abreu e Lima; Araújo, Ernesto. *Mercosul Hoje*. São Paulo: Alfa Ômega, 1995.
Fommer's México. 17. ed. New Jersey: John Wiley & Sons, 2011.
Fuentes, Carlos. *Agua quemada*. Ciudad de México: Punto de Lectura, 1981.
Genios del arte. Museo Nacional de Antropologia de México. Madrid: Susaeta Ediciones, 2004.
Green, Duncan. *Silent Revolution*: The Rise and Crisis of Market Economics in Latin America. New York/London: Monthly Review Press/Latin America Bureau, 2003.
Guzman, Martin Luiz. *Memorias de Pancho Villa*. México: Compania General de Ediciones, 1954.
Historia General de México. Versión 2000. Ciudad de México: El Colégio de México, Centro de Estudios Históricos, 2008.
Historia General de México Ilustrada ii. Edición conmemorativa por el inicio del bicentenario de la Independencia y el inicio del centenario de la Revolución, 2010.
Jáuregui, Jesús. *El mariachi*. Instituto Nacional de Antropologia y Historia. Consejo Nacional para la Cultura y las Artes. Ciudad de México: Taurus, 2007.
Johnston, Francis. *El milagro de Guadalupe*. Ciudad de México: Verdad y Vida, 1981.
Joseph, Gilbert; Henderson, Timothy (eds.). *The México Reader*: History, Culture, Politics. New York: Duke Univesity Press, 2002.

234 | Os mexicanos

KRAUZE, Enrique. *La presidencia imperial*: ascenso y caída del sistema político mexicano (1940-1996). Ciudad de México: Fabula Tusquets, 2002.

_____. *Biografias del poder*: Caudillos de la Revolución Mexicana (1910-1940). Ciudad de México: Fabula Tusquets, 2005.

_____. *Siglo de caudillos*. Ciudad de México: Fabula Tusquets, 2005.

_____. *De héroes y mitos*. Ciudad de México: Fabula Tusquets, 2010.

_____. "México contemporâneo (1988-2008)". In: VON WOBESER, Gisela (coord.) *Historia de México*. México: FCE, SEP, Academia Mexicana de Historia, 2010, p. 267.

LAFAYE, Jacques. *Quetzalcóatl y Guadalupe*: la formación de la conciencia nacional: abismo de conceptos. Ciudad de México: Fondo de Cultura Económica, 2006.

LEAL, Cesar. *Todavía quedan lós cimientos*. Ciudad de México: Miguel Ángel Porua, 2009.

LEÓN-PORTILLA. Orígenes y desarrollo de Mesoamérica". *Historia de México*. Ciudad de México. Academia Mexicana de la Historia, 2010, pp. 48-9.

MALPICA Y DE LA MADRID, Luis. *1810. El Nacimiento de la Nación*. Ciudad de México: Grupo Estrella Blanca, 2010.

MARTINEZ, Bernardo Garcia. La creación de nueva España. *Historia general de México*. El Colégio de México, Centro de Estudios Históricos, 2008, p. 249.

MEADE, Teresa A. *A History of Modern Latin America*: 1800 to the Present. Wiley-Blackwell. Chichester: John Wiley & Sons Ltd. Publication, 2010.

MEXIQUE, GUATEMALA, BELIZE. *Le Guide Vert*. Michelin. Éditions des Voyages, 2001.

MEYER, Lorenzo. *La segunda muerte de la Revolución Mexicana*. Ciudad de México: Cal y Arena, 2010.

MORENO-BRID, Juan Carlos Jaime. *Development and Growth in the Mexican Economy*: A Historical Perspective. Oxford: Oxford University Press, 2009.

MORSE, Richard M. *Las ciudades latinoamericanas 1*: Antecedentes. Ciudad de México: Secretaria de Educación Pública. SepSetentas, 1973.

_____. *Las ciudades latinoamericanas 2*: Desarrollo histórico. Ciudad de México: Secretaria de Educación Pública. SepSetentas, 1973.

MUSEO DOLORES OLMEDO PATIÑO. Bancomext, 1994.

OROPEZA, Arturo. (Coord.) *China-Latinoamérica*. Una visión sobre el nuevo papel de China en la región. Ciudad de México: Univeridsad Nacional Autónoma de México, 2008.

PAGDEN, Anthony. *The Fall of Natural Man*: The American Indian and the Origins of Comparative Ethnology. Cambridge Iberian and Latin American Studies. Cambridge: Cambridge Univeristy Press, 1982.

PATOUT, Paulette. *Alfonso Reyes y Francia*. Ciudad de México: El Colégio de México. Gobierno del Estado de Nuevo León. 2009.

PAZ, Octavio. *El laberinto de la soledad / Postdata / Vuelta a el laberinto de la soledad*. Ciudad de México: Fondo de Cultura Económica, 2000.

PAZ, Octavio. *El laberinto de la soledad*. Edición de Enrico Mario Santí, Catedra. Madrid: Letras Hispánicas, 2008, p. 182.

QUIRK, Robert E. *The Modern Nations in Historical Perspective*. New Jersey: Prentice Hall, 1971.

REED, John. *México insurgente*. Ciudad de México: Ariel, 1979.

REYES, Alfonso. *Misión diplomática II*. Secretaria de Relaciones Exteriores. Ciudad de México: Fondo de Cultura Económica, 2001.

_____. *Trazos de historia literaria*. Espasa-Calpe, Mexicana, 1994.

RUDOLPH, James D. (ed.). *México*: a Country Study. New York: American University, 1985.

SECRETARIA DE RELACIONES EXTERIORES DE MÉXICO. *Escritores en la diplomacia mexicana*. Tomo III. 2002.

SERRANO, María Guadalupe Huerta. ÁLVAREZ, Miguel Casado. 1994. *Relaciones diplomáticas México-Brasil*. 1822 – 1959. Guía Documental. Archivo Histórico Diplomático Mexicano. Secretaría de Relaciones Exteriores. Embaixada do Brasil. México.

TODOROV, Tzvetan. *A conquista da América*: a questão do outro. São Paulo: Martins Fontes, 1999.

TOVAR, Consuelo. *Guanajuato, sítios y recorridos*. Ciudad de México: Grupo Editorial Proyección de México, 2001.

VARGAS, Everton Vieira. *O legado do discurso*. Brasilidade e Hispanidade no Pensamento Social Brasileiro e Latino-Americano. Brasília: Fundação Alexandre de Gusmão, 2007.

VERISSIMO, Erico. *México*: história de uma viagem. Rio de Janeiro: Globo, 1957.

VON WOBESER, Gisela. (Coord.) *Historia de México*. Ciudad de México: Academia Mexicana de La Historia, 2010.

WERNECK DE CASTRO, Moacir. *Bolívar*: grandes personagens de todos os tempos. São Paulo: Editora Três, 1973.

ZAMORA, Rodolfo García; OROZCO, Manuel. (Coord.) *Migración internacional, remesas y desarrollo local em América Latina y Caribe*. Ciudad de México: Miguel Ángel Porrúa, 2009.

ZAREBSKA, Carla. *Destino Chiapas*. Gobierno del Estado de Chiapas. Gobierno del Estado de Chiapas, 2002.

O AUTOR

Sergio Florencio formou-se em Economia na UERJ e graduou-se pelo Instituto Rio Branco. Tem mestrado em Economia pela Ottawa University. Foi professor adjunto de Estudos Latino-Americanos da Simon Fraser University, no Canadá. Serviu como diplomata em Ottawa, Teerá (onde testemunhou a queda do xá e a vitória da Revolução Iraniana), Paris (na Unesco) e Nova York (na ONU). Foi embaixador em Quito, Genebra e México e cônsul-geral em Vancouver. Foi agraciado com a condecoração Ordem del Águila Azteca do governo mexicano. Atualmente, é pesquisador do Instituto de Pesquisas Econômicas Aplicadas (Ipea).

# AGRADECIMENTOS

Sou muito grato aos meus editores, Jaime Pinsky e Luciana Pinsky, que me ensinaram – espero ter aprendido – a escrever sobre os mexicanos. Um agradecimento muito especial a Carla Bassanezi Pinsky, leitora lúcida e editora do conteúdo deste livro. Sem ela as imprecisões seriam maiores, as contradições, mais frequentes e a sequência dos capítulos, menos clara. Graças a sua dedicação, este livro terminou muito melhor do que começou. Meu muito obrigado também ao amigo Carlos Eduardo Lins da Silva, que assumiu o risco de me indicar para escrever este livro.

A eterna gratidão à minha mãe, Marina, à minha segunda mãe, Eugênia, e ao meu pai, João, que me ensinou a amar poesias, histórias e livros. Minha gratidão à amiga de infância Tânia, ao Fernando Werneck, ao meu amigo e psicanalista Elias Abdalla, aos amigos-irmãos de infância e de toda a vida, João Alberto, psicanalista-umbandista-mago, e o professor abnegado Luiz Carlos.

Minha gratidão imensa à minha mulher, Sônia, que foi levada a reviver seus tempos de revisora do *Jornal do Brasil*, pelos comentários sempre construtivos, apesar dos inevitáveis conflitos de estilo entre um diplomata-economista e uma professora de Literatura. Às vezes, tinha a sensação de ser personagem daquela música do Chico – "eu sou funcionário, ela é dançarina".

Minha profunda gratidão aos nossos quatro filhos, Pedro, Leonardo, Thiago e Eduardo, que sempre foram fonte de muitas alegrias, algumas preocupações e grandes sonhos. Por nossas aventuras juntos na Revolução Iraniana e nossa vida em outros seis países.

Agradeço igualmente à minha irmã Noia, a meus primos, primas e tio José. Ao se divertirem com as histórias que lhes mandava sobre nossa infância no 12 da rua Silva Teles indiretamente me estimulavam no projeto deste livro.

Meus agradecimentos aos amigos diplomatas: Ronaldo Sardenberg, Sergio Amaral, Rubens Barbosa, Rubens Ricupero, Márcio Lage, Afonso Néri, Eduardo Saboia, Celso Bello e Paulo Chuc. Agradeço a ajuda informática de Toninho Araújo, o estímulo de Sandra Faria, de Ary Silva, do compadre Eduardo Jardim e do velho amigo Carlos Knapp.

Aos amigos brasileiros e mexicanos que conosco conviveram no México, sou sinceramente grato. Luiz Barbosa e Ubiratan, anonimamente citados neste livro; Regina e Roger; Catarina; ao Grupo Atar; Cacá e Márcia; Ricardo e Rita, que nos receberam *en su casa*; Luizinho, mexicano viciado em samba e meu professor de pandeiro; e o casal muito querido Alícia e Juan Manoel. Minha gratidão ao pessoal da nossa Embaixada no México, em especial a Maria Amélia, Fernando Neri, Ilma, Afonso (*in memoriam*), Araceli, Salvador e Oscar. Meu muito obrigado a Óscar e Mariana, do Centro de Investigación y Docencia Económica (Cide); e à Beatriz Leiceguy, parceira engajada na construção – interrompida – de um promissor acordo comercial entre México e Brasil, pelo convite a participar de livro editado pelo Itam.

Um agradecimento profundo ao amigo Diego Avendaño – talentoso intérprete, arranjador e embaixador musical do Brasil no México – e a seu conjunto Saravá, pelo trabalho primoroso de divulgação de nossa música. Muitas das fotos deste livro foram obtidas graças ao incansável empenho de Diego, de fotógrafos seus amigos e ao Museo del Estanquillo.

Aos amigos com quem trabalhei em diversas partes do mundo, com quem compartilhei algumas crônicas e partes deste livro sou também muito grato. São amigos do Canadá, Irã (meu irmão Majid Abaiian, nosso compadre coronel Castro, dona Lurdinha e Maria), EUA, Equador e México, bem como de outras nacionalidades. Sou grato ao pessoal do Consulado do Brasil em Vancouver, em especial a Nelbe, Antonio, Fernanda e Antonio Sergio. Foram os primeiros leitores de partes deste livro. Meus agradecimentos também a Andrea e Nuno, André Nudelman e Marita (*in memoriam*), Neil Safier, Iris, Sarah Luna, e a meu novo amigo Wagner Rosa.

Meu agradecimento ao Renato Baumann pelo convite para trabalhar como pesquisador no Ipea, imediatamente por mim aceito por diversas razões: o apreço que por ele sempre tive; a percepção do Ipea como núcleo de pensamento livre e independente; e minhas atuais divergências com nossa política externa. Agradecimentos também ao Sergei Soares e a todos os novos amigos da Diretoria de Estudos e Relações Econômicas e Políticas Internacionais (Dinte) do Ipea.

GRÁFICA PAYM
Tel. [11] 4392-3344
paym@graficapaym.com.br